近代史資料

Sources in Modern Chinese History

中国社会科学院近代史研究所《近代史资料》编辑部 编

总143号

中国社会科学出版社

图书在版编目(CIP)数据

近代史资料．总 143 号／中国社会科学院近代史研究所《近代史资料》编辑部编．—北京：中国社会科学出版社，2021.7

ISBN 978－7－5203－8366－0

Ⅰ.①近…　Ⅱ.①中…　Ⅲ.①中国历史—近代史—史料
Ⅳ.①K250.6

中国版本图书馆 CIP 数据核字（2021）第 072888 号

出 版 人　赵剑英
责任编辑　冯春凤
责任校对　张爱华
责任印制　张雪娇

出　　版　中国社会科学出版社
社　　址　北京鼓楼西大街甲 158 号
邮　　编　100720
网　　址　http://www.csspw.cn
发 行 部　010－84083685
门 市 部　010－84029450
经　　销　新华书店及其他书店

印　　刷　北京君升印刷有限公司
装　　订　廊坊市广阳区广增装订厂
版　　次　2021 年 7 月第 1 版
印　　次　2021 年 7 月第 1 次印刷

开　　本　880×1230　1/32
印　　张　9.875
插　　页　2
字　　数　255 千字
定　　价　68.00 元

凡购买中国社会科学出版社图书，如有质量问题请与本社营销中心联系调换
电话：010－84083683

目　　录

张百熙等致蒋兆奎手札

程道德　龙　翔　整理

编者按： 蒋兆奎，字星五，号筠轩（又作云轩），湖南长沙人。咸丰八年（1858）举人。同治初年曾任湖南零陵县训导，并助曾国藩筹集东征军饷。光绪年间，先后任广西阳朔知县，象州知州，桂林、南宁、柳州、镇安、泗城知府等。光绪二十二年（1896）以山东候补道员，被巡抚李秉衡任命为治理山东境内黄河中游总办，兼办北运河工程。光绪二十三年奉命与王仁宝、锡桐会勘胶州湾海口，修筑胶澳船坞。

本篇收录光绪二十三年张百熙等人致蒋兆奎手札22通，内容涉及蒋兆奎主持黄运河工及胶澳船坞工程事宜。由于作者多为基层官员，函札不仅比较罕见地披露了黄河凌汛决口及合龙施工、漕船过坝入黄经过等内容，同时也间接记录反映了基层政治生态。今整理刊出，以供研究参考。因资料所限，部分人物身份尚待考证。

吴煜[①]禀

（光绪二十三年□月十三日）

大人钧座：

敬禀者。日昨感冒回省，请假三日，禀知宪台，计已上登爱

整理者： 程道德，北京大学法学院教授；龙翔，安徽省黄山市屯溪四中教师。

① 吴煜，时任提调知府。

鉴。日来服药数剂，外感已去，内热未除。十一日帅节旋省，因头眩目痛，未克往迎，又续假五日。

顷间连奉钧谕，并札饬赴各防营勘视拔除河内树头等因。奉此，现在头眩亦愈，仅目痛流泪、痰嗽泄泻尚未痊可，拟于假期届满即行销假，禀辞赴工，径赴彭、夏、杜三营，查勘河内尚有树头未经拔除否。此事诚如宪谕所云，不仅为办公奋勉起见，须以利济舟行为怀，故卑府于未奉钧札之先，早经督饬石、刘、叶、沙等营认真拔取。石营共刨除树桩九株，惟曹家圈六月间碰沉之盐船，刨拔未易措手，现已不致为患。刘营汛地亦拔除净尽，仅余胡家岸大埽前有桩一株，溜急水深，实难施力。卑府已饬其设法拔取，如不能出，即以铁杆置红旗于其上，以免触损船只。叶营所管段内，查询李帮带，亦称随时拔除，无碍行舟。沙营所拔树桩共四十九株，惟倪家庄老树一株，淤入泥中未拔，恐大汛刷出为患，现亦饬其掘挖，露出树形，一俟刨除，即由该营禀报也。余容面禀。肃请钧安。

卑府　煜谨禀

十三日申刻肃于省寓

洪用舟[①]禀

一

（光绪二十三年二月十五日）

大人阁下：

敬禀者。初十早交河防营排递一禀，计邀钧鉴。十一日，苏帮尾船辰刻驶过皮嘴，即经官良卿督同王哨官赶下桩枕，一面由局派汪巡检带钱前往，监买土料，是夜即已合龙。略有埽眼，即

---

① 洪用舟，四川松潘人，时任东昌府知府。

在就近买用黄草填塞。夜深，挑土民散去，所带现钱百余千亦已将完，适见水势抬至九尺余，汪巡检与官良卿一面赶塞埽眼，一面专人来局运钱，以备购料买土。当经傅巡检拨钱百千，卑府复派秦县丞迅速运往，并函致官、汪，以道途往返七十余里，当用即用，不必函商，恐误事机，并即派人下剑台之板，以煞水势。讵秦县丞未到，南里头已淘空塌陷，水势汹涌，力难挽回。盖半夜之久，水又抬高至一丈一尺，埽眼则东塞西现，迄难闭气。乃因去年所做里头，上面看着极其高大坚固，而地工仅宅有数尺，仍在历年积淤之上。加以数十里奔流直注，一经将底淘刷尽空，遂致一溃莫救。周店闸板前年本代制全，去年又被拉移钉坏，虽先已放下，仍不能严密。江苏尾帮三十余只，悉浅阻于郎家湾一带，距已过艄船尚隔五六里远。此十二日傍晚之情形也。

卑府得信之后，即专马回城，令开十里铺月河，以免漫决，并电致临清，查看红庙坝转桶，可开即开。十三日，亲至郎家湾查看。搁浅各船，半系船大夫少，以致落后，其余船只皆在夏家堂以南。郎湾土性沙松，不能立坝。探量河水，尚有尺许，仍向北流。即在船后先叠一小坝，抬水三四寸，将各船送过夏堂跟艄，再于夏堂旧日坝基，另筑大坝。十三日夜，小坝筑成，水涨船过。十四早，夏堂桩料运齐，仍由官良卿率王哨官弁勇，并夏营贾哨官、局中杜队长，各督勇夫，下桩捆枕。曹令及汪、秦、陶各委员在彼，分路买现钱土料，兼作夜工。今日巳刻坝已合龙，午后往观，业经出水三尺有余，宽计五丈。土系黄淤，层土层硪，可期稳固，尚需加高四五尺，以备抬水，明午当可告成。陶坝外淤滩约十八九丈，十一日忽然涨水数寸，大碍工作，乃于滩上夹厢两路，中宽二丈五尺，距坝根挑深三尺余，靠黄水邀挑深四尺余。现在均系夏介臣、向游击及卑府所用董从九逐日监工，唯水工太不容易，明日水若戽尽，当亦可竣工。俟两处工完，即启涵洞放水，约计一两日水势可以抬高，即启新河尾坝放船。现在江北之船进老河者七帮，夏堂之坝如抬不足水势，吕家场即仍需筑坝。好在剑台之水甚足，四日仅落四寸，而河内已不能容。十里铺月河放水，并将里头及东堤冲刷，西柳行亦几乎漫决，幸皆抢住。运工移步换形，毫无把握，殊深畏惧。此次皮坝失事，误于轻视，以为频年只用枕厢，须多备用料物、现钱。此番有两里头屹若山立，不过万余料、数十千便可蒇事。讵事出意外，里头淘空，病在水底，地势又大，补救难施。一陷即随流飘去，仍不如夹枕之为得也。前禀宪台，顶厢堤岸不空至本土，虑水冲刷塌陷；空至本土，地工即须盈丈，未免费料。今里头之陷或者先示其端，将来唯有审度地势，择要办理，请示并行。

顷又天雨淅沥，殊碍两坝工作。但旸远托福庇，明朝晴霁，得以及早完工，启水放船，速毕乃事，是则私衷所祷切也！此间料价续发千金，交吴司事购买，现仅存银五百，嘱傅巡检易钱备用。漕船渡黄后，坝头拆修与新河挑工均须速办，款项不敷，便难应手，可否由宪台移司，先领数千金解交东阿，存库候用，抑俟复勘估定数后再领，统乞钧示。傅巡检结实老练，为局中万不可少之员，前见溶生少公函，欲令东行，务求邀免，俾得臂助。肃请崇安。

卑府　用舟谨禀

十五日亥刻

二

（光绪二十三年二月廿五日）

大人阁下：

敬禀者。十六发禀以后，以为夏堂土系黄淤，万无一失，不过抬水两日，即可出船竣事。讵头船十八傍晚抵坝，天黑风起，当与南员揽头定明次早出船。十九黎明，狂风大作，尘沙迷目，势难顶风入黄。盖是日为观音暴，最忌行船，未便过事强勉。乃风狂水涌，夏堂之坝复被陡水冲激，狂风推荡，遂致漫决，坝南立现浅滞，陶坝口门之船皆搁干滩。天又逐日下雨，作工雇人，皆极费力，目睹情形，殊为焦灼。当饬陶、王两县丞前往，会同曹令，汪、秦两员，另择迤南水浅土淤之处，高宽筑坝，厚加后戗，再下排桩，夹枕填土，层土层硪，以期稳固。董从九树森，熟于运工，任劳任怨，结实可靠，当即饬令来工，并将旧用队长董传安唤到，令其前往帮同工作。该队长在工廿年，于筑坝实有卓见，去年为李大爷打跑者。董从九亦因前年放剑台之水漫堤，人言啧啧，去年水仍漫决，可见咎尚可原。现在船既出口，故敢述及。

此坝定基后，文则曹、陶、秦、汪、王、董，武则官、夏两营，王、贾两弁及局中杜队长等，带同勇夫，昼夜赶作。委员既多，分路买土。民夫约有数百人，苏船水手亦持笆斗来挣现钱，一日一夜，坝复筑成。坝成后，查看苏船未过阿闸尚有二百九号，江北及苏前帮已过新河尾，遂将阿闸下板。板仅数页，皆系漏水，乃连夜将七级板运到。卑府亲坐闸背，督饬闸夫买用棉絮，塞板之漏。其水内仍漏缝者，许以重赏，令其下水堵塞。天雨水寒，下水之夫，皮皆冻紫，幸时许即已塞好，水遂逐潮抬高。廿二戌亥之间，陶坝之船尽已浮动，水向南流。当与叶子桢商量，机不可失，趁此开坝。叶令与各揽头均以为然，立即启坝，放出炮船两号、引船数只。李恒泰头船到口，旋即浅搁，两岸拉纤，后面人推，屹然不动，天复大雨，直至三更后仍无如何。卑府乃就堤上默祷杨泗将军、元将军，并回庙行香，许以来日坝头致祭。回局后，各屋漏无隙地，一夜未眠。次早甫明，询问黄水仍浅，猪羊已送到局，当即沐浴整衣，前往坝头行礼。行至水塘处，即见水手纷纷北跑，齐呼道喜，头船已入黄矣。及至坝口，则见船行甚速，坝外陡涨六寸。据向游戎云，昨夜拉纤推船足有一百余人，皆撑不动。今早已雇两岸各四十人，下水踩沙者两面四十人。正待动工，见卑府将到行礼，俟礼毕动手。讵猪羊始设，水即渐涨，顷刻加深，头船不用人推拉，一篙撑动，遂即畅行。真神奇也！

自卯初起至子初，江北十起即出竣，江苏头帮亦夜间继进，其余于廿四零落前来。盖苏帮穷船甚多，竟至篙缆篷桅俱无，故行不易，老妪少妇撑篙掌舵者不少，殊为可悯，午刻始皆出黄。其隔在阿城闸北二百九号，廿三黎明即闹启者，皆好言安慰，谓南头浅船尚未浮起。其实欲令江北之船一气出完，归次接运，苏已停运，少迟亦无妨碍。盖阿板一启，水向北趋（抬高三尺），南头之船惧浅，北头之坝亦虑水大又漫，故不能不权宜办理。午后，南头船尽，即将阿板启放，该船户等始起，船皆入黄。又值北风大作，遂皆挂帆跟艄，三时之久，皆入黄河。

至苏船应赈各户，卑府与徐吟舫前已晤商，详为清查，但须出黄时方能办理。前据查得极贫五十二户，次贫七十八户，嗣又查出极贫十四户，资［次］贫卅四户。卑府前已函托东阿、莘、聊，借有现钱，预备将各户共有若干，即备若干纸条，盖以图书，交徐吟舫散给局中，按条发钱，今日已发清矣。其余尚有前两年粮船不能南归，将船卖出，现坐破划归去者，卑府亦酌给之，以广抚帅洪恩。昨晚各局质员皆回，夏介臣亦饬勇丁行硪。局中包方堵合大堤，各处善后，卑府即当督同局员，次第举办。此次打坝出船及一切费用，大约至少亦在千金，运工毫无把握，必船出乃算毕事。近两旬来，诚如宪谕，五官兼用，而出船之两日则沾体涂足，雨打风吹，兼之回局到处皆湿，直无可安坐处，可谓不愧屋漏矣。小沙滩昨日合龙，我宪日内当可旋节，卑府亦拟俟帅座回辕，晋省一行，面禀工程各事。兹先将帅座处禀缮申，以便入告，余俟一二日再发。知蒙垂注，谨缕陈一切。肃请钧安。

卑府　用舟谨禀

二月廿五日夜子正

敬再禀：

前月蒙宪恩，欲与小婿差委，卑府以涉嫌恳辞。近两旬来，身在局中，心尚念及十里铺、红庙等坝及各县坝埝。沿河筑坝，应用钱物，委员不敢作主，必得亲到吩谕。运工又系移步换形，稍迟及稍拘泥即致误事。向来禀牍公事多系自己动手，文案作来，如不合式，未便再三令改，唯自己子侄可以叫在身边，随便吩咐。卑府素本强健，两年来妻妾从止，孑然一身，未免伤感，渐觉颓唐。云门本可相帮，然须安置账房，与子英同理。拟请即遵宪意，给予小婿委札，令办文案，俾分卑府之劳。董从九亦请委令督带勇夫挑修各工，并乞回明帅座。

卑府又禀

三

（光绪二十三年三月初四日）

大人阁下：

敬禀者。初二日奉三十日钧复，欣悉小沙滩是日合龙，想见荩筹硕画，懋著贤劳，下怀曷胜钦佩。征轺日内计将旋省，卑府亦拟赴省面陈一切，并叩送霓旌，以纾孺慕。运工近日情形，傅巡检到省谅已缕禀。南船入黄后，黄水适涨，已嘱夏营将出黄堤口照旧堵合，挂剑台之板，即日岩下填土，以防私启。阿城新河一段，廿七八两日将标志插定，初一日开工，即饬曹令承修，专雇土夫百名，由向游戎管带，并派秦县丞监工。河身内拆民房十二间，每间给京钱三四千文；坟两冢，各给京钱六千文，均已迁启。原定河身近闸处太直，恐重船下驶收煞不住，难免碰擦，现略向东稍曲，不过加土数十方，于船行即无大碍矣。坝头拆修及启东坝木涵洞等工，即派董从九带同局勇赶紧拆做。一面在坝外，作一圈埝，以防桃汛。

卑府因驻局两旬，多值阴雨，受湿过重，腰胁酸痛，于二十八日回署清理积牍，稍为歇息，仍即到局。各州县挑培工程，向系先饬该州县勘禀后再行复勘，今年尚未行文。昨已令王县丞元钲前往各处确估，大约至快亦得旬日，始能估竣。现在局中急需购买者苘麻、桩缆，秸料所短亦巨。今年苘尤缺贵，将来如买不着，只好从河防局借用耳。桩料拟饬人赴濮、范购办。各处挑工俟请款后月底办理，尚不致迟误。吴司事料已验收，计垛秤八千五百（适雨之后，故如此），合之十六金，尚不甚支离，即算收清。此次回空用款，据傅巡检核算，已万二千金，原定三五之数不敷较巨，必须将历年不敷实情附奏，请以后实用实销。帅座公事核实，司农或不致再驳。（十九年七千一百，二十年六千一百，廿一年一万〇七百，除节省三千九，尚短三千。）

卑府住局廿日，子侄亲友因候送柩船入黄，上下十余人亦借住局内，夫马伙食用项不敷，曾于账房内借用京钱百千，东阿借来京钱千串。本局备赈穷船，嗣仅用莘、聊两县一千二百余串。东阿之项即交傅巡检收入局账，容再归还。卑府去腊呈阅户部议驳回空用款院札两件，便乞掷还备案。董从九及小婿札已发交，即日令其到工。董从九业于前月初三到局。第二次夏堂之坝，甚赖该从九与王县丞有见地也。余容续禀。敬请钧安。

卑府　用舟谨禀

三月初四日戌刻

傅巡检仍求宪台饬令来局，与陶县丞同帮卑府，俾收臂助，是所至祷。

对联刻就，即当敬谨悬挂。

四

（光绪二十三年三月初五日）

大人阁下：

敬再禀者。挂剑台积水为接济漕船回空之用，上年天旱，该处悉皆种植，若非万家桥民埝漫溢倒灌，则空船折回亦须守候黄汛始能南下。现查该处水势尚足敷本年回空之用，是以空船入黄即行下板填土，嘱令夏营防守，以免民间私启。前两年，东阿、寿张百姓几次私行抽沟放水。近日该处百姓又有求启之议，应请宪台禀请抚帅，给夏价［介］臣一札，饬令严守，并饬东阿、寿张两县出示，严禁私放积水及抽沟、扒口等事。该处本夏营防守地段，月前夏价［介］臣曾代提及，欲照十九年多放半月。卑府以今昔情形不同，昔年积水百有余里，不妨多放为民间涸地，今恃此为浮送空船之资，涓滴皆不可溲也。卑府昨已函致夏营及东阿李令，嘱其严防，但不如抚帅札饬较易遵行。肃此。再叩崇安。

卑府　舟又禀

初五日

五

（光绪二十三年五月十日）

宪台大人阁下：

敬禀者。叩送旌麾后即回郡，复估河工，一面改修两坝，一面估定工程请款。东阳工最关紧要，为时已晚，当即分段派定承修、监修，于四月初二至十二先后兴工。本拟驻工督催，忽接冠县禀报，该县民教因争庙基，百姓聚众数千，将教堂打毁。该处孤悬境外，四围村庄皆直隶曲周、威县所属，请兵弹压等情。并奉本道札委，前往查办，于十一日回城。是日奉到院批并加函谕，令再复估，并遴请廉朴委员等因。详绎批词、教谕，似恐即照州县原估，仍令州县办理，且恐委员不能得力，款或虚糜。卑府时将前往冠县，遂即逐层禀复，将核减原估土方十一万有奇，及本年银价较之前两年少钱三万串，苘料较上年皆贵三分之一，所估银四万六千余两，系包括委员、勇夫薪粮及重运时一切意外用款在内。现在均系约计，将来盈绌实难豫必。至委员均已在工两月，尚皆廉朴耐劳，不便以无过更换。所有约款及章程并委员衔名、分段处所，各缮一清折顶复，请仍照原数入奏。前月廿七排递，至今尚未禀批，不知能不再驳否。

今年工程，坝头至阿城一片纯沙，工头多不敢承办。自坝头至东阳交界分四段，自阳谷界至夏家堂分五段，各员皆极认真。初六七本可完工，初二傍晚大雨达旦，致将两岸沙冲河内。初三收拾未竣，初四一昼夜雨更倾盆，河内水深二三尺，必须将水洩戽见底，始能施工。各工头纷纷告苦，有前工尽弃者，有工毁大半者。本未验收，值此天意，该工头亦无可置喙。现饬其赶紧设法补挑，将来酌给津贴。此两县工完后再挑迤北各县之工，委员亦即往北分段。北头之工较易，漕船至今尚无上清江大闸之信，工程断不致误。新河工已有七八，约于望后挑工可完，即接办厢护各工。曹令办此工程，与向游戎均极认真，工程禀奉院批，准作另案。俟工竣，拟先为之请奖。我宪谒帅时，尚求格外嘘拂。各委员亦皆勤谨耐劳，收支即遵嘱以陶云门经理，两月来综核一切，结实精细，且能吃苦任怨，守正不阿，洵有用之材也。曹令去年为马观察禀揭，本系无妄之灾，非宪台鼎力成全，恐帅座终难释然。渠亲老家贫，殊可怜耳。昨奉钧函，胶澳台坞工程既关重要，自必举办，唯百万之需，若靠直、东筹画，恐不易之也。韩工另择地，帅座一时未必旋辕，我宪若欲谒见，似可乘轮径至铁门关较便捷也。

以上系初四所写，正拟封完驿递，适河防营来信，谓宪驾已至齐河官庄，次日即可到局，不胜企望。昨该营传单，知节莅泺口即已返棹，瞻望弗及，依恋无已。

卑府来工已将旬日，现催各段补挑工程，计需望后始能竣事。各工唯屠从九监修一段太难看，系为工头蒙混。工头王姓，乃去年杨令所用，又照去年截邀垫口，及经查出该工头并未工次，只令一袁姓者在工敷衍，而承揽领钱则王之名。功令如此森严，尚有敢尝试者，奈何奈何！

初七八两日，奉河防局电传帅谕，饬卑府与临清王牧购办麻包蒲。两日来派人四出，凑得麻包两千余、蒲包五千五百。今先运一批，但雇船不易。运工尚须买料百余万，近为东、阳两县地方官抢买，局内增至六十五吊一垛，尚无送者。阳谷五十万，闻价至三十两。局用之料，只得在聊、堂交界采购，价亦六十四五千，运脚更不合算。且近日钱价只换两千五百八九。物贵银贱，事事吃亏，较之十八九年少易三万余千。忽遇此雨，又须多费，殊愁闷耳。

瀛眷想已安抵胶西。东海锡公西调，交卸必快，我宪当可荣权，不胜祷祝。肃此。恭请钧安。

卑府　用舟谨禀

五月十日自运工申

曹倜[1]禀

一

（光绪二十三年二月初十日）

大人阁下：

敬禀者。前稔宪驾回局，适以阻迹戴湾，未及趋叩慈颜，一伸感悃，歉仄良深。初二日冻块开泮，催船南驶，到郡见洪守，得悉宪公有东行之议，旋又因胡家岸等处漫溢，宪驾于廿六日已经赴工，正代焦灼，连读宪公致洪守之函，各处工程易于得手，不禁忻慰之深。

前日赴局帮同照料一切，洪守亦于昨日到此。今早得信，则胡家岸已可合龙，小沙滩指日亦可竣事。此皆宪公诚可格天心，

① 曹倜，河南河内县人，时任冠县知县。

德足邀神佑也，又不觉愉快者久之。唯卑职碌碌半生，幸承知遇，屡荷嘘培于当轴，每期图报于将来。设宪公东行后，布置大局已有端倪，倘尚需员差委，仍恳宪恩不弃菲材，调派差使，卑职闻命即行，曷胜企祷。

漕船自冰泮南来，初七日陶县丞将十里堡坝堵合。卑职前日过皮家嘴，酌添料一万斤，留王哨弁在彼，俟各船过完，即行堵合。今日洪守派汪巡检前往监工，江北各帮昨日即抵新河尾坝，仍照上届商定前数帮驶入老河，俟各船全行上驶，察看水可抬高，即省去吕家场一坝，启新河尾坝出运。昨禀商洪守，意见相同。现查新闸以南有淤嘴一处，并包工挑挖；新河尾大坝，洪守派秦县丞照料，今日亦已前往。临黄口门以外先有淤滩，前日黄水稍涨，淤滩已入水中，再有清水外刷，不难畅行入黄也。专肃。祇叩均安。

卑职　曹倜谨禀

初十日未刻

二

（光绪二十三年二月二十九日）

大人阁下：

敬禀者。前卑职由戴湾回局，会同在局各员，修筑夏家堂坝工，业经洪守缕禀在案。伏查此次冰泮船行，筑坝引水，以资浮送。卑职初意力求撙节，乃以坝工未能宽厚，风大水涌，遂有走漏之虞。卑职禀商洪守，以漕艘久滞中途，殊非长策，因即宽筹料物、钱文，重筑高宽大坝一道，冒雨赶办，两日竣事。抬水丈余，激而南上，苏宁十八帮均于二十三四等日出运入黄。各船仍走南运坡河，南归甚速；将来重运北上，不致有误汛期。刻下临黄大坝已可竣工，洪守派王县丞元钲于今早前往临清。自临清起至清、堂、博、聊、东阿、阳谷止，勘估春挑各工。聊境以南工程较多，卑职再往会估。又派卑职照料阿城新河工程，并派秦县丞恩遴、向游击怀珠监挑，定于三月朔日具工。近闻小沙滩合龙在即，宪台亲驻督率，忙碌异常，地洼风多，春寒未退，伏望起居珍摄，少节劳思，是所切祷！

卑职自维运蹇，方荷宪公非常之知遇，正图效力以驱驰，何意朝廷倚畀，不日东行，千里睽违，未获常依左右，私衷所结，怏怏何如。尚乞随时嘘植，在远不遗，俾得小草向荣，滋生有日，则仰托鸿慈，曷胜翘企。专肃叩悉。祗请钧安，伏祈垂察。

卑职　曹倜谨禀

二月二十九日

三

（光绪二十三年）

大人阁下：

敬禀者。窃卑职省垣叩谒，备荷殷拳，屡沐恩培，感铭肺腑，祗惟勋华日楙，福履云增，定如私祝。

卑职东昌株守，倏忽五年，虽承洪守垂青，两登禀牍，然事机稍顺而声气终睽也。本年迭蒙宪公相机进言，七月间卑职谒见帅座，颇荷关垂，遂通款曲，窃幸此后正有机缘矣。乃甫邀刮目，又将远离，曷胜怅怅。倘此处回空未竣，宪辕起节在先，时不可失，可否仰恳宪恩，遇便再申前说，果能侥幸得缺，则又意外之奇逢。戴德铭心，曷其有极。专肃。祗叩钧安。

卑职　曹倜谨禀

夏锡纯[①]禀

（光绪二十三年）

敬禀者：

窃标下昨于本月二十二日复修乙禀，上叩崇祺，屈计庚邮，

① 夏锡纯，字酉堂，时任胶州协副将。

度邀钧鉴。

伏查回空漕船日前挽过东郡，即以运河水小，必须跟筑艄后坝，节节套送，旋抵阿城，启板前进。幸该闸迤南新旧运河蓄有挂剑台等处所放堤外积水，堪以接济。但系仍恐不敷应用，复经东昌府洪守会同斟酌，设法借黄，于二十七日戌刻启放陶城埠拦黄大坝，使水倒漾。二十八日辰刻，催令出船。且幸连日北风，船行甚急，即于二十九日辰刻全帮过坝，挽出北运河，渡黄南下。

此次回空漕船出运入黄之速，诚属仰赖福帡，办理颇称顺利。惟漕船即已渡黄，自应仍将出船口门赶为堵合，俾昭慎重。兹已督饬弁勇，帮同运工，妥筹办理。顷闻新抚宪已于念六日出都，月初计可抵省。标下拟将工次事宜稍为布置，即当进省接见，兼可趋聆训诲也。

所有回空漕船全帮渡黄日期，合先驰禀大人鉴查。肃修寸禀，恭请勋安，伏祈垂鉴。

标下　锡纯谨禀

得禄①禀

（光绪二十三年）

敬禀者：

前已回空漕船阻冻戴湾，遵檄抽拨卑后哨前赴该处弹压，副将即带中哨队伍驰回张秋镇防次。回防后，将该镇暨分扎之东阿、东平、寿张集各处冬防巡缉事宜布置妥贴，遂于本年二月初，拣带中哨勇丁数十名，仍旧亲赴运工，照料一切。旋值冰解，漕船张帆南渡。副将督率勇队随帮弹压，深恐匪徒、帮混恃众滋事，派令弁勇，昼夜稽查，遇有厢埽筑坝各工，即会同文武

① 身份不详。

各员认真办理。现于二月二十四日，两江漕船一律入黄，坝头口门经东昌洪守督饬在工各员堵筑稳固，副将经手事件料理清楚，于月之二十七日率带中、后两哨，仍回张秋原防。沿河一带均安谧如常，堪以仰纾慈廑。肃修芜禀，祗请升安，伏乞钧鉴。

副将　得禄谨禀

祖谦[①]禀

（光绪二十三年）

大人阁下：

敬密禀者。窃卑职半刺浮沈，数年潦倒，仰承知遇，感愧交萦。抵工后当将到工、兴工各日期分案禀报。遵即多集人夫，畚硪并举，日来颇称踊跃，虽地段绵长，监修仅只一人，而卑职亦分段监硪，上下奔驰，总期在工一日，即尽一日之心，曷敢稍涉安逸，自蹈愆尤。核计此工土方寥寥，大约月杪定可竣事，堪纾慈系。向来堤工完毕，多接防汛，屈计卑职报竣，距伏汛为期尚远，势不能在工株守。然既列帡幪之下，亦毋庸急于干进。惟闻宪台福移东海，有林道宪台[②]总办中游之说，逖听之余，不觉此心如失。缘卑职与林宪处仅有排班之谒，如销差，距防汛在迩，林宪岂能遽改前政？若卑职差竣，业已离工，防汛系属另案，省门奔竞夤缘，实繁有徒，或在旧僚，或关情面，推无可推，势必乘隙更易。倘置卑职于膜外，则省垣听鼓，前路茫茫，仰事俯蓄，其何为计？伏查韦令绣孟[③]所办秸料已尽运下游，连日颇形焦急，而此处埽坝应修甚多，定需添购。卑职前在河工，曾充此差，于肥、长一带人地尤属相宜，可否仰恳大人逾格鸿施，赏委

① 身份不详。

② 即林介景，时任山东候补道员。

③ 韦绣孟，广西永宁人，光绪二十三年代理章丘知县。

兼办秸料事件？卑职并非视此为优差，不过藉以留工，得接防汛，稍图菽水，俾可养亲。因宪台爱卑职至深，待卑职独厚，是以不揣冒昧，密禀叩求。是否有当，出自宪裁高厚，临禀无任悚惶之至。

再，卑段堤工刻已布置妥贴，不日即可次第告成，万无一失。当此河工吃紧、各料奇支之际，尽可兼办一差，藉得自奋，若非势属可行，断不敢力图报效，致负厚望。合并禀明，务求俯赐，将此禀秘密毋宣，是所叩祷。肃此具禀。恭请勋安。

卑职　祖谦谨禀

鼎彝①禀

（光绪二十三年）

敬禀者：

窃卑职前在东昌郡斋，曾得一亲钧范，悃诚款款，钦向实深。退而自维，辄以未获趋步名贤为歉。继闻大人品题逾格，时有揄扬卑职之言，远听之余，又复积惭生感。

兹者渥蒙宪恩优渥，俯赐详明，抚宪札饬随工当差。以驽马之庸姿，获皋歕之青顾，卑职敢不奋勉，以冀无负生成。嗣后倘得机缘，克膺寸进，则溯权舆于始造，当思培植所由来，铭泐之私，实深五内。顷闻小沙滩业已合龙，仰见威福所加，荩猷亦著，故克奏功，如是之速。想船政事重，宪驾当克日启行。卑职迹阻阳平，未能躬送，抚衷依慕，无任神驰。惟望升日照临，不遗在远，时加训诲，俾有遵循，则私心不胜荣幸耳！

前命卑职所书对联，业已敬写，发交木工矣，并以附陈。专此肃禀，叩谢宪恩。恭送前旌，虔请勋安，伏乞垂鉴。

卑职　鼎彝谨禀

---

① 身份不详。

□芬[1]禀

（光绪二十三年）

大人钧鉴：

敬禀者。日昨恭聆温谕，猥以鄙事，承召先机，一种垂爱之情不啻若自口出，有欣然以先睹为快者。此恩此意，感激曷有靡涯。唯是东省刻有特旨，截取两班。去秋在京，亦曾偶向都友探及，虽据称卓异人员与之不相上下，亦自有法斡旋。然奏请时必须申明人地一层，方能面面俱到，好在繁要例得声叙，与简地限于成格不同。宪台如得间进词，尚求作旁笔一提，是所叩祷！

卑职一是如恒，地面亦极平静，苘差昨始告竣，各路共得八十七万斤有奇，自是初念所不及料。唯日前久旱得雨，雨又过大，汶、泗各源同时涨发，而运河为之会归，势不能容，遂尔漫决十余处，甚有堤埝全没不见者。满地灾黎，焦急直难言状。闱差所不敢辞，且破格予以体面，心尤乐赴，特彼时正办秋灾，新任情形不熟，必须自毕乃事，到省须稍迟时日耳。

北洋如何商定拨款？宪台约何时可以东旋？连日南风大作，瀛眷遇顺北来，中伏前后计可到济。起旱事宜，卑职业已伺候停当，请勿系念！

溽暑，诸惟为国珍重，不尽依驰。肃复。敬申谢忱。虔请勋安，伏乞慈鉴。

卑职　芬谨禀

溶生少大人均叩。

---

① 身份不详。

周□[1]函

（光绪二十三年一月二十八日）

筠轩仁兄同年大人阁下：

去腊曾肃芜缄，祇贺岁喜，并附呈彭、魏两君复信，由森昌信局递呈，未谂已达典签否？兹当大地春回，崇阶瑞霭，遥想抚时纳祜，顺序延厘，景物半新，公私萃吉，欣颂欣颂！

都中去冬瑞雪缤纷，新正以后，晴光和暖，大有丰年之兆。惟筹还夷债，期限紧迫，司农仰屋，徒唤奈何。时事艰虞，异声同叹。幸停捐之议概不准行，司曹一线生机尚未划绝，今年饿鬼城中或不至有拥挤之虑，为可喜耳。

兹有恳者，勇丁李孝芳，敝同邑人也，曾充东省某营差弁，大军既撤，无力还乡，漂流至京，莫觅生路，思充东省河兵，藉图寸进。因弟与阁下有同谱之谊，苦求作荐。弟见其人甚诚□，办事亦颇伶俐，如蒙收录，断不至有负栽培。阁下总理河工，木屑、竹头皆为有用之物，区区丁壮，谅不难于安插，爰泐数行，为通其意。

又，同乡萧叔衡比部，交来山东典史傅君绍岷一条，云系曾任湖南藩司傅公之子，与渠有宾主师友之谊。傅公身后景况萧条，友朋凑合为其子捐指到东。为贫而仕，恐赋闲则无以自存，求于接见之后，量其材力而成全之。

阁下位望崇高，无穷求福之人纷纷而至，必有应接不暇之虑，亦惟视其力之所能为，及事之所可行，求之者不敢必也，荐之者亦不能强也。

特此奉达。藉颂勋安，诸维亮察不具。

年愚弟　周□顿首

---

① 身份不详。

同丰银号嘱笔请安。

新正廿八日泐于都门果子巷内延旺妙街[1]

作信未封，适奉到腊月十八日惠函，并承赐阿胶两匣。薰香读昌黎之书，拜手受季康之药。老同年胶漆情深，知不同世俗之交阿其所好也。感谢！感谢！弟于去腊初五日曾肃一缄，读来信，似尚未收到，可着人至森昌信局一查。千里神交，寸笺互答，虽无关紧要，亦不愿其落空也。

二月初一日抱山又及

王仁宝、锡桐[2]函

（光绪二十三年□月二十一日）

久仰鸿仪，未亲麈教，临风骧首，积日驰忱。敬维筠轩仁兄大人，履績云蒸，勋华日茂。裕平成之伟略，绩懋茭防；迓特达之殊荣，恩承枫扆。引詹裔采，曷罄颂私。

弟等自顾铨材，忝襄要务，抚衷循省，正切踌躇，幸到胶后接奉抚宪电谕，忻悉借重长才，会同勘办，诸事得有遵循，同深额庆。旋以守候日久，未见驾临，当于月之初间，乘兵轮会同鼎翁[3]，驶至南岸，将大概情形先行察看，应如何布置之处，统俟阁下履勘后再行定夺。惟弟等来船在此停泊已将匝月，舟中煤米俱缺，于十四日回津领饷备粮。

兹闻台旆克日贲临，该轮赴津未返，倘抵此后再至南岸，民

① “延旺妙”即“阎王庙”谐音词，又名延旺庙街。

② 王仁宝，字晋良，号谷卿，时任直隶候补道员；锡桐，正黄旗汉军常山佐领下人，时任登莱青道台。光绪二十三年，二人受北洋大臣、直隶总督王文韶饬令会勘胶州湾海口，修筑船坞，筹办海防。

③ 章高元，字鼎臣，时任登州镇总兵，奉命与王仁宝、锡桐、蒋兆奎等共同会勘胶澳船坞工程。

船往返，诸多不便。如驺从由胶州起身，先看南岸，当请鼎翁至胶，会同履勘。缘弟等人地生疏，不若鼎翁之诸处熟悉也。高明如以为然，乞示复，以便转商，是所盼祷！专肃。敬请勋安，统希爱照不备。

愚弟　王仁宝　锡桐顿首

二十一日

章高元函

（光绪二十三年）

筠轩仁兄观察大人阁下：

前奉排递手翰，当即裁笺布复，想邀察及。顷阅胶局来电，藉悉台驾已抵胶城，欣慰无极。工程一节，以弟之愚，原多茫昧，今得执事到工，将来诸事遵教而行，不但该委员等倚赖维多，即弟亦受赐非浅。幸何如之！

惟忝为地主，理应扫榻以待，业已预备房屋一所，即前谷卿观察居住之处，务望推爱惠临，幸勿客气。盼切祷切！

上月念九日，旅顺顾直牧电称，同马委员蒔暨匠役人等，准于初十内到澳，未卜驺从约在何日莅止？并祈示知。专此赍奉。敬请勋安，伏惟荃照不备。

愚弟　章高元顿首

张百熙①函

（光绪二十三年六月初九日）

星五观察仁兄大人阁下：

送别台麾，晌逾一稔，言念君子，我劳如何？迭奉赐书，如

① 张百熙，字野秋，一作冶秋，号潜斋，湖南长沙人。同治十三年进士。光绪十一年入直南书房。时任吏部尚书，光绪二十八年任京师大学堂管学大臣。

亲矩范。承惠寄精制阿胶四匣，具荷隆情，感戢岂可言喻。以尘劳鲜暇，未获即时裁复，歉悚滋深。辰维勋祉翔华，台祺叶吉，定符臆颂。

东省吏治刻经鉴堂中丞[①]整饬就绪，惟河工虽力除积习，而有非人力能施者，则亦处于无可如何。阁下体用兼赅，夙为鉴翁所契赏，优加倚任，自能相与有成。闻委公以胶澳船厂之务，事关经始，刻已画有规模否？敬念敬念！

恳者，舍表侄婿沈绩臣大令梧以，知县需次小左有年矣。以当事绝少开源，赋闲日久，一家数口，待哺嗷嗷。伏求俯加推爱，赐以差委，俾得近供鞭策，感荷无似。该令故父曾任东省邑令，该员亦尝从事于郑工，弟叩其治河，一切利弊，言之颇悉。若赐之颜色，加之明问，似亦不无壤流之益也。

弟入直如常，仆仆无俚，近日本监考到录科，事益烦琐，幸顽躯尚耐劳耳。专肃布臆。敬请勋安，诸希爱察不庄。

愚小弟　张百熙顿首

六月初九日

王绍廉[②]禀

（光绪二十三年）

敬禀者：

窃卑府前月杪赴小沙滩晋谒钧晖，藉纾下悃。顷闻大人业已遄返省门，卑府渥蒙知遇，极愿长托仁帡。兹闻宪驾不日即赴东边，又以职守攸羁，不获叩送行旌，依恋之忱，莫可言喻。日前由榕生兄交到委书屏条四幅，卑府自愧不能作书，又以近年染患右臂酸软之恙，手腕更不得力，勉强书就，殊觉字不成体，惶悚

① 李秉衡，字鉴堂，时任山东巡抚。

② 王绍廉，时任候补知府。

万分。谨交张令启盛代呈，还祈鉴察，教正指疵，是所叩祷。肃此。恭请勋安，伏乞垂鉴。

卑府 王绍廉谨禀

附呈屏条一卷。

龚镇湘[①]函

（光绪二十三年）

云轩观察大人阁下：

廿年离别，辄企鸿仪，万里睽违，复疏鱼信，五中积慕，曷喻名言。顷阅邸抄，欣知豸绣骞华，鹏图日蔚。安润集庆，遍施膏泽于青齐；济运敷功，伫荷浓恩于紫陛。真除指顾，颂祝心殷。

镇湘乞郡皖江，栗碌无状。去年以内艰旋里，安葬事毕，倏经一年。徒以眷口侨寓皖中，家中复难久住。顷于春暮来皖，闭门读礼，无善可述。兹有恳者，大小儿兆仑以县丞在东省听鼓有年，于前年借差到京，并措赀斧，随同眷属来皖，嗣因先慈之故，羁延至今。比复饬令回省当差，近依仁宇，实深欣幸。闻阁下督办船澳事务，差委一切亦自需人，特嘱晋叩台端，仰求驱策。可否调取委用，出自鸿施。倘蒙推爱及乌，曲垂提挈，俾得借资历练，感激非止身受已也！专泐布臆。敬请勋安不备。

制 龚镇湘顿首

唐椿森[②]函

重聚峤西，快聆麈教。荣迁山左，结恋螘忱。敬维筠轩大公

① 龚镇湘，湖南长沙人，同治进士。官至安庆府知府。

② 唐椿森，字益龄，号晖庭，广西宣化人。光绪二年进士，曾任监察御史、御史、刑科给事中等职。此函时间不详。

祖大人履祉云蕃，升华日上。功高捍御，宣防澄瓠子之波；泽沛涵濡，锡宠荷枫辰之诏。柏薇指晋，葵藿心倾。

弟一废莪吟，三年株守。检当时之谏草，愧无补于纤毫；鼓他日之祥琴，须勉图夫报称。所望频颁榘训，示以步趋，庶几远芘德晖，得无陨越。专肃寸简，恭请荩安，诸希荃照。

治愚弟禫　唐椿森顿首

敬再启者：

敝晚亲蒯令继曾，人甚安详，颇知向上，兹其蓄敬事大贤之意，尚望不惜阶前咫尺，进而教之。肃此奉恳。再请勋安。

禫春谨又启

濮贤恪[①]函

姻伯大人钧座：

顷由排递，奉读手谕，敬悉敝处盐务一事，仰赖鼎言代达苦衷，谅不至再形掣肘，是涸辙之中忽得汲此西江，庶免索于枯鱼之肆，感泐无既，叩谢莫名。

新人衣式昨方寄到，祗呈清单一扣，伏乞检照是荷。前蒙钧札惠诺，二少君今冬年内入赘来蒙，不胜欣幸，现已专人往鄂接七舍妹矣。惟道隔数千里之遥，未必能克期而至，必须七舍妹到蒙后，侄再从速禀知姻伯，请定吉期，较为妥协，是所切祷。

再，侄忝列葭末，攀鳞附骥，曷敢自外生成。但分隔云泥，而又共楫同舟，则具禀称卑，亦系在官言官，非从俗套。既承姻伯屡示谆切，略分言情，用敢谨从尊命，径陈笺启，不复循例禀牍矣。专肃禀知，并申谢悃。敬叩勋安。

姻愚侄　濮贤恪谨肃

---

① 濮贤恪，江苏溧水人，曾任山东省蒙阴县、新城县知县。此函时间不详。

陆宝忠庚子日记

洪晨娜 整理

说明：陆宝忠（1850—1908），字伯葵，号定生，江苏太仓人。光绪二年进士。先后任湖南学政、翰林院侍讲学士、内阁学士兼礼部侍郎衔、兵部右侍郎、都察院左都御史、礼部尚书等职，并充任南书房行走二十年。本篇日记起于光绪二十五年十二月十一日（1900 年 1 月 11 日），止于光绪二十六年五月十三日（1900 年 6 月 9 日），正值其以内阁学士兼礼部侍郎衔重入南书房时期，主要记载其在南斋与内阁之公务活动、与同僚友朋交游及家庭生活，如册立大阿哥当天之情形等，具有独特的史料价值。

日记原件一册，系私人所藏，扉页贴签题有“日记，光绪己亥嘉平十一日起，庚子五月十三日止”，局部有残损。

十二月十一日　晨起。吴絅斋[①]来。午后出城谢客，在絅斋处略坐，余均未见。进城答东寅[②]、二殷，傍晚归。天寒，又有雪意。

整理者：洪晨娜，浙江大学历史系博士研究生。

① 吴士鉴，字絅斋，浙江钱塘人。光绪二十三年在南书房行走。

② 曹广权，字东寅，湖南长沙人。光绪十九年举人，大挑后任内阁中书。

十二日　晨起。谒文山师[①]，未晤。与效先[②]谈。答梦陶[③]。午正归，薙发。伯香[④]来，知伊保送一等。写茂如信。

十三日　晨起。访凤石[⑤]、东寅，看代拟谢恩折稿，即□□宅上祭（送经一坛、燕席、楼库、杠箱）。饭后答蔚之[⑥]。谒荫师[⑦]，□□年不见，矍铄如昔，八十一老翁，康健若□□□赋之厚，亦由调养得法所致。深谈时□□一时许。归途视温如。

十四日　晨起。至廖宅陪吊。饭后访廉生[⑧]、味荃[⑨]，谒夔老[⑩]，均略坐。访颂老[⑪]，辞以洗足，未见。傍晚归，夜睡不酣。

十五日　晨起。朱绳祖来。午后出城拜客，晤燮钧[⑫]、花

---

① 崇绮，字文山，阿鲁特氏，满洲镶黄旗人。光绪二十五年底管理礼部事务，派充大阿哥师傅授读。

② 葆初，字效先，崇绮之子。

③ 陈名侃，字梦陶，江苏江阴人。历任内阁中书、总理各国事务衙门章京、户部郎中。

④ 黄桂鋆，字伯香，贵州安顺人。光绪九年进士。历任福建道监察御史、北京巡城御史。

⑤ 陆润庠，字凤石，江苏元和人。同治十三年状元。光绪六年，入直南书房。历任山东学政、国子监祭酒。时任内阁学士。

⑥ 唐文治，字颖侯，号蔚芝，江苏太仓人。光绪十八年进士。光绪二十二年，以户部候补主事考取总理衙门章京。

⑦ 徐桐，字豫如，号荫轩，汉军正蓝旗人。同治帝师。历任礼部尚书、吏部尚书等。光绪二十五年底，与崇绮同为大阿哥师傅。

⑧ 王懿荣，字廉生，山东福山人。光绪六年进士，授翰林院编修。时任国子监祭酒。

⑨ 葛起鹏，字味荃，江苏嘉定人。同治元年举人。历署四川合江、梁山、成都知县。

⑩ 王文韶，字夔石，浙江仁和人。时任户部尚书、军机大臣。

⑪ 徐郙，字寿蘅，号颂阁，江苏嘉定人。同治元年状元。时任吏部尚书。

⑫ 张亨嘉，字燮钧，福建侯官人。光绪九年进士。光绪二十三年入直南书房。时任太常寺少卿。

农[①]、郭春榆[②]，申正归。朱曼伯[③]来长谈，年六十六矣，丰采、精神均佳，可羡。得汁道电。

十六日　昨宵睡不酣，甚觉惫。晨餐毕，燮钧来。吴子备来诊脉，谓少阳不升，木不能生火，须多服汤剂。写朴儒信，并发一电。申初薙发。杨苏拉[④]来，取跪安折去。

十七日　五钟二刻起，六钟二上车，七钟二刻到西苑门，□□泰带至书房他拉［坦］[⑤] 坐。八钟三始见起单，□□□召见人多，未叫。即循液池至瀛秀门。□□□□见时，偕谢恩人同上，跪奏：臣某跪请皇太后圣安。起，复跪奏：臣某跪请皇上圣安。起，即退出。循液池岸出福华门，归已□□□刻矣。回望觚稜，别已三载，朝仪如□，时局日非，不胜感叹。午正，郭春榆抄□□上谕来，仍在南书房行走。即知照东寅，代【撰】谢恩折。傍晚，杨苏拉来取折去。备重入南斋开发，计四十八两。

十八日　六钟二刻起，七钟一【刻】上车，进福华门（坐拖床），先至万善殿南书房。八钟复坐冰床，至瀛秀门外。八钟二刻起单下。九钟皇太后升座，偕（新授）内务府大臣继禄、侍郎崇勋、阁学溥兴，同免冠谢恩毕，回书房。懋勤殿请食神肉。十钟回家。午后至东北城拜客，晤刘博老[⑥]（得劬庵[⑦]信）。

---

① 徐琪，字花农，浙江仁和人。光绪六年进士。光绪二十三年入直南书房。

② 郭曾炘，字春榆，福建侯官人。时任光禄寺卿。

③ 朱寿镛，字曼伯，江苏宝应人。时任河南南汝光道。

④ 苏拉为满语，此处指在宫阙、衙署的杂役。

⑤ 他坦为满语，意为下处、宿歇之所。

⑥ 刘恩溥，字博泉，直隶吴桥人。同治四年进士。时任仓场侍郎。

⑦ 罗正钧，字劬庵，湖南湘潭人。光绪十一年举人。历任直隶抚宁、定兴、清苑知县。

南斋同事为徐颂阁冢宰、陆凤石阁学、王廉生祭酒、徐花农宫庶、吴纲斋编修、张燮钧常少。颂、凤、廉皆旧日同事，徐、吴、张乃予与野秋出使时入直者。尚有吴䌹丞[①]、张野秋奉□□外，南斋共有□□，【可】谓济济矣。

十九日　辰初二刻入直。拜太后赏盛昌二字，福、寿各一方。辰正，偕同人至瀛秀门外，候太后升座（九钟二刻）。叩头毕（明日联衔具折谢恩），仍回书房。十钟散，尹佩芝[②]、赵季笛[③]来。饭后至西北城拜客，晤徐东甫[④]，观竹铭[⑤]与伊书，病体渐愈，慰慰。三钟归。柯亭来。刘博翁来。昨傍晚陈子久[⑥]来云，立豫甫[⑦]遵合肥养生法，每日以只鸡去头、蹄煮汤，以牛肉汁调服（每瓶计服五日），日两次，在午饭前。试两三月，大便日解（豫甫向间七八日解一次），不燥不溏，淋证亦愈，貌日丰腴，大有功效。余试服一次，拟连试数日，如投却一补养方也。午前，季笛来，亦言鸡汁最补气血，兼以牛汁大补脾，如能久服，可转弱为强。

二十日　入直。九钟归，略卧。薙发。饭后拜崇师母生日，知文山师今日召见后，命管理礼部事务。至梦陶处同请客（聂仲方[⑧]、

① 吴树梅，字燮臣，山东历城人。光绪二年进士。光绪十一年入直南书房，光绪二十四年八月迁户部左侍郎，随即提督湖南学政。

② 尹铭绶，字佩芝，湖南茶陵人。曾任翰林院编修、典试广西。

③ 赵增恪，字季笛，江苏高行人。

④ 徐会沣，字东甫，山东诸城人。同治七年进士。光绪十年在上书房行走。时任督察院左都御史。

⑤ 曹鸿勋，字仲铭，又字竹铭，山东潍县人。光绪二年状元。时任云南迤东道。

⑥ 陈恒庆，字子久，山东潍县人。光绪十二年进士。历任工部都水司主事、营缮司员外郎、屯田司郎中。

⑦ 立山，字豫甫，土默特氏，蒙古正黄旗人。时任户部左侍郎。

⑧ 聂缉规，字仲芳，湖南衡山人。时署江苏巡抚。

朱曼伯、冯梦华[①]、盛杏荪[②]、袁爽秋[③]、钱少云、冯志先），七钟归。

廿一日　入直。九钟归，略睡。仲山[④]来。本拟午后至东城，以连日奔驰，颇觉疲乏，兼天将酿雪，姑休息一日。

廿二日　入直。写福、喜、财、贵、太岁诸神位，及恭代进太后春条及封笔吉祥牌。此向首坐之事，以余重入，未写差事，让为之。（拜太后赏宝蓝福零缎一卷，石青缎一卷，貂皮四张。近内库缎匹将罄，较前赏减半。盖丁酉补办庆典，司员、笔帖式皆得恩赏，库储为之一空。）九钟散，略睡。玉舟来，留饭去。即至东城拜客，晤樾侄、绳伯[⑤]。归途至杏荪处长谈。到家已上灯后矣。

廿三日　入直。偕同事至仪鸾殿前叩头毕，仍回书房。九钟散。答陈子久托，向豫甫借骡即归。午后，张伯讷[⑥]、黄伯香来谈。本日奏事处传恭亲王溥伟，贝勒载濂、载滢、载润，大学士，御前大臣，军机大臣，内务府大臣，南书房，上书房，部院满汉尚书等，著于明日伺候召见。

廿四日　晨起。先祀神毕，入直。辰正初刻，偕同事至瀛秀门外伺候。巳初叫起，同诣仪鸾殿东暖阁。太后、皇上并在南窗，北向坐，阿哥侍立在太后旁。诸臣齐跪。太后玉音甚低，听不分晰。上亲递红绒结顶帽，令阿哥换戴。免冠碰头后，太后

---

① 冯煦，字梦华，江苏金坛人。时为候补道。

② 盛宣怀，字杏荪，江苏武进人。时任太常寺卿、督办铁路大臣。

③ 袁昶，字爽秋，浙江桐庐人。光绪二年进士。光绪二十四年在总理衙门大臣上行走。时任太常寺卿。

④ 廖寿恒，字仲山，江苏嘉定人。同治二年进士。先后任礼部、户部、兵部侍郎，户部尚书等职。光绪二十四年二月在军机大臣上学习行走，二十五年十一月罢直。

⑤ 王钰孙，字绳伯，浙江仁和人，王文韶之孙。

⑥ 张允言，字伯讷，直隶丰润人，张人骏之子。光绪十五年进士。

命："先与我叩头。"阿哥叩头毕，复向上叩头，随侍立在旁。太后将朱谕交庆邸，令诸臣同阅。即出，在外略待，同至军机听起屋内恭阅毕，复同至书房吃饭，散。瞻仰天颜，清瘦已甚，不禁泫然。归后料理琐事，写劬庵信。竟日如醉如痴，国运至此，后忧方大，何生不逢辰耶。夜睡不酣。

廿五日　入直。拟朗心楼（万善殿东角门内）下檐扁三四字（圈出"进德修业"），各四分，备阿哥书房之用。巳初散。傍晚彤士①来谈。

廿六日　入直。穿蟒袍补褂。递如意二柄，赏收。八钟诣仪鸾殿前，行一跪三叩礼毕，仍回书房。拜上赏大小荷包各一对，小黄荷包一，年例也。巳初散。午初得平甫电，厚余病重，为之骇念者竟日。温如、菊延来，本拟闲谈，接此电心神不定，儿女之累人如此，设有不测，此局棋甚难着手也。赵季笛来，未晤。盛杏荪送蜜橘、谏果、梅花、牛肉汁十二瓶。

廿七日　入直，九钟散。发一电问厚余病。午后出城，请燮钧占一卦，谓六爻安静，用神得月建比肩，又无忌辰冲克，近病逢空即愈，当可无碍。答数客。季笛未晤，以所赠交子梁还之。傍晚归。

廿八日　入直。午后至东城辞年，晤效先、绳伯、杏荪、仲山。傍晚归，祀先。今日有懿旨，明年皇上三旬万寿，特开恩科。闻之甚喜，人心其可以稍定矣（乃三旬寿辰应行典礼也，然亦足以暂息浮言）。

廿九日　入直。午后至北城拜客，上灯后归。昨晚食略多，夜卧不安。今日减食，稍觉松动，夜归知饥，食虽未纵，而较平日略添。养生家过午不食，乃无上妙诀也，常宜节制为是。（本日有恩旨，明年特开恩科。）

---

① 陆增炜，字彤士，江苏太仓人。光绪二十四年进士，同年以主事分部学习。

除夕　辰初起。巳初一刻登车，进神武门、蹈和门，同事诸公已先到。午初，太后升宝座，王大臣辞年毕，各散。本日拜福寿久长四字吉祥牌、八宝荷包、果盘赏。归途拜数客。未正归。傍晚梦陶来。夜饭后祀先，在影堂行礼。

庚子元旦　卯初起。卯正一刻升车，偕凤石阁学同进神武门，至奉先殿前小屋略坐。辰正诣皇极门外，俟皇太后升座，叩贺毕，回原处，换蟒袍补褂，进乾清门。巳初，皇上御宝座，叩贺毕，至南书房小坐。复至懋勤殿开笔。午初散，午正到家。在中庭焚香，影堂行礼，受家人贺。饭后开笔。

初二日　入直，九钟散。徐花农来拜年，留点去。午正出门拜年，由西城至东华门外一带。绕后门归，已上灯矣。

初三日　大风。入直。午后，至凤老处手谈，皆三县同乡。傍晚归。

初四日　入直。辰初一刻跪春，九钟归。夔老来拜年，略谈去。午刻至东四牌楼一带拜年，大风寒甚。傍晚归。本日拜春帖子，赏福方四张、绢廿张、朱定八笏、笔十枝。发电问厚余病，心甚悬悬。（分送东寅福方二、绢十、朱二笏，酬去冬代撰谢折之劳也。）

初五日　大风，入直。诣仪鸾殿谢恩毕，仍回书房。看颂、凤与扁，吃饭，散。本思至城外拜年，以连日奔驰，且风寒凛冽，休息一日。连夕阅《耆献类征·宰辅门》。国初名臣辈出，其矫矫者皆有真实学问，岂近今阿附苟容者所能望见？士生晚近，倘思树立，可不预筹其具哉。

初六日　入直（风略小而气候仍冷，乃近年春寒成例也）。柯亭来。得平甫电，厚病日内转机可愈，后详信，为之大慰。午后出城拜年。在斗生①、季笛处略坐。傍晚归。

① 檀玑，字斗生，安徽望江人。同治十三年进士。时任詹事府司经局洗马。

初七日　未入直。午后约温如，携五子、季女至丰泰照相。先遣群雏归，偕温如、湘儿同游厂。买宝石一粒，蒋丹林七言联一副。所佩眼镜为剪绺剪去，重新买一副。归途视菊延。归已上灯。

初八日　入直。午后遣坊至城外拜年。写朱经田[①]复信。阅《宰辅传》。休息一日，转觉疲倦，非动静交相养不可。宜用主敬工夫，时时提掇为要。夜睡不安，鼠在棚上窜扰半宵，直至丑正，始朦胧合眼。

初九日　入直。写贴落一张。散后至北城拜年。午前归。饭后卧数刻。阅《宰辅传》。

初十日　入直，归。午前携群雏至同福馆楼上小酌。午后携坊游火神庙。请陆保之占大六壬。傍晚赴梦陶约。亥正归。（本日皇后千秋，穿花衣补褂。）

十一日　未入直。晨起吊松寿泉夫人丧，晤徐楠士[②]、长石农[③]。自石农罢官后，五年未晤矣。面目犹昔，较老苍耳，匆匆未得谈。此旗人中矫矫者，废弃可惜。时事至此，尚复何言。午后看《耆献类征·卿贰》各传。夜睡不安，鼠子又窜扰。房屋本旧，墙壁皆为刨空，譬之贪官猾吏，可为痛恨。欲去鼠，非迎猫不可；欲去邪，非用刚正不屈之人不可。枕上思之，可发浩叹。丑初始睡着。

十二日　入直。午刻至东城，夔老夫人七十冥诞，一拜即行。出城，赴安徽馆都察院团拜，略坐即散。赴彭子嘉约。傍晚归。

十三日　入直。钱菊人来，留饭去。午后看《卿贰传》。开新笔二枝，随手涂抹。久不作行楷，手指生涩，趁春融，以勤习为宜。

---

① 朱家宝，字经田，云南宁州人。光绪十八年进士。时任直隶平乡县知县。

② 徐承煜，字楠士，汉军正蓝旗人，徐桐之子。时任刑部左侍郎。

③ 长麟，字石农，满洲镶蓝旗人。光绪六年进士。官至户部右侍郎。

十四日　入直。颂老携有治喉方，因抄出携归。遣人至西鹤年配一料，价六金。近日时疫流行，备行方便之用。本思出城答菊人，同游厂肆，午前来字，已回津矣。蔚若[①]约，以无兴未去。尹佩芝来，告以视学一切。

十五日　入直。午初出城，赴温栋甫约。偕至丰泰照相，游厂。复至栋甫斋饮，同座莘伯[②]、季笛、伯齐[③]、佑申、顾兰培。归已上灯。得璞元信，并炭三百金。

十六日　入直。午后携群雏游火神庙，买旧书三种。傍晚赴陈子久同福馆约，同座为立豫甫、梦陶、柯亭、温如、杨凤梧，九钟散。（本日闻圣躬欠安，大约停食受寒，惟日在忧虑之中，加之以病，更觉难堪耳。）

十七日　未入直。午前延季笛来为季女，二、五儿诊视，皆感寒咳呛。午后写何璞元信。昨夜饮食不节，腹中颇不适。近来时时节制，略纵即停滞，可见脾胃之弱矣。

十八日　入直。午后至土地庙花市，买腊梅一盆，红梅、碧桃十三棵，共银三两。赴佩鹤[④]昆仲、菊裳[⑤]、再韩省馆约。复偕蔚若至艺甫斋。归已上灯。（圣躬渐愈，额手称庆。）

十九日　入直。至朗心楼下观大阿哥书房，铺设已楚楚矣。师傅退休处在大悲坛后。复诣大悲坛瞻仰，法像庄严，陈设不多而洁净整齐，非外间宝刹所能及。佛前有慈圣新供长葫芦一，高几一尺许，下配雕镂紫檀座，柄上缀绒花，用玻璃匣盛之，乃近年西苑及颐和园所结者。慈圣择最完好者，施供各庙及殿中陈

---

① 吴郁生，字蔚若，号钝斋，江苏元和县人。光绪三年进士，散馆授翰林院编修。

② 杨崇伊，字莘伯，江苏常熟人。光绪六年进士。时任广西道监察御史。

③ 耿道冲，字伯齐，江苏松江人。时任户部主事。

④ 秦绶章，字佩鹤，江苏嘉定人。光绪九年进士。时任翰林院侍读学士。

⑤ 叶昌炽，字菊裳，江苏长洲人。光绪十六年进士。历任会典馆纂修、国史馆提调。

设。平生所见长柄葫芦，此为第一。午前季笛来，为艾官诊视，因请其开一方，傍晚服一帖。彭春波来，得缉臣[①]电，病发又剧，欲求杏荪派伊郎世功[②]代办局事，当与仲老商之。

二十日　入直。涕多痰盛，大有伤风之象。略睡未着。午后本思到东城，以畏风而止。写平甫信，并厚余信，以五十两寄之，为医药之需。

廿一日　入直。以照相请同人题，花农为赋小诗并作记，倩细斋书之，廉生为书隶额，记图中各人年岁，凤石题一绝于下。传之后人，亦一佳话也。午后至仲山处谈。复至孙燮老[③]处，还乙未秋借款二百金。谒荫轩师，适锡聘之[④]在座，谈及大阿哥功课。荫老谓以讲贯为第一义，而文山师以为须熟读，理自明，两人意见似不合。帝王之学与呫哔异，且年已十六，尚不趁早讲明道理，异日何以出治。荫老之见，高于崇师多矣，所谈颇畅达。东海究有见地，道光末年即在工部当差，所见先朝规矩较多，举朝无出其寿。精神尚健，祝其期颐，尚可补救于无形也。归已上灯。天气乍暖，两辅齿痛，夜睡不酣。

廿二日　入直。即出城，答黄幼农[⑤]。访朱幼笏[⑥]，谓肝阳上升，余均静，开一汤头。归，视菊延病，已渐愈矣。饭后至凤石处请客（正客余九谷、杨莘伯均辞），佩鹤、韶臣[⑦]、经士[⑧]、

---

① 廖寿熙，字缉臣。时任南京电报局委员。

② 廖世功，廖寿熙之子。

③ 孙家鼐，字燮臣，安徽寿州人。咸丰九年状元。历工、礼、吏、户各部尚书。因反对废立，引病解职。

④ 锡钧，字聘之，蒙古镶白旗人。光绪三年进士。

⑤ 黄祖络，字幼农，江西庐陵人。曾任苏松太道。

⑥ 朱启勋，字又笏（幼笏），江苏宜兴人。光绪二十年进士。

⑦ 秦夔扬，字韶臣，江苏嘉定人，秦绶章之弟。光绪九年进士。曾典试浙江，任协理河南道监察御史。

⑧ 潘盛年，字经世，江苏长洲人。曾任工部即补郎中。

又申[①]、再韩。散后，凤石留捉雀。上灯归。

廿三日　入直。散后即出城，探毛文达[②]师母丧。文达官尚书时，门庭整肃，今去世几二十年矣。冢孙[③]尚成进士，官水部，而家中散漫殊甚，丧事甚不备，且阒焉无人，睹之慨然。大家子弟，可不善自振作，以肩前人遗规哉？饭后略睡。薙发。写蔚庭[④]信，未完。

廿四日　入直。拖床已收，步长桥，绕至蕉园门，沿土山至万善殿。乃昔年常走之路，尚不吃力，然较前足力已逊矣。归后盛杏荪来长谈，为仲老屋事。饭后略睡。写毕蔚老信，交宝兴隆寄。本日大京察，有褒无黜，可谓宽大。

廿五日　入直。携肴至直庐，同人共饮。午后谒文山师。贺荫师娶曾孙妇喜。访仲山未值。与樾侄谈。至夔老处略坐。归已八钟矣。

廿六日　入直。午初出城，赴潘经士约，同座皆熟人。傍晚归。日来天气乍暖，晨阴，午后小雨如酥，甚慰。本日（三品以下）京堂引见，高燮曾[⑤]、张仲炘[⑥]勒令休致。

廿七日　入直。午后写絅堂信，以竹孙一匣、香片一瓶寄之。黄幼农来长谈，年六十四，髯甚美，人亦老练，乃西江人之

---

① 翁炯孙，原名炳孙，字又申（幼申），江苏常熟人，翁同龢侄孙，长期寓居翁同龢家中。

② 毛昶熙，字旭初，河南武陟人。道光二十五年进士。历任工部、吏部、兵部尚书。谥文达。

③ 毛慈望，字筍陔，河南武陟人，毛昶熙之孙。光绪十五年进士。初官工部屯田司主事，后改礼部光禄司主事。

④ 陆继辉，字蔚廷，江苏太仓人，陆增祥之子。同治十年进士。曾典试湖北、江西。

⑤ 高燮曾，名楠忠，以字行，号理臣，湖北孝昌人。同治十三年进士。时任顺天府府丞。

⑥ 张仲炘，字慕京，号次珊，湖北江夏人。光绪三年进士。时任通政使司参议。

卓卓者。

廿八日　入直。午前冯志先来，为盛、廖屋事，告以明日再复。午后略歇。汪颂年[①]来，谈及曾伯隅[②]，谓近颇趋声气，急于炫暴。甚矣，知人之难也。大凡人之改节，皆由于热中名利之心一炽，可以无所不为。务读书明理，以保末路。闻人之失，即可借鉴，并可长观人之法也。仲山来，谈售屋事，约日访杏荪商谈。

廿九日　入直。天气又寒。晨起腹痛，更衣即愈。午后至杏荪处谈屋事，又长谈时事。申正访仲山，坐良久。归途微雪。上灯后，念萱携广连升鱼翅、鳆鱼来，连饮数觥。食较多，幸未滞。夜雪，约二寸许。

二月朔日　雪后大雾。入直。过长桥，四望殿阁，皆微茫不辨。晨寒殊甚，万善殿前后，松柏皆成玉树，颇可娱赏。午饭饮烧酒半杯（昨亦饮），倦而卧，醒后胸颇不适。此后午饮须戒，并于退直后先卧，万不可俟饭后。申初，郭介臣（山东候补道）年丈鉴襄之子安徽通判郭棫生（文森）携乃翁书来见，并送貂檐袖、宣纸、徽墨、黄山术、画象赞六种，受之，谈良久。温如来谈。写小帆[③]信中多伤时语，此后亦宜谨慎，末世人心，不可不防也（小帆乃素心人，属其阅后即焚）。夜卧时略觉畏寒，继以发热出汗，丑初始睡着。

初二日　卯正将起，汗甫收而四肢酸软，恐又冒风。遣人至门通融一日，并注感冒二天。午前延季笛来诊，谓所感尚轻。午正出城，答黄幼农、刘赞臣。赴翁又申约。傍晚归。

---

① 汪诒书，字颂年，湖南善化人。光绪十八年进士。时任翰林院编修。

② 曾廉，字伯隅，湖南邵阳人。戊戌变法期间，应诏上书，请杀康、梁，取缔变法。

③ 张曾敭，字小帆，直隶南皮人。同治七年进士。时任福建布政使。

初三日 未入直。午刻至太仓会馆，公祀文昌及乡先贤毕，至嵩云草堂团拜，夔老为客，共坐二席。傍晚归。保柱带到绍庭信，并年敬百金。

初四日 未入直。早间往视镏、安两外孙。午前后写信，共五封。江西解饷委员钱襄和、冯骥呈来见，皆湘中门生也。冠生之子保柱来见，年甫十五，颇老成可喜。回思冠生伉俪，恍如一梦，幸生此郎，异日当可支持门户耳。人生白驹过隙，穷达寿夭不齐，惟有谨慎持身，存心笃实，或可长延宗绪。为子弟者可不日日提撕哉？

初五日 入直。今日为先大夫生辰，午初祭祀。柯亭、温如来，留饭，手谈。本思答各信（午后大风），又捱一日，殊愧蹉跎。

初六日 入直。午后写信五封。刘赞臣（毅斋之子，四川直牧）来。傍晚梦陶来，偕赴万福楼温如约。食过饱，夜睡不安。

初七日 入直。归睡数刻。午后写绮霞、缉诚信。薙发。沈淇泉来谈。向午大风，傍晚春寒颇厉。

初八日 入直。午后写信五封。傍晚季笛来。

初九日 入直。本日始有船，冰泮后步行只半月，较前数年为速。午正出城，访杨莘伯、张次珊。至江苏馆请客（郭棫生、曾伯隅、刘赞臣、程洛儒、冯骥呈、沈淇泉、钱襄和、梁燕孙[①]），申正散即归。晨携宋拓《圣教序》至直庐，同人观之。廉生谓宋官拓本可值三百金。凤石谓有此佳拓不可不临，劝余日摹数行，必能得益，乃直谏之言也。

初十日 入直。天气阴寒。午刻出城，赴顾兰培约。傍晚归。（午后雪，得平甫书，厚余已愈，尚未复原。其妹已嫁，皆

① 梁士诒，字翼夫，号燕孙，广东三水人。时任编书处协修。

平甫之弟镜芙为之照料。可感，可感。)

十一日　入直。天气开霁而寒风砭骨。晨泛液池，颇觉瑟缩。登高望西北山，雪光皑然，城外必有大雪，城中却不及寸也。午后寄施稚信。临《圣教序》数十字。春日渐长，退食无事，可为常课。阅《海源阁藏书目》。

十二日　晨起。春寒颇厉。入直。以液池薄冰，船又藏匿，步行至直庐。迨散时，已舣舟以待，同人不知，仍步出。归家小坐。携五儿出城，以今日花朝，至土地庙买碧桃、红梅七株。平生爱花成癖，每岁赁花之费约须三四十金，明知力不足，且非如饮食之不可离，而迄不能省，此亦有好癖皆成病之一也。答冯志先、陈慕周[①]，略坐。答易实甫（顺鼎）[②]，未晤。赴季笛省馆约，座皆熟人。归已上灯。连日饮食不节，兼发肝气，夜睡甚不适。

十三日　入直，天气阴寒。仲山来字，为屋事，即为函致毗陵。睡三刻。饭后蔚芝来谈。客去，赴凤石、廉生约，同座为荣伯衡（铨）、华祝轩、斗生、蔚若、蒋艺圃[③]、郑黼门[④]。申正归。午后雪甚浓，约二寸许，寒威不减隆冬。

十四日　入直。归，未出门。午后理书厨，开羊毫数枝，随手涂抹。天气阴寒，体殊不适。

十五日　入直。归，觉略感寒，睡片刻。菊延来。得厚余信。午后至崇、徐二处贺喜。晤效先。至夔老处略谈。复与兰言谈。问燮老病。又至仲山处谈。答保柱（号屏州）。归已上灯。

---

① 陈宗彝，字慕周，江苏江阴人。光绪二十年举人，授内阁中书。

② 易顺鼎，字实甫，湖南龙阳人。光绪元年举人。入资为刑部郎中，以同知候补河南。

③ 蒋式芬，号毅圃，直隶蠡县人。时任户科掌印给事中。

④ 郑思贺，字黼门，河南祥符人。时任监察御史。

(本日华金寿①升工右，腾出阁学缺。)

十六日　入直。归，睡片刻。午后写折楷五行。三年未写楷字，手僵眼花，五十外人，尚思于此中觅生活，可笑可愧。温如来，略谈。得子丹信，并遗百金，殊可感也。黄伯香京察记名，此通家中远大之器。入夜大雪，约四五寸。

十七日　入直。雪没马蹄。进福华门，见金碧楼台皆作琼楼玉宇，雪压禁树，一望迷漫，深可赏玩。散后睡片刻。写折半开，用湘中鸡狼毫，尚应手。饭后写安圃、绍庭信。黄伯香来长谈。傍晚棣云寄到燕笋一篓，乃伯言所赠者，食之甚美。夜睡不酣。

十八日　入直。大风寒甚。归，写折半开。略睡。步小梧来，言近况窘甚，以廿金借之。饭后赴云山别墅刘博泉、何润甫②约。申初归。复写折半开，结习未忘，殊可笑。傍晚赴立豫甫同福馆约。归已亥正。

十九日　未入直。睡至辰正二刻方醒，颇酣适。写朴儒信，以题准（二月十三行文）调补归善稿寄之。又写孟扬信，计七纸。午后王体侯来。写折九行。镇洋汪承霖持陈荪石信来，细问履历，皆不了了。据云九岁即随兄到营，殊不可信，且其人亦无可拯救，畀以二金。傍晚到同福馆请客（豫甫、义端图、子久、梦陶、柯亭、温如）。亥正归。

二十日　未入直。昨食过饱，晨醒不再成寐。午前痰多。写折半开。饭后阅梅村、安道年谱，又写折半开。得张仲友（式恭）信，并藤垫、锡器等。

廿一日（春分节）　入直。天气渐暖。归后略睡。写折一开。饭后阅《宣公奏议》，又写折半开。赵仲宣、钱襄和来。

① 华金寿，原名铸，字竹轩，直隶天津人。时任工部右侍郎。

② 何乃莹，字润夫，山西灵石人。光绪六年进士。时任顺天府尹。

廿二日　入直。归（换洋灰）。绸斋来，告以凤老之意，欲以孙女许其三郎。饭后出城，至毛宅公祭。赴湖广馆乙亥团拜，并赴陆耘史约。五钟行，到家已日落矣。天气乍暖。

廿三日　入直。归，略睡。写折十行。饭后又写六行。佩鹤来谈。客去，薙发。阅《东都事略》。

廿四日　入直。大风。散时舟行甚迟。归后略睡。写折半开。饭后又写半开。写子丹信，未完。阅《东都事略》。

廿五日　入直。归，略睡。写折一开。饭后出城，吊唐晖庭兄丧。赴斗生湖广馆约，风尖甚凉。傍晚归。连日略有停滞，兼受春寒，夜肝胃不和，时出汗，转侧至丑初始睡着。唐蔚芝送紫翔与伊信来，吾乡风气日非（平阳为甚），少年喜事，藉以谋利者，可鄙可哂，为之不怿者终夕，俟晤蔚芝再谈。总之，士习人心皆随世运为升降，吾娄僻在一隅，夙称愿朴，且多绩学立品之人，而廿年来老成凋谢，后进无所师表，渐染陋劣之风。异日归田，亦少过从之乐，子弟更易学坏，如何如何。

廿六日　大风甚寒。入直。归，约季笛来诊，谓有湿热积滞，开一汤头，劝予仍服牛汁、鸡汤及麋茸丸。天气将暖，不知受否。昨宵失眠，甚觉疲乏，而屡卧未着。写折八行。阅《东都事略》。体日衰，志日馁，宜随时振刷，于起居饮食刻刻留心为要。八钟睡。服季笛方，颇能熟睡。

廿七日　入直。闻初七日太后及上将幸颐和园驻跸，两斋从否，尚不得知，然从此又将下园子矣。时局总无转机，可惧可惧。今日题本出科，奉朱笔：陆某补授内阁学士，兼礼部侍郎衔。谢折前两日已备，即交杨苏拉递。九钟归，略睡。写折半开。柯亭、温如来。饭后薙发，又写折半开。（夜服季笛方，睡尚熟。）

廿八日　入直。即诣瀛秀门外朝房伺候，偕濂贝勒、卓公叩头毕，仍乘船散。归后未睡，写折一开。梦陶来。未初菊延来，同游西庙。赴文瑞图（麟）同福馆约，散已亥正。睡较迟，转侧不寐，直至丑正，始入睡乡。此后晚局亟宜屏谢，即午局亦以少应为妙。

廿九日　未入直。巳正出门，谒崇、徐二师，答梦陶，均未晤。午正赴内阁，到任毕，至九和兴饭。访唐若钦乔梓①、仲山、王建侯、稚夔②、兰言。五钟归。夜睡尚熟。

三十日　入直。奉派写古文一篇，约六七百字，寸半方格，人各一本，即领纸回。午前略睡。饭后写字九张（每张三十字）。文录宋朱子《语［论］孟集义序》。（夜洗足，睡颇熟。）

三月初一日　未入直。卯正醒，即起。写差事十五纸，申正毕。尚少四张，以纸不敷，明日再写。薙发。阅叶涵溪先生《归盦文稿》，笔意修洁，议论纯正，吾乡之典型也。涵老与先大夫善，常通音问，（丁丑）请其作墓志，求杨滨石书，迟迟不报，未及镌石。迨先太夫人葬时，宝忠谨撰墓志，自书纳圹，叶志未用，尚藏于箧，以示子孙。谨志于此，俾后人有所考焉。夜大风，墙壁皆振。

初二日　未入直。午前写差事毕，共廿八张，每张六行，每行五字。花农来。午正清明节祀先。饭后写折半开，为人写对数副。看《归盦文【稿】》。孙女艾官，元宵后病十余日，已愈矣，前数日又发热抽搐，颇似惊风，昨风止而弱。甚恐将不育，亦无可如何也。

初三日　入直。写《万寿无疆赋》一张，尚有绿绢一张，携归。饭后出门，贺殷、耿两家缔姻之喜。在伯齐处小饮。吊毛师母。答花农及南城各客。访汪子渊。傍晚归。适刘博翁来，略坐去。

---

① 唐若钦、唐文治父子。

② 王稚夔，王文韶之子。

初四日　未入直。写差事一张。午后至北城答客，晤文瑞图、何润甫。五钟归。许子元来谈。本日拜皇太后赏小卷宝蓝八丝缎二、石青八丝缎一、石青江绸一、洱茶一团。

初五日　入直。偕同事至瀛秀园门外伺候，俟引见前。太后及上升座，叩头谢恩毕，即散。午初，刘岘庄[①]制军来长谈召对时语及时事，颇多忠直之言。此老尚有见地，非专事揣摩迎合者，惜年老体衰，不能振作有为耳。饭后薙发。出城答数客。赴朱伯平湖广馆戏局。归已上灯。任筱园[②]来，未晤。

初六日　清明节。入直。写差事贴落三张、对五副。散后拜温如祖母生日。归，燮钧来。午后略睡。写折半开。应季中信托王宅带，并食物六匣（仲山来预祝）、顽艺一匣，给恩郎。

初七日　辰正入直。先至万善殿少坐，偕同人至福华门内小屋坐。巳正上启行，午初太后启行，皆跪送。午正到家。饭后略睡。写折开半。阅《古文雅正》。得伯言、琴俦信。去年孙若婶丧葬共用一百卅元，修盖茔房屋三间，加落叶二间，共用二百八元。致远已亥息金皆开支矣。

初八日　七钟起。午前写折一开。饭后至东城拜客，晤稚夔。得应季中信（茗丈十一月初四葬），并恩郎照相，较前丰满英俊，可喜之至。访仲山未值。与樾衢[③]谈。答刘岘庄未晤。顺道寻陈铁嘴，据云：己运伤官，幸与甲合，今年庚子，流年甚佳，己能伤癸，而不能伤子，官星独透，下半年必得学差。明年辛丑尤佳，丙辛合化，大约必升侍郎，应在辛卯月。壬寅上半年，有小剥杂（在正月），谨防小人，遇处暑则云雾散矣。癸卯

---

① 刘坤一，字岘庄，湖南新宁人。时任两江总督。

② 任道镕，字筱沅（园），江苏宜兴人。曾任山东巡抚、河道总督。

③ 廖世荫，字樾衢，江苏嘉定人。廖寿恒长子，过继伯父廖寿丰为嗣，荫袭正二品，以主事用，签分工部。

亦佳，当有迁擢。丑为金库（同是土运而较己胜多），与巳合局，乃佳运也。甲辰、乙巳、丙午流年皆好（如癸卯不升一品，乙巳、丙午必升尚书），午年尤得意，恐不能退（直至己酉皆顺遂）。庚戌已交庚运，且流年欠利，可以抽身。庚运虽无大疵，而财多身弱，交寅运万不能过。即甲寅无恙，逢巳必绝。此人自辛巳年与竹铭访之，屡令推算，不下十余次矣。所言时有小验，姑志于此。并云竹铭明年必升官，未知验否。子平虽小道，然精者往往谈言微中。士大夫固不可泥于此，而其术亦自有传授矣。

初九日　阴，有雨意。晨餐后出城答客，在斗生处略谈。饭后至玉皇阁，访高曦亭①。昨甫到，拟十二请安，谈良久。佩鹤、伯齐来。客去，写折一开。

初十日　七钟起。料理琐事。写季中信，并寄照相。午后写折一开。写巽卿昆仲唁信。又另写巽卿（别字默斋）信。写沈期仲信。陈楠送蕙兰一篓，分种数盆，如能开，亦可作数日赏玩也。

十一日　七钟起。写折六行。莘伯来辞行。午初赴耿伯齐、吴季荃陶然亭约。到后即虔诣文昌阁，求一签："凤皇衔诏与何人，赤绂金章尽到身。稳上青云勿四顾，绿萝门外有朱轮。"傍晚散。偕梦陶赴文瑞图同福馆约，散已十钟。子正方睡着。

十二日　八钟起。写折七行。写朱宝珊信。午正至安徽馆公请客，锡远斋②（新放承德府）、刘博泉、何润甫、袁硖秋（辞）。五钟散。唐蔚芝在寓相待（钮小坪来，未晤），为吾娄学堂事，谈二刻去。明日须赴园谢恩。连日奔驰，殊觉疲乏。

十三日　四钟一刻起。五钟初刻赴颐和园谢恩诏加级。七钟

① 高庚恩，字曦亭，直隶宁河人。光绪二年进士。时任陕安兵备道。光绪二十六年三月奉诏补四品京堂，为大阿哥授读。

② 锡恒，字远斋，汉军镶黄旗人。新放直隶承德知府。

到，车行不过七刻，在南书房他坦坐。八钟进宫门，在案上略坐，俟太后升仁寿殿，谢恩毕，仍回他坦吃饭。归，到家甫午初初刻。饭后略睡。写折半开。稚夔来谈。写郑莘吾信并缎幛。

十四日　七钟起。写折半开。料理琐事。请季笛为端女诊视。予自二月起日见清癯，与季笛商酌，于香砂六君汤中姑加熟地四钱。饭后薙发。出城答钮小坪、方鹤人。进城送菊延行。服药。

十五日　五钟醒，欲大解，即起，甚畅。岂受寒耶？抑熟地之故耶？今日姑停熟地。七钟起。八钟到万善殿，领派校《四书直解》二本归。适彤士来，即请其帮校。胡定臣[①]来谈，颇笃实明晰。饭后李云庄以补主事来叩头，年五十二矣。食俸十五年，甫得一缺，亦喜形于色，观此可心平气和矣。傍晚彤士校毕，以车送之。

十六日　早起写折一开。钱思榛来。饭后至湖广馆，江苏团拜。楼上搭一席，请钮小坪、檀斗生、孙景周[②]，令温如、坊儿陪之。归已上灯。应酬竟日，夜卧不安。

十七日　早起写折一开。午后梁燕孙、孙景周、联仙衡[③]来。写《四书直解》校签。天气乍暖，药中姑加熟地四钱。夜睡不安，转辗反侧，百感交乘，直至丑初方睡着。自去腊重出，朝朝入直，应酬忙碌，岁尾年头颇健，迨交二月，日见清癯，精神意兴亦逊，近又常发不寐之证。年甫五十一，衰病侵寻，岂堪老耶！

十八日　五钟即醒。六钟起，觉腰酸。吴子备适来，请其诊脉，谓脾胃脉较前转好，而三焦有浮热，此不寐之所由也。少阳

① 胡祖荫，字定臣，胡林翼之孙。

② 孙传檠，字景周，孙家鼐之子。

③ 联元，字仙蘅，满洲镶红旗人。同治七年进士。时任太常寺卿。

不升，木不能生火，此乃本病，俟逐渐清理。宜服黄芪兼温剂。熟地太滞，中宫有痰，不相宜也。姑撮一剂，明日再服。任玉华来长谈。得太仓公信，为学堂事，各绅衿相持不下，今日本拟发公信（与蔚之、彤士联名）致州县尊，学堂暂停，以盐斤加价存储，为刻志书之用，乃徐乃楠等注意在此，欲提作宾兴。其彼此哓哓者，何尝为公事，乃作逞意见，欲图利耳。人心风俗日坏，桑梓事尤不易管，只得听之。以南信送蔚之一阅。饭后写折半开。薙发。略卧，亦未睡着。自揣乃胃热，前数日服六君子汤加附片之故，宜停药静养。傍晚食梨，觉膈中略爽。上灯后饮酒较添，少走数十步，即解衣卧，颇能熟睡。二钟醒，又转侧一时许，四钟又朦胧而不酣。

十九日　七钟起。泻一次，觉积滞已下。八钟到万善殿交书。归途贺立豫甫升尚书喜。在子久处略谈。归，写折半开。饭后出城拜客，晤莘伯、佩鹤、伯齐。四钟归，又写折五行。服子备方，乃加味逍遥散，加减似尚投。得王仲良信，述张桐荪在获鹿局劣迹，当贻书规戒之。此人糊涂荒唐，年已望五，真不可救药矣。八钟睡，颇熟，逍遥散殊对证也。自去冬一发肝气，即数日不舒。二月十二一发肝气，日觉委顿，自以为虚，讵知乃肝胆之气不升，遂诸病从生。予素不动气，偶　触必病，三十八岁在湖南即如此。此后务自克制，养欢喜神为要。

二十日　七钟起。如厕，乃溏便也，颇觉湿浊下降。晨餐后即至城根一带答客，在效先处久坐。饭后写折一开。写仲良、桐荪信。思榛来。申正仍服昨方。八钟睡，上半夜又转侧不寐，直至丑初始着。

廿一日　七钟至万善殿。写差事。此次分件甚多，先写大绢一张，余十一件及格眼五六十件均携归，约初一再交。（退直时，风极大，船中颇受凉。）子备来，仆人未回，作字约之，请其明早来。饭后写格眼三张。梦陶来长谈，傍晚始去。夜饮添两杯，睡颇熟。

廿二日　六钟起。晨餐后写贴落二张。饭后写折半开。略睡。又写贴落一张、格眼数张。昨宵能睡，今日觉健，方放翁诗云：“不觅仙方觅睡方”，旨哉斯言！申酉间觉饿，食山药。候子备，未来。夜饮略增（不及半斤，较前三年大减矣），睡甚酣。

廿三日　七钟起。写折五行。内送吉祥语三十件来，即写毕。子备来诊，加重黄芪（八钱）、柴胡（三钱），属服三帖。午后写贴落二件、格眼三张。申刻又写贴落，甫及半而脱字，心神不聚之故。至玉皇阁看花。服药。傍晚赴柯亭同福馆约。九钟归。夜睡又不着，直至闻钟三下始寐。此后夜局务宜屏绝。

廿四日　七钟起。写格眼竟日。邀柯亭来帮忙，尚余十三张，明日可了矣。四钟服药。得子丹信。傍晚洗足，九钟睡，甚酣。

廿五日　七钟起。（向午大风，旱象已成。）未早餐，子备即来诊，谓脉已转入沉分，用温补之剂。谈至九钟去。写格眼数张。午后写贴落二张。四钟服药。九钟睡。初眠时觉口干出汗，幸即睡着，醒数次，不久仍睡。

廿六日　七钟起。写格眼六张毕。写折半开、贴落一张。饭后又写贴落一张。略偃息。写折半开。今日停药未服。四钟食山药。夜睡屡醒，幸转侧仍着，但不酣耳。

廿七日　七钟起。写折半开，写贴落二张。差事告竣，为之一快。饭后写折三行。略睡。薙发。慕周来少坐，服药，偕往视樊寿岩。病体支离，据云已愈八分矣，乃子备之力也。五钟归，又写折半开。今日较有兴致，夜睡甚酣。

廿八日　七钟起。午前写折一开半。午初呼饭毕，即至省馆公祭。仲山主祭，凤石与予分祭东西龛。午正毕，即团饮，二钟散。答士修。至斗生处，适梦陶在座，谈数刻。四钟归。六日未出门，奔驰半日，颇觉倦，何困惫至此耶！夜睡觉热，十一钟始着，虽屡醒，尚即睡，下半夜较酣。

廿九日　七钟二刻起。晨餐毕，遣人送子丹书箱六只。至讷子襄[①]处，闻温如感冒，往视之。饭前写折一开。午后曹东寅来，新选禹州牧，甚高兴，告以做官处事之难。此人诚笃，肯任事，必为循良，乃湘人之表里如一者，兼有血气，最所心赏者也。客去，偃息片刻，又写折半开。食山药。案头应复之信甚多，而懒于料理，如何如何。东瀛为诊脉，谓脾湿太甚，宜戒酒，先服参术苓草，以后服鹿茸，此外峻补之剂不宜多服。此中肯之言也。夜饮白酒一杯。初睡觉热，十钟始着，尚酣。

四月初一日　七钟起。午前写折二开。饭后薙发。冒风出城，贺徐花农赘婿喜。至温栋甫处略谈。访汪子渊。五钟归。服四君子汤。八钟睡，子初始着。

初二日　晨睡甚酣。八钟起。午前写折半开。东寅来，谓脉象右关略有燥气，余皆和缓而长，根柢尚好。饭后至东城，晤稚夔、杏荪、燮老、仲山，答敬止斋。绕后门归，已上灯矣。燮老自命脉理甚精，请其诊。据云，脉皆和缓舒长，大凡长寿之脉皆有神，以和缓为主，鼓指者乃病脉也，不必多服药，尤不可自疑病。照此脉象，但自养摄，必可过花甲，断勿多生疑虑，言颇切挚。八钟眠，转辗至子初方着。

初三日　八钟醒，即起。写折半开。往视温如。饭后又写折半开。懋勤殿送太后赏江绸二卷来，备明日诣园谢恩。入夜，大风振窗壁。眠甚早而转侧不寐，子正始朦胧入睡乡。四钟一刻，仆人即唤起。

初四日　五钟一刻十分上车，七钟二刻到园，在他坦坐。八

---

① 讷钦，字子襄，满洲正白旗人。光绪三年进士。历任吉林分巡道、驻藏帮办大臣等。时已休致。

钟一刻进宫门，候刻许，叩头毕即回他坦饭。九钟三【刻】回车，到家交午正矣。得朴儒、孟扬信。蔚芝来，留饭去。上床偃息，仍不得睡。八钟服安眠药水少许，上床时觉膈中迷乱，阅一刻即熟睡，直至夜半略醒，仍熟睡至翌日七钟，甚觉酣畅。但闻此药峻烈，万不可多服，亦不可常服，慎之。

初五日　八钟起。薙发。写折五行。季笛来略谈，即赴同福馆梦陶约，以仲梓[①]来京，陪至园请安。余与仲梓别将六年矣，其貌益腴，谈尚健，惟须略白耳。长余一纪，乃矍铄如此，可羡可羡。其秉赋本厚，亦遭际顺遂所致。谈及时事家事，万难作归宿之计，只得以不了了之，可胜感叹。二钟归，略卧，亦未着。写折九行。八钟卧，初仍转侧，约四五刻即入睡乡。

初六日　六钟二刻醒，觉腹痛，即起如厕。午前写折一开、对四付、条一。饭后写折半开。睡数刻。陈星阶（以泰）来谈良久。四钟答东寅，未晤，至风老处略坐。夜卧转侧，至子初方入睡乡。

初七日　六钟二醒，即起。东寅来，以《桴亭先生集》序倩其代撰。客去写折一开。立豫甫送鲫鱼。饭前饮白酒一杯，即减饭一匙，脾薄已甚。饭毕散步，睡数刻，又写折半开。看《归熙甫集》。八钟睡，尚酣。

初八日　早餐后即出城答客。至长椿寺，秦氏昆仲为其尊慈唪经也。午正归。写折开半。仲山、仲梓、樾侄先后来谈。夜眠转侧，闻钟鸣三始熟睡。初卧觉燥热。中夜大风。

初九日　风雨（八钟起）。午后风略小，雨意颇浓。竟日无事，写折二开半。以昨宵失眠，颇有倦容。曾慕陶送野术四，计重一两九钱。略切试之，香甘异常，当是佳品。八钟眠，服安神

① 冯光遹，字仲梓，江苏阳湖（今常州）人。同治十三年进士。时任陕西按察使。

水少许，九、十钟尚朦胧，交子酣睡，至翌日七钟醒。

初十日　午前写折开半。饭后至东城补祝荫师。送聂仲方、盛杏荪行。在杏荪处遇豫甫，略谈。访仲山、廉生。五钟归。沈淇泉来。八钟眠，十钟睡着，虽屡醒，尚不烦燥。

十一日　七钟起。晨餐后，访吴子备，以病未见。至梦陶处，适仲梓来，谈良久（午初回）。饭后徐啸松来，仲田之次子也。周景莱来。写折半开。复子丹信，迟至两月始复，甚歉然也。仲山送麋茸一架，如可服，亦一佳品，须请子备一看。八钟眠，服药水一滴，十钟即入睡乡。

十二日　七钟起。写伯言、秉侯昆仲信，折半开。宁鹏南（号翼云，戊戌进士，工部）来言谭聘臣事，居官不知撙节，交卸后将不能弥补，亦无术拯之。午后写平甫太夫人挽联，又写折一开。杏荪来辞行，劝常服牛汁对鸡汁，须有恒，必可转弱为强。近日体日惫，当试服之。八钟睡，直至丑初始着。

十三日　午前写折半开。萧文昭来辞行。午后夏芍宾、汪稚珊来长谈。杏荪送麋茸一枝，不见佳。傍晚至子备处，请其诊视，谓左脉皆浮，阴火欲动，宜用潜阳济阴，兼宁志之品，平日常服鳆鱼汤。携茸往，据谓先用单枝（乃增瑞堂所送）研末，以羊肾一对（入破故纸十四粒），桑叶（拌酒）包之，外包湿草纸煨熟，再用羊脊髓（不下水）数条去膜，略加酒蒸之，打碎，拈茸为丸，晾干，日可服二三钱，较他药（熟地等）为胜。八钟眠，先亦转侧，至子初即着，觉心火渐降，直至翌日七钟半始醒。

十四日　早餐后往视温如。己丑门生刘艺林自山西来，谓在口外买得鹿茸二架，俟回晋当交协成乾带来。昨能熟眠，胃纳亦健（食鱼翅较多）。午后为艺林写扇。写折半开。服子备方。临眠服二煎而彻夜不眠，烦燥异常，觉左胁气筑筑欲动，直至四钟方略朦胧，六钟即醒。

十五日　早间延季笛诊，谓余脉皆沉，而左关独浮滑（左尺并不浮），乃肝热也，亟宜泻肝火和阴。用青黛、鳖甲、丹参、丹皮、山栀、柏子仁、远志、湘莲，三钟煎服，觉左胁气渐平。自揣病源，乃二月十二发肝气之后，日渐瘦弱，两月来意兴索然，乃肝阴不足，郁火为患，渐至不寐。季笛所云，似乎对证。前在湘沅，发不寐之证，亦是肝郁。翻阅彼时日记，十余年恍如一梦，年未四十，精力尚健，事事认真，今则远不及矣。八钟眠，觉烦燥，十钟服药一滴，阅数刻方着。下半夜安眠，翌晨六钟醒。

十六日　晨起觉口干。温如来，知昨考差尚得意。写折半开。联仙衡来，谓须服熟地，并传一方淡菜汤可疗。午饭一盂，尚觉香。略倦，上床偃息，仍不能睡。饮淡菜汤两茶碗。傍晚服季笛方。九钟眠，甚烦燥，十一钟服药水一滴，太少，仍不得睡，至三钟略朦胧，尚不及十五清晨之久。

十七日　五钟即起。盥漱后又上床偃息，似睡非睡。自卯正至巳初，小便三次，清而长，其为无火可知矣。腰臀皆酸痛。凤石来诊，谓肝脉弦象，殊讨厌。开黑归脾汤（熟地八钱），谓服后如不觉腻，渐能睡，即有把握矣，此后须大补肝肾。季笛亦来，谓姑试陆方，伊亦无高着也。午餐一盂，与平日同。饭后又偃息数次，仍不能着。申初服头煎。傍晚略卧，觉有倦意（频欠呵）。上灯后，饮酒四两，粥一盂。八钟睡，一二刻后即入睡乡，十二钟略醒，又着，两钟醒，二三刻又着，至五钟半醒。

十八日　六钟起。仍觉疲乏，欠呵不止。服二煎，如厕。晨餐毕，略觉痰多。凤老来诊，谓弦象渐静，仍服昨方，加杜仲二钱。凤去柯来，略谈。午饭颇觉香，惟腰脊仍酸痛，但较昨已轻。申正服药。八钟眠，仍不着，下半夜百感丛集，困若万状，黎明即起。

十九日　早间吴季荃来。凤石、幼笏、季笛先后来诊，谓病在肝胆，幼主方用温胆，脉惟左关寸弦，余无恙。吴絅斋、张燮老来。午后写折七行。略睡片刻。三钟服药。八钟眠，阅一二刻即睡着，尚安。

二十日　六钟起。访凤老，知已进内。回车穿衣，至直庐，写扇二柄，略觉手颤。九钟归，略歇，写折半开。饭后又写半开。仍服昨方。梦陶来谈。八钟眠，仍不得睡，尚不烦燥。十钟饮郁李仁酒，觉胸中不适。两钟着，至五钟醒，有梦纷纭。

廿一日　六钟起。泻一次，郁李仁酒之故也。此物破气耗津，万不可多服。八钟进内，写扇二柄。凤老诊，谓弦兼微数，乃热象也。小便黄色。九钟归。刘艺林来辞行。饭后稚夔来长谈。幼笏来诊，用根生地，谓脉根柢尚好，肝热渐退，即可向愈，药不可用重剂求速效，以后应常用滋阴之品，酒宜渐节。客去，略偃息。写折十行。八钟眠，转侧一时许，十钟入睡乡，有梦，尚酣，适五钟醒。

廿二日　六钟起。午前觉健爽，写折半开。午初，仲山来，谓间日不寐，许子元亦曾患此，大约是肝热，不必着急，倘不能睡，或起坐，较少烦燥。留饭，长谈去。略卧未着。写折半开。八钟眠，尚不烦燥，而总不着，直至十一下钟始朦胧，似着非着，五钟醒。

廿三日　六钟起。东寅来谈，谓脉有弦象，宜服黄芩。客去，写折开半。饭颇香。午后略卧，不着。傍晚洗足。八钟眠。初睡觉烦燥，继用摄心法，常思心火下降，肾水上行，久之始着，已子初矣，然颇酣，中间略醒。翌晨六钟醒，转觉酸软。

廿四日　七钟起。午前写折一开，饭后略歇未着，又写半开。屡上床偃息，觉胸鬲（小腹）间时有热气。八钟眠，转侧，又发烦燥，一钟始着，四钟即醒。

廿五日　六钟起。写折八行。晨餐后睡片刻。幼笏来诊，谓脉有数象，用养阴清热之剂。饭后斗生、蔚若来。客去又睡片刻。虽未酣，尚有梦。夜初卧颇有睡意。子初为仆惊醒，直至二钟方着，亦未能酣。

廿六日　晨起，薙发，即移至户部公所。日间略眠。与夔丈谈。八钟卧，下半夜尚能睡。

廿七日　日间略睡。夜八钟卧，至子初醒，服药，一钟入睡乡。

廿八日　四钟三刻起。夔老为煎参二钱，服之。六钟入宫门，在仁寿殿南配殿与凤老同坐，题为“天地之大德曰生”、“论安得壮士挽天河”。十钟誊完，吃饭，即偕凤老、葛振卿[①]出，到寓略睡。夜，夔老来谈。九钟即卧，酣睡至天明。

廿九日　六钟起（两日未更衣，晨起解甚畅）。七钟至南书房他坦。八钟候升座，叩头谢纱葛赏毕，仍回公所。十钟上车，十二钟到家。饭后彤士、颂年来。客去略卧。申正服药。八钟眠，即着。夜半肝胃气痛，约数刻，幸痛止仍着，天明醒。连日受风热，觉咽干。

五月初一日　晨吐厚痰，略爽。得蔚庭、伯颖信。柯亭、温如来。幼笏来诊，用清轻之品，谓脉有数象，宜清解静养。午后略卧未着。薙发。佩鹤来谈。八钟卧，上半夜尚能睡，下半夜咳呛吐痰时出汗，略睡又醒。

初二日　六钟即起，吐厚痰数口。晨餐觉腹痛，幸即止。温如来，得玉舟字，劝予静养，屏除尘念应酬，缓步低声，随时卧息，使此心如浮云在空。药须服潜阳育阴之品，然药不如养也，切勿着急云云。伊春间亦有此病，凝养两月而愈，可以为法。饭后卧，略朦胧即醒。下半日痰较少。申初吃藕粉。夜餐颇香。八钟眠，阅数刻始着。子初醒，少顷仍着。三钟咳嗽，吐厚痰，转侧不能熟睡，略觉烦燥。五钟起。

---

① 葛宝华，字振卿，浙江山阴（今绍兴）人。光绪九年进士。时任兵部左侍郎。

初三日　晨起吐厚痰，黄绿色。如厕，不甚溏，乃近日节饮之效也。晨餐毕，略歇。向午玉舟来谈，谓伊自去冬即患不寐，二月尤甚，凝养两月，近甫愈，长谈而去（劝食毛燕汤，戒酒）。王大、郑茂泰来领开发。饭后坚卧，居然睡着一二刻。温如请一扬州人宋子联（号捷三，刑部）来诊，谓痰聚中焦，阳亢不下交于阴，宜涤痰，本脉无恙。开方未敢试也。傍晚戒饮。八钟眠，一二刻即着。十钟未醒，略觉燥，又强使睡。二钟醒，又睡，接续至六钟始张眼，即起。

初四日　晨餐毕，往拜凤石生日。归觉倦，睡二三刻。幼笏来诊，谓弦象已去，略带数，较前数日大好矣。仍开养阴之品，服三帖再诊。午初，稚夔来，留饭，谈至未初去。觉火升，偃卧未着。傍晚服药后略朦胧。晚餐颇香。八钟眠，略朦胧即醒，虑其不寐，姑服安眠水一滴，不寐如故，而膈中觉热，此物万不可再试。转侧至二钟始睡，四钟醒。夜半风。

端午　风。五钟起。如厕，乃干恭也。可见脾虽湿，戒酒尚可补救，惟阴分太亏，恐难复元耳。晨餐后，睡数刻。仲山来。午后略朦胧即醒。夜移卧具至西室。临睡饮黄酒二杯，上床即着，甫数刻为猫惊醒，又转侧至一钟（尚不烦燥）始睡，五钟即醒。

初六日　晨起枯坐。餐后薙发。外间安床，饭后略卧，约二刻。幼笏来，谓左脉又弦数，病皆在肝胆，仍用滋阴之药，不必烦虑，少言语，少看书，息心静养，断不成怯云云。客去，或坐或卧，尚不火升。饮童便二次。夜睡虽不沉，然尚能时着，惟咳嗽二三次，觉出汗耳。黎明醒。

初七日　递请假十日折。早起大解，干恭。又睡三四刻。忽觉腹痛，泻一次。柯亭来谈，尚未觉倦。午后眠未着。饮童便二次。咳渐轻，火亦未升。八钟眠，即着，不过数刻即醒。又睡至十一钟醒，转侧数刻，饮毛燕汤。下半夜虽屡醒而有梦。六钟醒即起。

初八日　晨餐后，写叔惠信，交栋甫带。柯亭、温如来。夜眠先不着，直至十钟侧蜷始睡。中醒数次，饮燕汤。六钟醒。

初九日　晨起，作字与东寅，以实纱袍褂料赠之。向午梦陶来，留饭。饭后柯亭、温如来，略作手谈。孙燮丈来，请其诊脉，谓有数象，须用凉润之品。竟日未卧。夜睡又有不寐之象，幸十钟后蜷侧而着。夜半咳呛，饮汤数次，酣卧至七钟醒。

初十日　晨餐后睡二刻。饭后略卧。幼笏来，谓数象未止，仍用滋养。慕周、昆圃、伯香、佩鹤来。夜眠又不着，直至丑初始朦胧，屡醒。六钟起。

十一日　晨餐后，柯亭来，劝暂停药。午后温如来。傍晚仍服幼笏方，姑加熟地六钱。上床略卧，有倦意。夜八钟眠，少顷即睡着。十二钟醒，又服二煎，下半夜颇酣。六钟醒。兼旬来无此乐矣。

十二日　晨餐后歇一刻。温如约四川高遐卿户部（崧生）来诊，谓本脉并不虚，乃肺闭也，宜服宣肺之药。携方至凤老处，谓脉较静，无实火，既服熟地有效，不必间断，即回。午饭照常。申正服药后，吃蛋糕二块，颇香。上灯后食粥，略凉。八钟眠，又转侧，发胃气痛，直至子末始着，屡醒，幸即着。六钟醒。

十三日　晨起如厕。晨餐如常而不香。柯亭、温如来，听其谈笑。午餐后略歇，亦未着，稍觉烦燥。与家人手谈二圈。伯讷来，与谈一刻许。服童便二次。停药。八钟卧，转侧数刻即睡着，略醒数次，不久即着，直至四钟醒，又强卧，亦尚朦胧。六钟起。

华勇营出军志（上）

巴恩斯 著 刘本森 译 许悦萌 校

说明：英国1899年租占威海之后，成立了一支编制为1000人（实际500至1300人不定）的雇佣军，军官为英国人，士兵多系从山东、直隶等地招募的农民，并命名为华勇营，负责维持租借地治安，后于1906年解散。华勇营军官巴恩斯（Arthur Alison Stuart Barnes）1902年出版《华勇营出军志》（*On Active Service with the Chinese Regiment*），详细记载了英国在威海卫组织华勇营，以及该军参加八国联军之役的经过，是华勇营历史亲历者的唯一记录。书后所附英国驻华公使、驻威海卫办事大臣关于华勇营的通信，以及当时各报对华勇营的报道和评价等历史文献，可为已有史料之补充。作者殖民主义立场的表述方式，译文中均予保留，以存史料原貌。

序言

每本书的写作，或多或少都带着某种目的，这本小册子自然也不例外。

译校者：刘本森，山东师范大学历史文化学院教授；许悦萌，中国社会科学院近代史研究所编辑。

关于华勇营（Chinese regiment），有些不了解真相的人说了很多不厚道的话，因此如实记录1900年华勇营在中国北方艰苦作战始末是明智且合理的。尽管自成立之日起，华勇营士兵就在外国军官指挥下，为外国人的事业与自己的同胞、皇帝及其军队作战，但是他们出色地完成了任务。他们不仅不该再受到任何诋毁，相反，他们的表现超出了本营军官以及提议组建该营的军方高层的期望。

另外，那些记得当年英勇事迹的人们，似乎已经彻底忘记了华勇营经历的战争。我相信，读过本书及其附录的读者，会忆起当年的事件。本书参考的大量剪报很可能是本书最有价值的部分，因为它们是客观公正的记录——我自然只能为此目标而奋斗，并取得了一点成绩。从历史角度来看，我敢说，只要从人道主义的观点出发，华勇营所做的所有这些事情都是正确的，归根结底，这才是最重要的。

很抱歉，我的名字和“我”出现得如此频繁。但是，当一个人如实记录其所见所为，或某人事迹时，这也在所难免。我寻求并且得到了很多人的帮助，他们经我所未经，见我所未见。因此，我希望没有遗漏重要事实。我只能说我已经尽了最大努力去搜集所有“表演”中最全面的细节，只要和华勇营有关，无论巨细。如果确有遗漏，则绝非我本意。

或许看起来我对部下在那些艰苦时刻的所作所为评价过高，我只能说，和我一样有机会下定论的人，一定会完全赞同我的观点，因为眼见为实。

细读之下可知，华勇营比其它部队参与的军事行动更多。姑且不说最初在威海卫附近的纠纷，我们还参加了天津之战、北京解围，以及1900年8月19日独流（Tu Liu）之征和未能成行的北塘（Pei Tsang）之征等其他军队没有参与过的小规模行动。的确，我们没有参与进攻保定府，因为那时候我们已经回到威海卫；但是布洛克（Brooke）上尉代表华勇营参加了。他担任从天津出发部队的信号员。

我们国家从可造之材中培育的军队，已通过考验证明了其价值，但是没有任何一支军队经历过像华勇营一样严峻的炮火洗礼。在我国历史上，军官带领外国人对抗后者的同胞是司空见惯的，但是我认为那些情况与1900年的华北不同。我们的敌人不止一个：他们装备精良，拥有火炮，各方面都与我们势均力敌，当然除了军官这个重要因素。他们拥有狂热、信仰和荣誉这三个最重要的作战动机。正如我们所知，即便缺乏真正的爱国主义精神，他们也通过排外间接地获得了爱国精神。

中国士兵具备许多优良品质。他们服从纪律和管理；很勇敢，吃苦耐劳；他们是优秀射手，百发百中；对他们的饮食不必太操心，他们不挑食，只要保证能吃饱就行。另外，我想努力说明的是：他们是当兵的材料，不管是在真正的战场上，还是在像现在一样平静多于狂躁时期的平凡职责上。

或许有人会问，我所描述的华勇营的优点源于何处。当然在这里我只能给出自己的看法，那就是：他们的行为单纯源于所有军队都拥有并且都必须经历的踏实的训练。有人认为重复的踏实训练是陈腐而且落伍的，但是我确信，舍此而外，中国军队永远不会成功，其它任何组织也是如此。

如前所述，我从其他人那里得到了超出我个人能力范围的帮助。值此机会，我要感谢施惠于我的那些人——沃森（Watson）上尉、托克（Toke）上尉、布雷（Bray）上尉和布洛克上尉，还有沙勒（Schaller）先生，谢谢你们宝贵的帮助。

巴恩斯（A. A. S. BARNES）

威海卫

1901年10月13日

第一部分　威海卫附近的纠纷

第一章

我不想利用职权去调查，甚至推测灾难应当归咎于何人。但是可以确定的是，在 1900 年初，当中国的其他地方太平无事时，威海卫租借地附近的居民却饱受排外情感的折磨。它随后引发了义和团运动以及随之而来的战争。

天气刚刚暖和一些，也就是在当年 3 月初，民众开始聚集在租借地的几个地方，平均每个地方大概有两三千人，老少都有。他们唯一或公开目标就是驱逐英国人。当地村庄的团练或者训练有素的军队也出动了。他们焚香、竖旗、搜寻或者购买武器，总体来说，气氛开始躁动。

风言风语自然传到了当局的耳朵里，他们决定将苗头扼杀在摇篮里。3 月 26 日，提前得知消息的包尔（Bower）上校，实施了第一次打击。这昭示着西方野蛮人要动手了。事先没有人得到情报，大概 420 名可以战斗的华勇营士兵，每人配备十发子弹，在通常时刻动身，向芝罘行进。走出五六英里后，他们发现大约六七百人聚集在一座庙里。这些人没有表现出丝毫敌意，允许华勇营穿过并围住他们。我们将他们的头目请来，让他解释原因。一位当地人要求包尔上校下马，然后他才会屈尊谈判。不用说，包尔上校仍然骑在马上。暴民中有些更好斗的人开始吵闹。这种吵闹是所有这类集会所特有的。几分钟后，情况急转直下。然而，华勇营士兵迅速而及时地上了刺刀，局势转为平静，紧接着他们又解除了反抗者的武装。几乎没有比这更奇怪的聚众骚乱。他们有一些近代火器，大多是配备弹药的老式火绳枪，但是大多数被煽动起来的农民使用的是一端捆扎着陈旧的大刀或刺刀的木棍、草叉，以及其他日常用具。除了粗糙的长矛之外，他们还有三四门生锈的老式大炮、一面大鼓、一个唢呐。很多情况下，这些勇士们乐于使用来复枪，认为这种枪优点多多。随后，华勇营抓了三个俘虏——包括那位勒令上校下马的人，士兵们满载着有些累赘的战利品，返回位于码头的兵营。

尽管华勇营经历的第一次真正的考验看起来微不足道、毫不血腥，但实际上，管中窥豹，此事非常重要。因为这是以后会经常发生的事情的征兆——也就是说：这些人愿意遵从他们的长官，即便是对付自己的同胞。

第二章

华勇营如天意般投入真正军事行动的方式一直使我感到震惊。如前所述，我们的行动以一次完全兵不血刃的、几乎是友好地驱散非法集会开始。那时，所有军官，即便是新来的，都为士兵的表现感到骄傲。换言之，军官们此前并不确定在面临严峻形势时，这些士兵是否完全可靠。然而，没有人意识到严峻形势是如此之近。

形势很快恢复正常，新兵训练像去年一样照常进行。然而很奇怪，差不多这时候（1900 年 3 月）我们开始听到传言，天津郊区状态混乱，我们很可能要与列强采取一致行动；次月中旬，听说列强已经对中国的义和团发出了最后通牒。同样值得注意的是，4 月 14 日，周六，复活节，威海卫勘界委员会道台乘坐中国巡逻船抵港时，没有受到鸣枪致敬。这一疏忽在当时引起了一些议论。

4 月 25 日，拖延已久的威海卫勘界委员会成立了。我方有包尔上校、皇家工兵部队潘罗斯（Penrose）少校、包尔上校的中文秘书沙勒先生，中方有李道台和严道台以及中国海军的林游击。由珀雷拉（Pereira）上尉与布洛克中尉[1]、布鲁克（Brook）上士带领第七连大约 60 人担任护卫。因为当地人已经表现出对委员会的敌意，所以 4 月 30 号，我们派出由托克中尉带领的第一连以充实护卫力量。

当晚，军官们用晚餐的时候，代理上校布鲁斯（Bruce）少校通知：他要在晚上 9∶30 会见所有军官。随后，他宣布勘界委员会已处于危险之中，他计划立刻前去救援。因此，凌晨 1 点，士兵被唤醒。凌晨 3 点，第二、四、五连大约 170 多人，向正南方向大约 18 英里的草庙子营地进发。我们大概在上午 9∶30 到达指定地点，四处静悄悄的，没有任何危险。第二天早上，第五连部分士兵加入后，护卫队实力进一步加强，勘界委员会在他们的保护下继续前进，该连其他人和第二连一同返回兵营，第四连留守草庙子。

非常有必要提一下士兵们在这次小规模袭击中的表现。他们在深夜被唤醒，整装出发，在外国军官带领下去对付他们的同胞，不但没有人抱怨，反而斗志昂扬。他们在长途行军及露营时表现出的敏捷守纪，令人瞩目。无法想象其他军队会做得更好、惹更少的麻烦——实际上他们没添一点麻烦。无疑，这是对他们的第二次考验——或许不大，但也是个考验。

直到 5 月 5 日星期六，形势仍算正常。当日，皇家工兵部队的潘罗斯少校在两名卫兵、沙勒先生以及 12 位华勇营士兵护卫下外出勘界，突然遭到了一大群手持农具和石块的中国人的袭击。目标潘罗斯少校遭到了直接攻击，尤其是来自一把刺刀的伤害。这把刺刀是在他射光了手枪中的所有子弹后，从一名卫兵手中拿过来的。皮莱（Pillay）上士和另一位皇家工兵部队的士兵也用手枪猛烈开火。沙勒先生集合军队，将暴民从潘罗斯少校身

---

① 前为上尉，原文如此，原文中还有多处不一致，不再一一注明。——译注

边驱散，但此时潘罗斯少校已经跌倒在地。暴民很快败下阵来，但没有要撤退的意思。一些很可能被灌输了义和团刀枪不入观念的人，在被驱赶后退之后仍屡次试图上前，有几个人多处中弹。

需要指出，这次袭击最初发生在一条干涸的河床上，当时勘界小分队正沿着河床返回营地。形势开始变得危急，他们就撤退到路右边的山上，并向半英里外的营地方向且战且退。敌人已经预料到这一点，他们在小分队上方的山坡上埋伏了很多人，并且开始向下扔大石头。扔石头时，有几个人被射中，于是攻击减弱了。但是危险并未解除，因为小分队的弹药消耗非常快。恰在此时，传来了令人高兴的“嘶嘶”的子弹声，可以看到从营地赶来的救援部队。暴民们玩命四散奔逃，逃跑时又有不少人被击中。

现在我们把目光转向营地里的人，看看他们怎么应对这场袭击。大约下午 2 点，值班的号兵幸运地看到了袭击，拉响了警报。第一连和第七连立刻整队，分发弹药。在包尔上校、珀雷拉上尉、托克中尉的带领下立刻向战场出发。骚乱中有零星交火，因为在压力下难分敌我。不管怎么样，暴民开始逃跑，珀雷拉上尉率部追击。有些人杀了个回马枪，其中一人将草叉叉在了珀雷拉上尉的脖子上，将他往地上摁，如果不是上尉身后的一个士兵刺死了攻击者，上尉可能就死在那里了。

同时，这两个连队的左侧也遭到了攻击，潘罗斯少校一侧也出现了一伙人，他们的意图很明显：将其与营地分开。然而，几轮齐射就达到了我们预想的效果，人群被驱散了。在这次事件中，潘罗斯少校伤势严重，皮莱上士脸被砍伤，珀雷拉上尉受轻伤。第七连的两个士兵被木棒和石头伤得很重，其中一个属于护卫队。他从撤退的小山上跌落到暴民中间，不仅受了伤，来复枪和刺刀也被夺走了。敌人在田野里留下了 20 具尸体，但是无法确定有多少人受伤，人数肯定不会少。

可以说，这次袭击是华勇营经历的第一次真正“见血”的场面，始作俑者遭到了毁灭性的打击，许多抱着若洋鬼子落败就可以痛打落水狗心态的旁观者，也不可避免地受到了波及。必须要承认，华勇营从头到尾表现出色，尤其是潘罗斯少校的卫兵。要不是他们忠实可靠，潘罗斯以及其他欧洲人很可能会轻易丧命。应该表彰他们，表彰迅速用刺刀挽救珀雷拉上尉生命的那位勇士。其他部队的士兵不可能表现更好，或许会差很多。

幸运的是，袭击发生在离营地不远的地方。有一次小分队离营地至少有六英里远，如果这时候发生袭击，他们可能在营地得知消息之前就被消灭了。有段时间，当地人表现得似乎友好而平和，所以护卫队规模不大，仅由一位军官和 30 名士兵组成。这很可能是敌人的圈套，至少他们注意到了护卫队人数的减少并利用了这一机会。

袭击以及此时租借地内的动荡，是否与中国北方的排外活动有密切联系，是个值得怀疑的问题。一般认为，这两件事的区别很明显，事实上，当地的动乱发生在这一特殊时期仅仅是巧合，后来当地居民的和平态度充分证明了这一观点。那时候因为大多数士兵开赴前线，只有大约 50 名新兵驻守在码头。无论如何，这对华勇营来说是一个标志性事件，它向军官们证明了他们的努力卓有成效。更重要的是，它向世人证实了华勇营的价值，证明我们存在的正当性。

回到沃森上尉，他和布雷中尉、帕顿（Purdon）上士以及第四连大约 60 多个士兵留在草庙子的营地里。

5 月 5 日，他们收到了包尔上校关于潘罗斯少校和小分队受到袭击、要提高警惕的通知。第二天早上，两位军官没有像往常一样派出巡逻队，而是亲自骑马到了营地西面的山上。刚到山顶，他们就看见大批民众向营地进发。沃森上尉继续前进，当抵达更高一点的地方后，他发现 600 码外有一大群人，他们一看见他便发出骇人的喊叫声。这些被煽惑的暴民约有三千人。两位军官飞驰回营，整军列队，发放了额外的弹药。这时是上午11：15。到11：30的时候，营地对面山的北边、西边、南边的扇形区域都是中国人，他们开始挥舞着武器大声喊叫。当连队打算出去迎战时，一位肩上挑着他所有财产的老人向营地跑来。他是一位士兵的父亲，他过来警告儿子：有好几千人在路上，要来踏平营地并消灭营地里的所有人，如果他还要命的话，就要尽快逃出去。他的儿子回答说，如果有人进攻，他愿意留在这里。老人独自穿过营地，继续逃命。

这时候暴民已经逼近了，沃森上尉带领连队中一半的人到西南方，而博雷中尉带人占据了营地北边高处的有利位置。两边都开火了，我方士兵射击之后，两三个暴徒被打倒了。这使他们有些惊讶，也引发了一些骚动，压制了他们前进的热情。照顾了一下倒下的人，暴民再次蜂拥而来，我们的射击一直持续到他们停止、屈服，然后四散而逃为止。

他们的枪炮声音大，但没什么效果。子弹、小金属块、钉子，还有少量的碎片落得到处都是，然而没有伤害到我们。在暴徒的右翼有一门大炮，由几个人操作。它发出巨大的声响，释放出大团的烟雾，但是似乎没有射出一枚炮弹。也许射程不够，要么就是炮弹飞过了营地。前者的可能性更大，因为我们没有看见炮弹或者听见炮声。大概一个小时之后，山上没人了，士兵们也退回营地。他们刚刚回营，又有一小股人聚集在草庙子的南边。沃森中尉命令帕顿上士向他们射击，警告其走开。子弹落在了一位老人身旁，他立刻撑开一把旧伞，以最快速度逃走了；他肯定认为这把伞能帮他抵挡下一发子弹。据说这些被煽动的农民大约死了20人，受伤的更多。由于他们将死者抬走，我们没有机会确认他们的损失究竟是多少，而我们这边损失为零。

第三章

需要说明，5 月 1 日，布鲁斯少校前去增援包尔上校的小分队时，第三连已经在杨家塘（Yang-chia-tang）河湾南边的小块空地上建立起供给营地。

5 月 6 日，周日，上午，因潘罗斯少校和他的小队遇袭，第二连奉命调往辎重营地，以便在需要之时增援。他们上午 9 点接到通知，10∶50 便动身出发。这表明中国士兵不需要花费很多准备时间。其间，沃森同一天在草庙子营地遇袭的消息传来。因为完全无法推测敌人下一步的计划是什么，也没有收到任何情报，所以该连在第二天早上被派往草庙子，前去增援、或是解围，更可能是为第四连报仇。与此同时，留在码头营房的第六连被派去加强上校的护卫。这些连队没有遇到任何抵抗，但是在途中遇到了几次小股集会。还有几次突然出现小股民众，带着木棒、铁棍还有其它看起来没用的武器，华勇营立刻将其驱散。很显然，无论如何，当这些为数不多的士兵穿越充满敌意的当地人区域时，不可能不紧张，尤其是在行军即将结束、两位军官都不知道接下来会发生什么时。结果证明，双方都很平静。尽管行军看似平和，却是对士兵们的另一个考验。

接下来的一两天，关注的焦点集中在驻扎着第二连和第四连的草庙子营地附近。必须要提及：中方委员在中国界内一个叫道头的村庄被抓，当了一周或更长时间的囚犯——很可能他们并非完全不乐意。道头村在草庙子西南大概两英里的地方。大约在这个时候山东巡抚致电专员铎沃德（Dorward）上校，希望他们解救中方委员。于是，5 月 8 日下午，布鲁斯少校带领 100 名海军陆战队员赶来增援华勇营。将陆战队员留在可以俯瞰两个村庄的有利位置后，布鲁斯少校率领两个连到道头村会见囚徒，并使他们获得自由。尽管看守已经逃掉了，但不可思议的是，少校发现中方委员非常讨厌给予他们自由的善意。但是他们的沉默毫无作用，因为他们接到命令在第二天上午 10 点前做好准备，并前往包尔上校的营地。

第二天，会见如期进行。这次道台及随行人员见到了小分队。巴恩斯上尉命令第二连将他们护送到大概 13 英里远的包尔上校的营地。就在那时，有一支中国军队从西边开来，不知其意图如何。陆战队员急忙向码头赶去，道台和他的随从则从相反方向离开。但事情很快就明了了，王游击和他的士兵来得太迟了，他们原本要做的事情已经结束，也就是说道台已经获释。因此，相互表达好感后，两支部队便分开了，王游击返回芝罘。

上午 11∶15，第二连离开草庙子，下午 2∶45 抵达包尔上校的营地，那时委员们已经被安全地移交了。该连于下午 4∶40 离开，晚 7∶30 抵达草庙子。考虑到这段距离和该地区多山等因素，这次行军表明华勇除了拥有本书中呈现出来的军事特性之外，还可以快速行军。

经过这些事情之后，几乎一切都平静下来，但是华勇营仍要面对另一个考验。很显然，发现武力抵抗不起作用之后，敌人试图用另一种方法制造麻烦。他们向所有华勇营士兵发布了一个公告，称如果他们不返回家里，让英国人自生自灭，某一天他们的家人将会受到伤害，他们最亲近的亲人即便不被杀也会受到惩罚。根据记载，因为忠诚，可以说没有一个人以这个借口离开，尽管很多人到军官那里去打听：一旦威胁降临他们家庭，他们是否可以依靠英国的保护并得到公正的对待。据我们所知，这种威胁似乎更多是一种恐吓，任何了解中国人强烈的家庭意识的人都会明白，这样检验士兵的忠诚是很卑鄙的。

体现士兵忠诚的例子很多，有必要举一两个例子。第二连的一位靠近包尔上校营房的士兵，听到动乱开始酝酿后，立刻前去报告上校，上校命令他重返连队。想到连队仍在码头，他便加速往那儿赶，结果发现连队已经动身去草庙子了。因为华勇营士兵单独一人走太远的路不安全，所以他稍作伪装后便追赶大部队。他在 24 小时内大概走了 40 英里。很显然，那时候待在家里静待时局明朗对他来说最有利。在潘罗斯少校遇袭时，第七连的两个士兵正待在上校营地附近的村庄里，他们被俘并被捆了起来。村里所有强壮的人都出去参加战斗了，这两个人不知怎么说服一个小男孩释放了他们。不过他们并没有直接返回营地，而是找到了躲在家里的村董，把他俘虏并带给包尔上校。第四连有位士兵，父亲在攻击沃森上尉的营地时被杀，这足以使他下定决心不再服役，但是他仍然坚定地留下。每个连队都有很多类似的例子，但是这些人总体上非常忠诚，显然不需要给出更多的个例。就像将要看见的，华勇营在几周后的一次冲突里毫不逊色地完成了任务，毫无疑问，应该为他们对抗自己威海卫同胞的行为感到骄傲。这毫无疑义地证明了他们是值得信赖的。

那时的报纸上都是这个消息。在北京的英国公使窦纳乐爵士致电威海卫行政长官："祝贺包尔上校所部华勇营的出色表现。"

虽然现在乡下的一切都已经恢复正常，农民们也已经回家种地——不久前他们还想要我们的命，现在只想赚我们的辛苦钱。我们认为在力所能及的区域进行武力威慑是明智的。因此，除了上文提到的临时营地外，我们又在边界附近建了三个营地。华勇营在外驻扎了将近一个月，一直到 6 月中旬才返回码头。勘界委员会返回威海卫的时间是 5 月 18 日。

这时北方开始出现麻烦，尽管我们在营地有所耳闻，但是仅仅知道轮船不时离开港口前往大沽，岛上和陆上每一位闲着的士兵都被派到北方。

6 月 11 日，华勇营大多数连队从边界返回码头，只有一个营地和辎重营地保留到了 18 日。

18 日，我们开始听到战争号角。由沃森上尉、布雷中尉、奥利沃特（Ollivant）中尉以及帕顿上士统领、100 多名精兵组成的第四连得到了准备参战的通知。他们原计划乘坐英国皇家海军“孔雀号”（Peacock）运输船前往大沽，“恩底弥翁号”（Endymion）到来之后，计划取消了，士兵们很不情愿。实际上这样也不错，因为由自己的军官指挥华勇营会更好，这是一个不争的事实。所以，旧式军官钟爱的连队混编，用到华勇营身上是个重大的错误。士兵们只有跟随曾经努力教他们成材的军官才是合理的，这比跟随那些相对陌生、士兵们只是远远看着他们训练别人的军官更好也更容易。事情仍然向我们期待的方向发展，两天以后的 6 月 20 日，“牙鳕号”（Whiting）驱逐舰从大沽抵达，船上的锅炉里有一枚炮弹。据称英国皇家海军舰艇“奥兰多号”（Orlando）正在路上，要来接我们——确切地说是我们中的 200 人——到前线去。该舰一到，这些人就要登船。这支部队的军官由以下人员组成：

包尔中校担任指挥官，蒙哥马利（Montgomerie）上尉担任副官

第二连——巴恩斯上尉、雷亚德（Layard）少尉、邓恩（Dunn）上士

第四连——沃森上尉、布雷少尉、帕顿上士

第五连——赫尔（Hill）上尉、费尔法克斯（Fairfax）少尉

第六连——孟塞斯（Menzies）上尉、奥利沃特少尉、惠特克（Whittaker）上士

上述每支连队都挑选出 50 人左右，人数取决于它们受训士兵的实际水平。

部队于晚 8 点登上了“奥兰多号”，次日早上 5 点启航。船上还有一小队皇家工兵，后来他们在李上尉（Lee，R. E.）的指导下在天津做了很多勤务工作。

第二部分　天津附近的战斗

第四章

要让人们、尤其是让那些很不幸地经历过苦战才抵达天津的印度分遣队队员相信，在天津城内外的战斗值得一提是非常困难的，而要说服他们相信华勇营参加过战斗则难上加难。但是，对大多数怀疑者来说，看一下那一时期的报纸就该知道，这两种说法都建立在坚实的事实基础之上。

更不幸的是，随后来自印度且表现出色的分遣队，在动乱初期并没有出现在遭受严峻考验的天津港。它们原可以让大不列颠在商讨行动时拥有话语权和行动权，如果有必要，还有独立行事的权力，这些都是我们这支小小的部队做不到的。我们可以承担应该承担的任务，但事实上，自从来自印度的军队抵达天津之后，我们再也不可能单独行动。

现在，让我们随着第一支离开威海卫的分遣队的身影，将目光从推测转向现实。前文已述，他们是乘英国皇家舰队的“奥兰多号”离开的。经过一段略显乏味的航行之后，轮船于 6 月 22 日早上 5 点胜利抵达大沽锚地。这段航行中军官们做的主要事情就是相互理发，在租借地边界的军营中没有这么方便的享受。“奥兰多号”在芝罘短暂停留时，日本的旗舰也抵达那里，并受到欢迎。因为所有陆战队员都已经登陆，所以华勇营担任了警卫和鼓号手。

我们刚一抵达，港口就做好了让我们登陆的准备。“传说号”（Fame）驱逐舰靠到旁边，我们的人员、给养、弹药都转移到“传说号”以及属于“奥兰多号”的一条驳船上。早上 8 点，一切准备完毕，我们启航出发。因为时间有点晚了，潮汐渐退，我们在保证系在船尾的驳船安全的前提下全速向大沽前进。然而，没走多远，驳船便发出求救信号，因此我们减慢了速度。当我们到达灯塔船的时候，驳船已经很明显在下沉。于是我们把驳船靠到一旁并清空，弹药移到“传奇号”原本就非常拥挤的甲板上，成袋的面粉和大米扔到海里。不管怎样，大概正午时分，所有人最终抵达了指定地点。在塘沽（Tongku）停泊时，我们第一次亲历了真实战争的恐怖：三个不幸的中国人企图游过白河（Peiho）逃离俄军。他们的努力是徒劳的，在靠近对岸时全被射杀了。

因为得不到车皮，经历了一些耽搁之后，大概下午 4 点，我们与英国皇家舰队“生畏号”（Terrible）上的队伍启程去仓粮城（Chang-lien-cheng）附近的铁路终点。有几个很可能要转乘火车或轮船的市民向我们告别，并告诉我们说路上可能会有麻烦。但是，除了一些远远看着我们的零散骑兵，还有沿途少数零星联军，我们没有看到任何军队。火车开得十分谨慎，充分证明了司机对我们安全的关心。从下午 4 点起，我们走了 14 英里，最终在夜里 11 点到达了铁路尽头。沿途两旁及铁路尽头的田地完全荒芜，四处都是燃烧的村庄，浓烟弥漫。俄军应该为这些破坏负责，但是没有人能够说出他们是否是恶意的。人们总会注意到一件非常奇怪的事情：在联军部队行进期间，不管是在天津还是北京，村民们是怎样彻底消失不见的？人们不禁要问，他们都去哪儿了？此地人口稠密，生活在大沽和天津之间的许多人都在白河的平底帆船上避难，但是其余人的去向依旧是个谜。

天一亮我们就开始行动，从火车上卸货，因为火车必须返回塘沽运送其他军队。我们开始卸车的时候，看到皇家威尔士步兵团和海军旅向天津进发。当然，我们什么忙也帮不上，因为我们只能留在后方保护我们运送的大批弹药，没有任何运输工具将这些弹药送到前线。随着哨兵和各分队设置了不同防御点，在有几分战争状态的情况下，那一天便过去了。我们听到了两次战斗警报，曾经有一次报告说我们西南方有 1500 名中国骑兵，然而他们却对我们敬而远之。事实上，我们中的大多数人从未看到过敌军的影子。有一个犯人从海军的监禁中逃了出来，引起一阵枪声，士兵试图使他要么停下，要么回来——但这是徒劳的。非常庆幸的是，黄昏时分，我们听说天津之围已解。

第二天早上，香港军团的分遣队到了。中午，他们的两个连和我们的二连、四连，在包尔上校的指挥下，护送着一门海军的 12 磅炮及其弹药向天津进发。正如所料，护送大炮意味着我们要拖着它。二连作为后卫，推着三辆满载弹药和其他零碎东西的手推车。四连和香港军团的两个连轮流拖着大炮。那是一次非常艰苦的行军，只有在场的人才能体会到士兵做了多么伟大的工作。香港军团的人，经过几天的航行，状态很差，他们拖炮的时间越来越短，最终任务完全落在四连身上。虽然身体疲惫，但是他们有世界上最顽强的决心和意志，非常成功地完成了任务。这将会是他们一生中永远的荣耀。

路上我们经过了很多被遗弃的村庄。被遗弃，指的仅仅是人都走了，村里还有狗和到处乱跑的家禽，很显然它们的主人都离开了。每当我们到达河岸时，我们也会看到很多令人惊叹的景象，其中一些景象使我们看到那些平时又瘦又饿的狗，现在毛皮光滑、心满意足的样子时不再感到惊讶。下午时，我们在河湾处突然看到“发丸号”（Fa-wan）拖船正小心翼翼地顺流而下，驶向大沽。他们停在这里清理河湾，因为只要有一艘拖船就能干这项复杂的工作，所以他们没有料到这里会有军队，我们的出现似乎让他们有些激动。我们像朋友一样打招呼，也像朋友一样道别。

下午 5 点，到达天津租界郊外，我们赶上俄军对东局子军火库（天津机器局东局）的炮击，但是没有受到多大影响。途经营地时，彼此表现出浓厚的兴趣。不过，他们委婉地拒绝了我们的求助，我们只能用手推车拉大炮，从他们驻扎的平地上的一条陡峭多沙的小路上穿过，到达穿越壕墙的火车道上。这似乎是我们进入租界的唯一办法。没有他们的帮助，最终我们也完成了任务，四连将炮推上路堤是那一天最壮观的事情之一。

这个时候，天已经渐渐变黑了。二连沿着唯一一条可见的路，穿过数个被彻底烧毁的村庄，最终到达火车站的敌方一侧。因为俄国哨兵瞄准了二连的指挥官，所以行动耽搁了。幸运的是，中国人还没有像随后那样关注铁路，不然的话，事情不会这样顺利。很显然，在当时渐弱的光线下，在火车道的另一侧推车很安全，所以巴恩斯上尉爬到最近的信号位进行侦察。他很幸运，躲过了狙击手的视线。必须尽快让手推车通过车站的六到八条火车道，因为俄军的“帮助”只限于法语翻译，所以第二连只能独自完成任务。他们做得非常好！手推车、骡马，所有东西都被举过最高的铁轨，然后拉走。后来，伯克（Burke）上尉带领很多苦力到了这里，我们才从这一任务中得到解放。

经过几乎完全成为废墟的法租界时，我们意识到狙击手的存在。我觉得没有什么比枯燥的狙击更乏味的了，但是当你第一次在夜里听到子弹“乒乒”地打在电线杆和瓦楞铁上，却有一种浪漫的感觉。经过市区的时候，我们受到了各方欢迎。我猜想，当地人还沉浸在被救援的喜悦之中，并且兴奋地欢迎援军，尽管这些增援者属于残酷的异族。其实在天津的外国人丝毫不感激我们，他们总体上对中国人非常敌视，我们甚至听说有人阻止我们进入他们神圣的租界。考虑到危险的局势，这种反对的声音不大。对华勇营的这些完全错误和不必要的谣传，来自这里富有想象力的人。被围时他们多半待在酒窖里，肯定没有一个人在地面上，但他们竟然能编造出关于华勇营的谎言。

第五章

那天夜里及接下来的几天，二连都住在威尔士火枪团（Welsh Fusiliers）和巴夫勒尔连（Barfleur）旁边的仓库里，四连则住在河堤的仓库里。不知为何两个连队在进入法租界时分开了。军官住在维多利亚街（Victoria Terrace）的一座房子里。

第二天，也就是25日，二连与香港军团的一个连，在游乐场（Recreation Ground）和毛织厂（Woollen Mills）执行放哨任务，当晚没有发生什么令人激动的事情。次日，因为很多狙击手陆续从游乐场西边的村子和废墟抵近我们的防御工事，所以下午的时候，二连的三个排以及香港军团的半个连出动，迫使对方后撤，并摧毁了一两处很小的营地。这些营地似乎引起了大量携带武装、图谋不轨的人特别注意。结果发生了一次规模很小的交火。虽然我方无损失，对方的损失也不大。但这像是捅了马蜂窝，中国人、拳民、政府军似乎突然变得到处都是，并且四处开火。特别是在我们右前方，法军的前哨就在离天津城不远的大沽路警戒。法军排成一行，盐堆就在他们那旁的河岸上。很显然，清军认为法军会从这里向他们发动进攻，而法军又认为清军会发动进攻，因此双方互射，结果传出了地狱般的枪声。引发骚乱的人悄然撤退了，实现了扰乱狙击手的目的。尽管没有人中弹，但却使我们的士兵经受炮火洗礼，可以这么说，在炮火下他们极其镇定。

对于天津来说，6月26日是一个重大的日子。因为进军北京的海军上将西摩尔及其英勇的士兵铩羽而归。尽管我们得到于24日晚上11时30分集合开拔的通知，但是晚上9时30分才抵达租界，华勇营在解西沽军火库（Hsiku Arsenal）之围中没有发挥任何作用。当局认为优秀的苦力干了一天的活，劳动强度有点大。

26日晚，奉命指挥华北驻军并被授予准将军衔的威海卫租借地军政长官铎沃德上校，与赫尔上尉带领的五连一起抵达。香港和新加坡炮兵部队在圣约翰（St John）少校的带领下，几乎同时抵达，后来我们不止一次与这支英勇的部队密切合作。我们很高兴见到这些军队，尽管他们人数少，但是多多少少给了我们一些支持。

6月27日是令人永远铭记的一天，因为这差不多是华勇营第一次走上战场。那个特殊的早上，营地离大东（Big Eastern）或北洋军械库（Peiyang Arsenal）最近的俄军动身去攻占这两个地方。天津租界的一些居民多少有些担心，他们断言那里储存着大量弹药，如果引燃，整个租界和城市就完了。大概上午10点，我们中的两个人从戈登堂的塔上，看到俄军显然处于劣势，有一部分人在无序撤退，其余的停在原地。在军械库的清军，尤其是北边的，好像能够利用一些小阵地，因为每次俄军靠近，他们就发动猛烈攻击，我们可以看到子弹在阵地附近激起的尘土。从塔上看到，进攻者很快就需要增援部队。果然，群情振奋向铎沃德将军、包尔上校和其他军官请战。

于是我们全员集合。幸运的是，在从租界到军械库的途中，我们调到所有军官——包尔上校和他的副官蒙哥马利上尉，第二连的巴恩斯上尉、雷亚德中尉、邓恩上士，第四连的沃森上尉、布雷中尉、帕顿上士，第五连的赫尔上尉和费尔法克斯上尉。细节就不必详说了，我们一起向战场进发。一个小时前，俄军以松散的阵型撤退。和我们一起的还有海军旅，他们出发早，现在已经在我们的前方，接近敌人的位置。很快我们就听到他们的欢呼，因为他们冲过了对方防线。此时，继续前进似乎没有必要了，于是上校命令我们停下。我们只停了一会儿，突然看到一支军队和拳民从左侧的芦台运河方向的开阔地向军械库冲来。很显然，他们想从后方偷袭。于是我们立刻调转方向。无论如何，我们希望能够尽量迫近敌人。因为干旱，地面呈黄褐色，使我们在敌人面前近乎隐身。我们确信，如果不是一支穿着白衣黑裤的俄国连队出现在我们侧翼猛烈开火，我们应该会完成一场精彩的战斗。我们已经给敌人造成了相当大的困难，他们似乎手足无措，完全不知道子弹从哪里飞过来，一些人向前，一些人后退，还有一些人站着不动、挥舞旗帜。然而，俄军的出现结束了对方的表演。有段时间，我们处于相当密集的火力之下。不过子弹大多数都从我们头顶飞过，除了一个士兵的裤子被打了个洞，一个士兵的脚后跟受伤之外，我没有听说任何伤亡。在有序投入战斗前，我们看见在我们和敌人之间，有一个黑影挥舞着胳膊向我们冲来，我们以为他是义和团的头目，险些朝他开枪。然而，我们很快发现他是一个海军陆战队员，双腿受了重伤，从敌人那里逃了出来。他和另一个陆战队员随同部队通过那片空地时受伤，二人被留下等待担架队救助。然而中国人捷足先登，我们的这位朋友幸运地逃了出来，另一位没有躲过被杀、被枭首的命运。俄军占领军械库后，中国军队就全部撤退了。我们在战场上停留了好一会儿，组织了救援搜索队，寻找另一位海军陆战队员。

如果不提一下我们那位“12 磅”朋友，对这场战争的记录就是不完整的。24 日，第四连将炮拉来并安置在壕墙的缺口处。这门炮发挥了巨大的作用，大概在上午 11 点我们撤回的时候，一发炮弹打中了弹药库。随后的爆炸是令人愉悦的，同时也是我从未见过的特殊场景。一大束白色的烟柱缓慢而又壮观地升到空中，最高离地五六百英尺，它缓慢散开，就像一把大遮阳伞；大概 10 分钟后，烟雾慢慢消散。后来，我在夏天也看到过类似的云彩，但是眼前这朵云因其纯粹的白色而产生的美却从未被超越。两个稍微小一些的弹药库也被引爆，这两次爆炸对弹药库造成了不小损害。

这天我们的士兵表现得像老兵一样，对从耳畔飞过的子弹毫不在意。各部指挥官也非常完美地指挥部队，齐射也做得非常好，目标非常清楚。敌人携带了很多颜色和形状不同的旗帜，“帮助”我们选择射击目标。应该感谢他们，只不过他们没能活下来接受我们的感激。

非常幸运，爱德华将军在复电中提到，我们“打退了从侧翼攻击的义和团，重创敌军”。确实如此。戈登堂瞭望塔上的目击者——除了我们进军的时候，他无法在黄褐色的土地上看到我们——说，我们击倒了很多人，战胜了在平地上不时骚扰我们的人，解放了自己。

28日，德租界对面的一些大商店发生了火灾，第二连奉命即刻前去灭火。然而，由于消防设备太少，火势太猛，他们无功而返。他们又奉命从附近一些面包店抢出面粉和食物，那些商店后来也被烧毁。这场大火很可能是燃烧弹导致的。很多重要物品被运到戈登堂，用来救济孩子和妇女。我之所以提这件小事（在这件事上我们的士兵表现得非常努力和成功），因为有人称这次的火就是华勇营放的——这是对我方尖酸刻薄的评价之一，而且有人信以为真。听到这一说法的时候，我们对造谣者的勇气都非常吃惊。那是我们第一次遭受中伤。

剩下的人疲于卸载船上的货物，都是海军当局从大沽收集的备用品，有很多盐之类的东西。

士兵们转移到领事路（Consular Road）的柯林斯（Collins）公司仓库，军官大都去了大沽路拐角处的规矩堂（Temperance Hall）。铎沃德将军和他的参谋也搬到同一幢建筑里，并继续指挥我们。香港的炮手和香港军团的军官也住在同一幢建筑里。将军的想法是将我们集中在防区，以便分配任务。威尔士火枪团离得稍微远一点，在大沽路东边。

接下来的两天，我们仍然干着繁重的工作，卸船或者到河对岸收集煤炭再运过来。这个差事很讨厌，因为河里有尸体，煤场里有敌人的狙击手。30 日，第四连被派到下游的道头营（Railhead Camp）帮忙装船，7 月 3 日才回来。

第六章

狙击手再次迫近游乐场西边的废墟，说明敌军正在向这边收缩包围圈。7 月 1 日，包尔上校指挥的一支混编部队被派去侦察并击退这些大胆的歹徒。这支部队配有香港炮兵部队的两门 2.5 英寸炮，从右（大沽路那边）到左的兵力配置为：50 名日本步兵，华勇营第二连，50 名香港军团士兵，50 名美国海军陆战队队员，还有 100 名威尔士火枪团士兵作为预备队。我们按上述顺序从大沽路到壕墙一字排开前进，清理暴徒的藏身之地。他们像兔子一样逃窜，有不少人被击毙。继续前行约 500 码之后，我们面前出现了一座小堡垒，堡垒由四排砖房组成，每一排的末端都有路障，形成了一个方形小堡垒。雷亚德中尉带领半连人闯了进去，他刺死了两个人。另外半个连在邓恩上士的带领下在侧翼掩护攻击，在敌人撤退时猛烈射击。

此时，我在忠诚的刘翻译和号手李平臣（Li Ping Chen）的陪同下，差不多处于两个半连队之间。他们两人都不满 18 岁。我们明显引起了大概 300 码外一个敌人的注意，他有一支口径很大的枪，发射时不仅会发出刺耳声音，还会冒烟。我们能看到枪口冒出的烟，随后传来枪声，接着就会有子弹“嘶嘶嘶”地向我们飞来。他可以算是一个很好的射手。他用那杆老枪连打六发，落点都在我们身边，有一次还打在我和刘之间。我对刘说：“看来我们选的地方不好。”但他毫无畏惧，只是微笑着说：“没事，长官。”号手一直在试图射杀那个人。我提到这个细节，只是将其作为我们士兵大无畏勇气的一个例子。

我们继续前行去点燃狙击手藏身之处。因为带了很多弹药，我们移动困难，点燃之后，那里发出欢快的噼里啪啦声，可以听到频繁而急促的“撤退”声。雷亚德中尉在邓恩上士的火力掩护下，命令他的半连人退到一排被毁坏的房屋中。房屋在我们右前方一条路的旁边。我仍在空地的后面，和邓恩上士撤下来的六名士兵在一起。此刻情况变得非常危险，因为敌人再次占领了没有燃烧的堡垒以及附近的房子，开始近距离向我们猛烈开火。这时我看见了前所未见的勇敢行为。邓恩上士指挥的几名士兵藏身于我前方约55码的坟堆中。突然一个人从坟堆后面站了起来，他是王国兴（Wang Kwo Hsing）。当他发现机会时，便非常冷静地装弹射击。这名士兵没有被击中真是一个奇迹，但是他做到了。实际上，我们没有一个人中弹，这有些运气成分，我把原因归于敌人离我们太近。这可能有些夸张，但这在那时候的很多战争中是一个众所周知的事实，站成一排的士兵从未被击中，被打死的反而是后备队和远处的士兵。我们总会发现，在战场上捡到的来复枪的瞄准器被调得非常高。我个人的理解是，拳民以为把瞄准器调得越高，子弹的威力就越大。为了能够给我们最大的杀伤力，他们就调到最高。

在我们左侧和左后方的香港军团似乎感受到很大压力，指挥官两次给包尔上校传信表达这一意思，于是包尔上校派人向将军求援。此时他的所有军队都分布在战场的各处，以防敌军在我们撤退时发起大胆的攻击，或跟在我们身后威胁租界。因为此时敌人的数量很多，于是其他军队匆忙出击，但是包尔上校的军队却撤退了。对方没有任何向前的迹象。派出来增援我们的是第七连和第五连，第七连的布鲁斯少校、珀雷拉上尉与布洛克中尉、布鲁克上士刚刚从威海卫赶来。他们在外围扩展防御区，掩护我们撤退。

在枪炮下撤退，是对士兵最大的考验。但是所有士兵都表现出绝佳的勇气，如同位于码头营地附近的山一样沉着。他们完全遵守纪律、服从命令，没有任何匆忙逃窜的迹象，也没有一丝混乱。他们从未表现出希望撤退的意思，恰恰相反，他们甚至认为没必要这样，应该继续驱散义和团。战斗中，香港军团有 2 人战死，3 人受伤。

第七章

接下来的一两天，我们一直持续从事各种高强度的杂役，包括挖一道与大沽路的壕墙相连的战壕，以加强防御。这道战壕实际上从未完工，因为在完工之前天津城就已经被攻克了。由于我们的人数太少，却要做各种各样的工作，士兵们疲惫不堪。

大约这个时候，有命令说每个单位要有一半的人带着装备睡觉，随时准备出动。这是好事，因为 2 号晚上做了两次对火车站攻击的准备，所以士兵们都被折腾了两遍。他们中的大多数人只是相互妨碍，考虑到在雨夜里很多人突然出动，这种情况就变得很容易理解。所有人都想做些什么，或者想知道些什么。

这一次我们遭受着城里及其周围堡垒的炮火攻击。敌人从芦台和其它地方运来的炮越来越多，炮火也变得非常猛烈。尽管我们有 17 门各式火炮，但出于某些原因，直到 7 月 6 日我们才还击。那时候经常听说，在天津商人的要求下，我们连普通的战利品都不能动，否则商人会蒙受重大损失。这个说法不知真假。不管怎样，当6 日早上我们听到消息，即我们当天下午要向天津城开火时，都非常高兴。此前我们只能向海光寺或者西局军火库，以及任何出现在城外的部队开火。下午 2 点，我们开始对天津城的第一轮炮击，参与者有：舰炮；两门 12 磅重炮，两门 9 磅炮，一门 6 磅炮；在大沽要塞缴获的两门克虏伯大炮，由皇家海军陆战队操控；四门 2. 5 英寸的前装式火炮，香港炮兵部队的发烟火药炮（smoky powder-guns），还有一组日本的发烟山地炮（smoky powder pop-guns），移动非常方便，只能中距离攻击。这场可怕的试射使天津守军恢复理智，有些火炮可以直接打到总督衙门及附近的要塞，有些可以打到敌楼和附近地方。这次炮击的直接效果是使敌人安静下来，尽管只是一会儿。

不过，我不能跑题太远，要按照事情发展的时间顺序来记录。7 月 3 日，我们遭受猛烈炮击，遭殃的主要是西摩尔上将的住所以及铎沃德将军和我们居住的规矩堂。我旁边三个华勇营军官住的房间也被一发小炮弹击中。炮击造成了巨大的破坏，如果屋里有人，肯定会被炸成碎片。万幸的是，当时屋里没人。

7 月 4 日，我们开始挖更多的战壕，但是下午的各种迹象表明，一场较大规模的攻击即将发生。于是我们放下铁铲，拿起来复枪。可以毫不夸张地说，这一次租界遇到了强有力的攻击。从壕墙到火车站都有舰炮，敌人的攻击都被打退。我们奉命前往火车站，以加强那里原本非常薄弱的防卫。一些水手也得到了同样的指令，比我们早到一点。我们加速穿过法租界，上了一条路又从另一条路下来。当我们奔跑时，火车站方向射来的子弹带着胜利的呼啸声从我们头上飞过。更可笑的是，这时开始下起倾盆大雨。我们的视野非常有限。在前进途中，我们遇到了从大沽赶来的一小股法国海军陆战队员，他们显然是在增援火车站的途中休整。他们中有一些士兵站起来跟上我们。我的连队在前方，我努力让上校在我的视野范围内——因为他带领着团队，同时也要注意士兵们有没有转错弯，因为没有人比我更认路。最终我们到达了火车站。这里喧闹得吓人，四周是不停的来复枪响声，子弹啪啪地打在铁上，或者呼啸着飞向租界。至少可以这样说，对所有人都公平的倾盆大雨导致的大洪水，形成了一种令人困惑的喧嚣混鸣。主力部队的一些军官、小队长在砖墙后面整队，其他人藏在车站建筑后面的货车下面或后面。敌人步兵的进攻被打退，远处仍然有猛烈炮火，我们完全看不见敌人的踪影。然而，他们并不会让我们如此轻易地继续作战。他们知道车站建筑里有很多我方军队，于是利用不少于 11 门炮，其中 5 门被称作树炮（Tree

Battery），从东北方不超过 1800 或 2000 码的地方猛烈射击车站和白河上的浮桥。敌人把一发一发炮弹丢在从车站到庭院的范围内，偶尔有些弹片落到桥上。他们对着马克沁重机枪一连发了 10 发炮弹，将其破坏。他们使用的是黑火药，这倒不奇怪，即便是最精确的炮弹，杀伤力也出奇低下。战斗中，我们只有一人受伤，号手李平臣被弹片击中大腿。另一支部队有些伤亡，大都受的是枪伤。有些地方的砖墙只有五六英寸厚，但是炮弹却无法穿透。很幸运，墙后都是水兵和华勇营的士兵。我们的士兵在这种恶劣的环境下表现优秀，完全没有被炮火吓倒，他们无所畏惧。我看到一发炮弹落在离第四连左侧大概只有几英尺的地方，这时他们正趴在一排货车后面。一个半小时之后，浑身湿透的我们不情愿地执行返回租界的命令。刚一行动，敌人似乎就听到了风声，向桥上发射了很多炮弹，其中一发炸掉了第二连一名士兵的大半个前臂。可怜的小伙子后来死掉了。第七连还有一名士兵在过桥的时候被埋伏已久的狙击手打穿了腿。尽管今天没有任何战果，但是我可以确定，士兵们在炮火下无法还击、备受煎熬的表现没有令人失望。

第二天早上，铎沃德将军在包尔上校和布鲁斯少校的陪同下，由第二连护卫，出巡车站及周边地方。因为敌人的炮火并未减弱，所以当他们到前边查看空地时，我们留在一堵墙后，这堵墙不比前一天的那堵厚。除了对厚墙明智而自然的偏爱之外，士兵们象昨天一样勇敢，因为天气变好，他们显得更高兴。

晚上，该连 30 名士兵在雷亚德中尉的带领下，护卫将军执行了类似的任务。除了这些小的任务和平常的炮击，对我们而言没有任何特别的事情。但是敌人在海光寺军火库布置了两门重炮，向我们壕墙上的舰炮开火。清军随后发起了一场英勇的冲击，约一小时之后撤退。

我前面已经提到 6 日对天津城的炮击。炮击中有 3 位海军陆战队员被炮弹误伤。一枚炮弹是从一门缴获的克虏伯大炮中发射的，没想到它还没发射就提前爆炸了。除此之外，这一天没有什么其它值得一提的事情。

我们也遭到猛烈的炮击，在10分钟内至少有6种不同型号的炮弹落在规矩堂，那是将军和我们居住的地方。这清楚地证明中国间谍摸清了我们的行踪。幸运的是，落在皇家炮兵队军官午饭桌旁的两发是哑弹，没有人受伤。他们停止用餐。弹片落在了正门门厅处，引起了很大的混乱，但是没有伤到人。接下来就没有这么幸运了，一发炮弹以同样路线在后院爆炸，正经过后院的布朗（Browne）中尉受了三四处伤，在脚底的一处伤最为麻烦。路边黄色的大浴缸，被子弹打成了筛子。

有两个人到戈登堂塔上去看热闹，发现上面有一名法军和一名俄军。在欣赏美丽景色时，“皇太后”——这是我们给衙门附近一门大炮起的绰号——发射了一枚炮弹，呼啸着飞过我们头顶，落在大概100码远的维多利亚路上。这让一位外国朋友牢牢记住了楼下的激战，在第二发炮弹之后，另一个人也长了记性。第三发飞来时，我们很高兴地离开了。当我们下楼时，第四发打中了我们前面的德国俱乐部（German Club）。

第八章

同一天的中午，由第二连、第五连、第七连，以及皇家海军4位军官和100名士兵、美国海军陆战队2位军官和100名队员组成的混合编队，在布鲁斯少校的指挥下，向西沿着大沽路、穿过法租界向河道方向巡逻。此次行动的目标是搜索敌情，有可能的话要压制清军的一两门火炮。敌人的火炮占据有利位置，给我们造成了很大麻烦。布鲁斯少校率领的先头部队刚刚通过法租界最后的街垒就和敌军交火了。他们向通往河流的那条路推进，占据有利位置，掩护其他人前进。我们的士兵和水兵顶着猛烈的炮火从盐堆过河，越过空旷的河堤向更远处被毁坏的房子前进。从这个位置能清楚地看见敌人的大炮，不幸的是，我们发现它们就在河对岸的一小块空地上。有一段时间，从各个方向都有猛烈的炮火，但是我们没有炮兵部队，无法摧毁敌人的大炮。我们开始撤退，这一行动得到了坚决执行。

下午，布鲁斯少校带着一门9磅舰炮，再次出击。这次由一支人数略少的步兵部队陪同。刚刚穿过法租界，敌人便以充足的准备阻止他们。费尔法克斯上尉带领的先头部队再一次受到了猛烈的攻击。这次的炮火更集中，阻断了能够运炮的唯一通道。不过，部队仍然利用路两旁被摧毁和烧坏的壕墙向前推进，直到再次抵达开阔的河堤。在这里，大炮投入战斗，赫尔上尉、费尔法克斯上尉、布鲁克中尉以及一些华勇营士兵，沿着河堤的一道矮护墙开火，掩护炮兵的行动。炮兵队尝试了两次，但都被近距离射向他们的猛烈火力击退。除了来复枪，敌人的炮弹弹片也落在周围。火力如此之猛，以至于除了撤回大炮别无选择。显然这是一项非常艰巨的任务。敌人此时逼得更近，炮兵一旦试图挽上拉炮的带子拉回大炮，就会遭到密集火力攻击。不过，要相信英国水兵一定有始有终，尽管火力猛烈，但是他们最终仍然拉回了大炮并撤退。面对炮火、用非常沉重的脚步一起拉回大炮，是英国“蓝”① 的特征。

军队开始撤退，只有五六名华勇营士兵和布鲁斯少校、赫尔上尉、布鲁克中尉留在那里掩护。战场上有很多被烧坏的废墟，通讯非常困难。费尔法克斯上尉带领的先头部队中一些人走散了，不过很快找到了布鲁斯少校和赫尔上尉。当他们收容队伍的时候，赫尔上尉差点丧命，一发炮弹恰好越过他的头顶，和他站在一起的一名士兵被炸死了，另一名受了重伤。撤退仍在继续，

① 即水兵。——译注

一发子弹击中了布鲁斯少校的头盔，另一发打穿了他的肝脏。撤退井然有序，敌人几乎跟进到法租界的街垒处。

我们的士兵在他们所遭受的最难熬的危险中表现得非常出色。

这一次的损失非常惨重。布鲁斯少校受重伤，华勇营有 2 人死亡，5 人受伤。海军旅也遭受重创，见习军官、巴夫勒尔的艾斯代尔（Esdaile）受了致命伤，大概有 4 人受重伤。

第九章

无论是谁，如果得知第二天（即 7 月 7 日）我们会全部离开规矩堂，到更为幽僻的住处去，都会激动。华勇营的部分军官去了领事路的埃蒙斯（Emens）先生家；一部分去了柯林斯公司的狄金森（W. W. Dickinson）先生家，他家与我们的士兵驻扎的公司仓库毗邻。经过了这么长的时间，我们仍然能充分感受到住处的改变：从空荡荡的脏乱环境搬到现在的奢华住处。此前的住处实在不舒适，因为除了抵达时带的战斗装备，我们什么都没有。食物是最难吃的：早餐是凉的牛肉罐头，午餐是炖烂的牛肉罐头，晚餐是加了咖喱的牛肉罐头，这就是每天的菜单。将军和他的随员也吃这个。现在我们非常高兴，我们有屋了，有椅了、桌子、桌布，最重要的是有好厨师和各种食物。将军搬到了怡和洋行的考辛斯（Cousens）先生家里居住。

对天津城的炮击仍在继续，敌人也有一些成功的报复。有一发炮弹落到了百夫长（Centurion）的军营里，炸死 2 人，炸伤 3 人。下午，敌人突然出现在一个新地方，用 4 门炮从西南方轰击我们在壕墙上的大炮。我们的大炮受到不少于三面的攻击。这些炮在 7 月 9 日被我们缴获了。

邓特上尉、托克中尉、约翰森（Johnson）中尉，和原来留在威海卫的第一连、第三连，今天抵达。

那天夜里发生的一件事，证明中国线人工作出色。在此之前，狄金森先生的家一直没有遭受炮击。但是当晚，在我们吃饭时，一发炮弹落在了餐厅的走廊上。幸运的是，尽管有一块弹片从我的头顶擦过，但没造成伤害。不久之后，另一发炮弹落到了餐厅上方的浴室里，但是没有爆炸。我确信这炮弹来自我们那位已经安静了一天的“朋友”。几乎同时，铎沃德将军的房东考辛斯先生躺在床上被狙击手射中了腿。据说这个狙击手就像很多狙击手一样埋伏在租界内。实际上，据说整个地区有很多间谍，他们与更为不方便露面的狙击手合作完成任务。无论如何，每隔一段时间就能听到曼利彻尔手枪的五连响，而且肯定不是在租界外。我从未听说有人被抓住，因为他们似乎大都在法租界，我们没有人能去那里搜索。据说两个水手抓住了潜伏在屋顶的两个人，他们身边有来复枪和弹药，但此事未被证实。

7 月 8 日，情况恶化，敌人几乎到了我们壕墙上火炮的后方，使那里无法防守。中国军队围成一个半圆，从芦台运河穿过东北方的壕墙，延伸到赛马场附近狄金森先生和迪尔林（Dering）先生房子的废墟。约 2000 码的西南和南方壕墙上是舰炮。这个半圆的中心是租界。他们最大程度地发挥优势，天一亮就从各个方向开火，战斗一直持续到中午。下午 2 点，日本炮兵前来增援。射击开始了，当我方火力最猛时清军都会卧倒，但稍一停止，他们就再次猛烈进攻。这是我们经历过的最惨烈的日子之一，下午至少有 39 发“皇太后”的炮弹在半小时之内飞过或者落在我们的房上，那时候我正好有时间和心情去数。一共有多少炮弹，谁知道？

第十章

我们必须阻止中国人过分的嚣张。9 日凌晨 3 点，一支由 1000 名日军、950 名英军、400 名俄军和 200 名美军陆战队组成的队伍，向大沽路进军，从西南方包围敌人。如果不是和我们相关，尤其是在下文更能体现它的重要性，我一点都不想描述这场战争。

我们有两连人参加了行动，第二连和第三连，领导者是巴恩斯上尉，还有邓特上尉、雷亚德中尉、约翰森中尉、杨（Young）上士和邓恩上士。集合地点在大沽路，就在城门内侧。等待的时候，密切关注我们的清军便冲我们开炮，但攻击的效果不大。不久我们就开始行进，经过将军身旁时，他说："你们做香港炮兵大队的护卫，在必要的时候帮他们一把。"因此我们加入了他们。香港炮兵很快开始行动，掩护步兵前进。我在前文中说过，在中国最不安全的就是让士兵排成一长排，今天便是这样。子弹非常密集地射向我们，尽管他们瞄准的很可能是进攻线的步兵。有一发子弹从我的头盔上面擦过，后边一名拉着水车的士兵被打死了。过了一会儿，我们继续前进。因为最近下雨，道路非常泥泞，炮手都非常疲惫，我们不得不增添人手。这样，我们通过了前文提到的两所房子的废墟。战场上到处都是敌人匆忙逃走的痕迹。我们看到了带来所有麻烦的 4 门大炮。日军缴获了它们，并且将炮口对准了它们的旧主。左侧的远处有一场小规模的激战，有些流弹飞到我们这里。一个平民牵着一匹马跟我并排走着，一发子弹打中了马脖子，子弹来自至少 2 英里外的这场小规模激战。差不多这时候，日本骑兵向溃敌冲去，给我们表演了一番，他们自称杀死了大概 100 人。他们还另外冲锋了两次，一次是在战斗将近结束时。他们在海光寺正西的一个村庄里抓了将近 500 个俘虏，后来几乎将其全部杀死。

日本工程兵架桥时，我们耽搁了一会儿，不过我们的大炮参加了对军火库的射击。虽然发射时烟很大，也很笨重，但这是唯一射程够远的炮。日军的炮尽管携带方便，能迅速投入战斗，但是射程不足。此时，清军有两三门发烟炮从约 3000 码的地方向我们射击。他们选择的距离非常好，炮弹就在我们周围爆炸。相比起我们放炮时产生的烟，这不足为奇。这是一次奇妙的经历。我们能够看见火光以及烟雾，几秒钟后能听到爆炸声，不久后又能听到炮弹嗡嗡地飞来。这些炮弹飞得很慢，以至于我们都能看到炮弹。我们几乎处在这些小炮的最远射程。我们看见一发炮弹的落点离一个日本兵非常近，他牵着一匹驮着弹药的马，炮弹好像从马头下飞过。人和马都没有受伤，大胆的小伙子冷静地抖落衣服上的尘土。

渡桥架好了，我们又前进了一段。在离军火库又近了一些的时候，我们投入战斗。敌人又用小炮攻击我们，但是没有给我们造成任何伤害。日本骑兵已经冲进敌方阵地了，这应该让他们害怕了；敌人是被捕还是逃走了，我们不得而知。

我们停下来喝了一些黑啤酒。接下来进攻军火库将是非常艰苦的战斗。这个时候敌人已经放弃军火库，并且全部撤出。军火库立刻被美国和日本海军陆战队占领。当我们从南方开炮时，他们沿着壕墙前进。这时候进攻只能看运气，因为雨水太多，战场成了一片泥泞，有些地方全是积水。然而，我们需要拖着大炮前行。没有人见过被架在三个轮子上的 2.5 英寸 M.-L. 大炮如何轻易被泥巴阻碍，尤其是当有一个或者更多轮子陷进泥中的时候。大概行进了半英里路，我们陷入了绝境。情况变得越来越糟，每一个能上的人都轮流推炮。最终，我们到了从军火库通向天津城南门的路上，之后情况稍好了一些。尽管轮子上的泥使前进非常缓慢，但我们仍然及时赶到了军火库。随后，我们用四门炮中的两门向天津城射击，并很快便遭到回击。我们很快再一次听到了老朋友“皇太后”那熟悉的炮弹呼啸声。我们一度考虑，是否要留在军火库；实际上，包尔上校和美军已经到了，他命令华勇营的另外两支连队来接替我们。但是已经没有必要，因为房子摇摇欲坠，我们接到命令，烧毁所有房子，全部返回租界。

你要知道，壕墙的另一边是护城河或者运河，两者之间是一条最宽只有3英尺的路，大多数地方是45度的斜坡。想象一下，这条路上有国籍不同、装备各异的2500人，都努力地赶回去吃午饭。被白种人驱赶着、努力拖着4门带来麻烦的大炮和炮车的中国人；俄军冷淡地迈着沉重的脚步；日军大声说笑着匆忙赶路，不时粗鲁地喊道："给伤员让个路，没长眼啊?"。前进了大概1/4英里后，我们到了壕墙向北的拐弯处，在护城河停下，跨过一座小桥[①]，继续向东走。显然，这是个大障碍，因为小桥处于敌人火力范围内。我们甚至不能单列通过，士兵需要缩着身子，以最快速度跑过去。终于轮到我们过桥，但是我们没有办法缩着身子跑，我们要在掩护下全力将大炮和炮车慢慢拉上壕墙，通过小桥，然后再次在掩护下，在另一侧小心地放下大炮。我说"小心地"是经过深思熟虑的，因为稍一失手都会使大炮和所有东西掉到河里。敌人一直看着我方士兵通过小桥，到我们过桥的时候，敌人除了开枪之外，也开始放炮。在这种危险的局面下，我们连跑过小桥都很难，更不要说站在上面拉炮了。但是我们的士兵和炮手必须这样做。我们能听见枪声，看见子弹打到水里，但是士兵们没有丝毫慌乱，毫不犹豫地前进，跨过了小桥。看到这些之后，如果有人说中国人不够勇敢，那他指的肯定是在场的香港炮兵大队的军官。锡克人的勇气毋庸置疑，但是我们的士兵同样出色。所以，我要记录下他们的荣光。

在所有从我们身旁经过的"撒都该人"[②] 中，有一位是我们的朋友沃尔（Waller）少校，以及他勇敢的美国海军陆战队员。他看见这种困境，让士兵趴在桥另一侧的壕墙上，向南城墙上的敌人猛烈开火。当他看到大炮或炮车将要过桥时，便用火力压制

---

① 铎沃德将军1900年7月19日的急件中提到了这座桥及其对法军的影响。

② 撒都该人为古代犹太教一个教派，也指见义勇为的人。——译注

敌人。无疑，他的行动有效地挽救了我们的性命。包尔上校注意到了此事，随后写信致谢。沃尔少校的回复就像他的行动一样出色。他说，他和他的士兵希望把女王陛下的军队都看作战友，不管他们是什么肤色。毫无疑问，这是一种我们都衷心赞同的感情。

越过这一艰难的障碍之后，我们的士兵也加入到壕墙上的美军中间，美军因此有机会撤回来一部分。我不知道他们是否打中了敌人，但他们认为打中了。反正战斗已经结束，还不如让他们相信这是真的。

然而我们的麻烦还没有结束，因为我们还有大概 1 英里的斜坡要走，更不要说从租界到炮兵营地——至少还有 1 英里。不用说，这天的酷热和劳苦让人手少得可怜的印度炮兵心力交瘁，所以我们得自己拉炮，而且没有帮手。幸运的是，就像我们第一次到达天津后所见，勇敢的中国士兵在酷暑下完成了一项很少人能完成的任务——将大炮拉回了皇家炮兵军营——这让军官们刻骨铭心，永志不忘。皇家炮兵部队的指挥官圣约翰少校，就此给包尔上校写了一封言辞恳切的致谢信，说了很多好话。其实他本不必这样，我们只是奉命行事，除非他确信我们的士兵完全值得这样称赞。

国内的《每日画报》（Daily Graphic）用生动的插图重现了我们抬炮过桥的场景，对当地人的面色和环境都描绘得非常精确，不幸的是，他们将所有人都画成了印度人。但是，正如在这里所说，也像他们在文中所言，我们的士兵功劳更大。无疑，人们对流行画报中的印度人更熟悉一些，比起陌生的华勇营士兵，他们看起来更真实，更能吸引公众的眼球。

奇怪的是，那么猛烈的火力只是打中了我们两个人——那是两个抬担架的中国人，一死一重伤。在军火库时，第二连的一名士兵被弹片或者飞石打中了腹部。幸亏他的口袋里有一美元硬币，让他免于更重的伤，而硬币被打弯了。

就对我们的影响而言，这场战斗更像是一场奇观而不是激烈的交火。实际上，这像一场呆板的军事演习，子弹和炮弹纷飞。这是一场合格的旧式火炮决斗，步兵团正面攻击，侧翼掩护，骑兵冲锋，只不过规模比较大，并且多次重复。最终，大家回去吃晚饭。正如我委婉指出的那样，我们很可能是最后一个回去的。

铎沃德将军写道：“今天最费力的工作是华勇营做的，他们护送大炮，不知疲倦地将大炮拉过被烧毁的、满是泥泞的田野。”

对我们来说，这是伟大的一天，显示了我们的士兵在最为不利的环境中，拥有何等坚定的勇气和忍耐力。

第十一章

第二天，我们的“老朋友”让敌人非常安静，尽管在海光寺还有些骚动，仿佛敌人还有什么锦囊妙计似的。

11 日，俄国方面传来命令要攻占天津城。大约下午 1 点，包括我们两连人在内的部队出发了。然而，刚刚到达俄国军营，俄军就说找不到驳船让联军渡过芦台运河，而且没有准备足够的车，进攻只能取消。经常听说我们在战争中多么愚蠢，但是我确信没有一位英国军官会犯这种错误。然而，这于事无补，他们只能心灰意懒地赶回来。像平常一样，敌人掌握了这次行动的全部信息，但是进攻延期，所以他们在 12 日的凌晨 3 点以最大的决心袭击了车站和西边防线。

此时我们接到命令，值班的军官要去规矩堂睡觉（已经说过，这里不适合作为休息的地方）。这是为了加强街垒处的防卫，以防更猛烈的攻击。恰好那晚是我的班。晚上 10 点钟，两名看守 9 磅大炮的水兵中的一个有些焦虑地告诉我，哨兵已经撤回了，只有他和他的伙伴在守卫。稳妥起见，我从我的连队找了一位下士和6名士兵，在每一处街垒放哨。

大概凌晨3点，一阵非常可怕的喧嚣声把我吵醒，包括我能够想到的所有枪、鞭炮、加农炮的噪声。我以最快的速度跑到了街上。非常幸运，我刚刚跑出来，一发炮弹就落在离我所躺的沙发不足两码的地方。我发现两个水兵还有我的士兵已经在街垒后边就位。在派出两名士兵到大沽路侦察后，我等待着事情的发展。没有等多久，几分钟后，炮弹开始向我们飞来，打到规矩堂和南边的高房子里，炮火密集程度让人惊讶。很快，西面还有西南方向弹如雨下，我们能够看见废墟中来复枪的火光。越来越近的火光表明这不是一场普通的袭击或者演习。当他们越来越近的时候，子弹和炮弹呼啸着从我们的头顶飞过。没有什么比拔掉导火线的炮弹的声音更可怕，它嗡嗡叫着好像要卷走你头上的空气，这个晚上似乎都要忍受这样的声音。形势好像越来越不利。前面那个水兵刚刚说："它们似乎有点太近了。"这时，就在我们的左后方或者说东南方，响起了令人高兴的马克沁机枪的射击声。不一会儿，路易斯（Lewis）中尉带人赶到了我们这处街垒。很快，清军开始向大沽路的法国防线退去，在那里他们又一次受到了热烈的"招呼"。我们此前不知道老朋友马克沁机枪的到来，因为它们夜里已被送到河对面俄国军营，不料现在竟然被送回来了，这得益于进攻行动取消。机枪及时出现，另有大概50名皇家工程兵和我们的士兵就在眼前或者正在赶来增援的路上。街垒很窄，一次只能让15或20名步枪兵并排射击，但是马克沁机枪一挺就够了。

那名下士和6名士兵非常冷静勇敢，从未表现出一丝退缩。他们和两名水兵一样镇定地向火光处开火；他们马上就要脱离困境了。

这对我们的防御来说是伟大的一天。很清楚，敌人希望依靠租界外的大军做最后一搏。在车站，他们中的很多人实际上已经进入防线后方的货车，在将要进入卡口时又被香港军团的士兵驱逐。香港军团表现出的勇气赢得了在场的外国军官的高度赞扬。

下午 1 点，即便天津城已经受到猛烈炮击，一个新的因素让形势好转，我们有了一门从阿尔及利亚来的 4 英寸大炮。这门炮比其它炮的射程远 500 或 600 码，被安置在咪哆士道（Meadows Road）的尽头，发射的是首次使用的立德（Lyddite）炸药炮弹，作用非常大，如果忽视它产生的尘土和烟雾的话。清军的回击更为无力。

第十二章

除了壕墙上的炮，我们还在通向北洋和东局子的路后边安排了另外一门 4 英寸炮和一门 12 磅炮，因此我们的炮兵比敌人多出很多。于是，占领天津的时刻到了，这是解救被围在北京的欧洲人的第一步。

13 日凌晨 3 点，我们与东北方的俄军承担了这次非常重要的攻击。我们经过 9 日的战场，到了西局子附近。然而，除了最远的左侧之外，我们几乎没有受到任何反抗。这次代表我们的是第四连和第五连，由沃森上尉、赫尔和费尔法克斯上尉、布雷中尉、帕顿上士率领。

在从南边穿过通往军火库和壕墙的平地时，遭到一波来自城墙上的猛烈攻击，枪弹齐飞。在海光寺南面的平地逗留了约 1 个小时。在随后的进军中，我们第一次出现损失，海军旅伤亡惨重。重型火炮开火，分遣队向军火库靠拢，并在那里待到正午，然后参与了攻城。这是由一份错误情报导致的，即日军已经打开一个缺口。城墙上的猛烈炮火很快证明情报的错误，然后我们接到停止进攻的命令。部队被分开：军火库往城里的干道中途的房子里隐蔽着沃森上尉和赫尔上尉；布雷中尉和第四连的一半士兵在军火库外，护卫铎沃德将军。

此时，珀雷拉少校和第七连已经抵达。他们在布雷中尉的右侧整队，并奉命建立了伤员收容处。少校受了轻伤，他的两三个士兵也遭到了枪击。这时候，城上的中国大炮发出一波猛烈的炮火，打哑了日军架设在军火库内的 4 门炮，其中一门被直接击中炮口。显而易见，表现勇敢的日军此次损失惨重，如果不是有效利用我们挖的壕沟，他们的伤亡会更严重。

天黑后，托克中尉带领的第一连奉命陪同受伤的美日士兵返回租界。同时返回的还有费尔法克斯上尉第五连的部分人。

现在必须回到我们的主角华勇营身上，他们正在通往南门的干道旁的房子里躲避炮火。房子里有很多联军士兵，包括英国水兵、日军、法军，还有不多的澳军。房子因此过于拥挤，沃森上尉将士兵们安排在右边，命令他们挖壕沟做掩体。他们一直待到天黑。在夜色掩护下，澳军、大多数法军、日军都撤退了，日军由新生力量取代。

比蒂（Beatty）上尉的海军旅，还有我们的士兵，仍在原地待命，并且奉命听从日本将军的直接指挥。14 日凌晨大概 4 点，日本军官传来消息说他的士兵已经攻下南门，请求我们的部队参与攻击天津。清军仍然在南门东边的城墙上猛烈开火，在我们的进攻下，他们的火力逐渐停息。

现在整个天津城里都是日军，所有反抗很快都结束了。日军对当地居民非常友善。

通过上文可以看出，华勇营是唯一代表英国陆军参加对天津城总攻和占领的军队。

我们的士兵同海军旅向西门进发，稍事逗留便奉命赶往北门，这一区域被安排给英国守卫。不久海军旅返回租界，因此我们前一天出发的两个连的幸存者由沃森和赫尔上尉统辖，留在那里作为英军在天津城的代表。在华勇营其他连队抵达之前，他们暴露在附近义和团的枪口之下。这些留待后文再表。

在向沃森上尉所部作为掩体的房屋行进时，帕顿中尉的腿被打穿了。我们的所有损失是：1 名军官和 3 名士兵被杀；1 名军官、1 名没有委任状的军官和 13 名士兵受伤，其中 1 人后来死掉了。

我们不可能参加每一场战斗，所以这次我们是有些失落的旁观者。这是很值得观察的场景。从城墙上，从下面的房子和废墟升起的一阵阵由二人抬的鸟枪发出的蓝烟，让这一切看起来似乎是一场中世纪的战争。这时候，我们的大炮及时地把城墙撕开一个大口子，当然，城墙上的守卫也被轰了下来。但是敌人的火力似乎从未减弱，不给联军登上城墙的机会。随着夜色降临，租界内似乎笼罩着一层忧郁，这表明这天——13 日，星期五——是失败的，尽管他们的悲观很快就被证明是错误的。不管怎么说，那都是低落的一天。因为回来的一直都是令人怜悯的伤员，英国人、美军、日军，或在担架上，或在手推车上，或在人力车上，或是一个人费力地蹒跚。显然，这表明废墟中的战斗令人绝望。

下午，铎沃德将军派出了第二连更多的华勇营士兵，带着所有能用的担架。随后，第一连和第七连也被派出，由珀雷拉少校以及托克上尉、布洛克中尉带领，不久又派出奥利沃特上尉的第六连。他们还没有任何战功，士兵们因为天性而非常激动，他们的作为将被写入中国历史，但是他们一系列的功勋将是最英勇行为的体现。他们很有耐性并且很平静地收容受伤的战友，因此没有机会开火还击。《泰晤士报》的通讯记者说："不管华勇营未来的命运如何，他们高超的战斗素质理所当然地证明他们极富勇气。"他还指出，华勇营和海军旅做了"极好的工作"。

大概就是这一次，奥利沃特上尉完成了一次最为英勇的壮举。9 日，有报告说美国步兵缺乏弹药，他被派去送弹药。因为他能拿的弹药有限，一名士兵牵着骡子跟着他。没有走出多远，牵骡子的士兵就被打死了。奥利沃特上尉只能自己牵着骡子，然而，骡子也随即被击毙。他根本没有考虑返回——军令在身——他很强壮，所以自己挑起担子。然而，命运和他作对，他刚走了几步也被子弹打穿了脑袋。第二天，我们将他安葬在游乐场附近的公墓。我们每个人都强烈地感受到他的离去，因为他有一副好心肠，乐观开朗，性格非常好，我们都和他很亲近。

第二连和第三连在游乐场放哨，当时大家都很焦虑。特别是傍晚到来时，个别伤员从旁边经过，他们因遭受苦难而沮丧，浑身颤抖。这让我们相信在傍晚时会撤军。不难猜想，如果撤军的话，敌人会很快发现我们的动向并且趁机追击，而在黑夜里很难分辨敌我。然而，众所周知，我们并未撤军，仍然坚守战场。

夜里，中国军队的大部似乎证明他们的逃走是正确的。第二天早上做最后抵抗的那一小部分，很可能是当地人和一小部分狂热的义和团拳民。

14 日凌晨 3 时许，日本工程兵已经在天津城南门附近的护城河上建好一座桥，通过护城河攻入了南门。经过大概 1 小时的巷战之后，天津就是我们的了，局势已经对基督教世界的军队有利了。我没有任何想要说教的意思，也不是因为他们比我早进入城里就故意对这一无聊的记录挑毛病，但是瞥一眼这次大捷的结果就可以知道，实际上我们都付出了巨大的努力。成千上万的中国人用热切的目光看着这些无礼的战争仲裁者的结局，要么最后一次积蓄他们的力量驱逐“洋鬼子”，要么屈膝求和，等待下一次机会。我们也不能忘记欧洲人的焦虑，或者仅仅是商业上的，或者是为了朋友的安全，不限于京津，而是整个中国。实际上，这一问题远比其带来的流血冲突更为重要。

作为对华勇营表现的认可，尤其是最后代表英国参与攻占天津，华勇营被授权带上了刻有“Tientsin”字样和天津城门图案的勋章。

前文已经提到，尽管敌人瞄准的是冲锋在前排的人，但是后排的人是非常危险的。行动之初，华勇营士兵和其他英国军队卧倒在海光寺南门的平地上就是一个很好的例子。军队要完全躲开城墙，至少要离开 1700 码远。但是像我已经说过的，海军旅仍然损失惨重，敌人向城墙和壕墙间的日军开火时造成我们一死一伤。

第三部分 攻占天津之后

第十三章

在叙述占领天津之后华勇营的所作所为之前，不妨说一两个我们逐渐认识的事实，和我们听到的几个故事。

最重要，也最吸引我们注意的一个事实，无疑是中国炮手的优秀程度。有几个例子。一个是战争爆发前清军强制扣留了 8 个俄国炮兵教官，用刺刀强迫他们拉炮。有传言说，其中一个不幸的人逃回俄国兵营，这个被折腾得半死不活的人讲述了他的苦难。但是我从未见过他，也没有听说有谁证实了这个故事。更有可能的是：外国人训练的多数炮手在大沽要塞陷落时逃去了天津，此事的真实性已经得到印证。我提过，天津租界里的间谍非常多，他们无疑摸清了我们所有的计划和行动的精确信息以及我们大炮的具体位置。敌人利用他们详细的地图和对地形的熟悉，很容易给我们制造麻烦。

另一件事是中国人对鞭炮的热爱。我已经提过在攻击中后备队会遇到的危险，因为敌人的来复枪一定会打高。但是在近距离作战时有另一个优点，中国人会点燃一长串声音巨大但没有杀伤力的鞭炮做防御，希望能吓到你，然后他们再逃之夭夭。

仍有很多例子表明中国人是非常勇敢的。只要愿意，他们一定坚持不撤退，宁愿站在那里被射中。如果我们冲锋，接下来展开白刃战，他们就崩溃了。他们能够熟练地躲避和刺杀，这可能证明了他们那不令人喜欢的射击技术。任何与中国人一起服役的人，比如我们，都不会同意那些无知的人捏造的中国人胆小懦弱的说法。

当然，我们在天津听到很多谣言。我只想提一个，因为北京公使馆的守卫皆有耳闻。谣言说从西伯利亚来的大批俄军进入了北京。在北京的人听说在通州有很多军人。实际上那时候外国军队还没有离开天津。

没有人比袁世凯更聪明，他是许多故事的主角。几乎一天过去了，他仍在去天津的路上，或者他可能已经和他的军队到了。如果不是天津陷落了，他或许已经在那里了，谁知道呢？

在关注了7月14日这重要一天中第四连和第五连的命运之后，我们将目光转回本部。大概下午2点，放哨的两个连由一名上士和大概12名香港炮兵接班。取得了那天早上的胜利之后，这一人数就足够了。在被选派为英国代表之后，所有部队立刻集合向天津城北门进发。联军的将军们决定四国中的每个国家都要占领该城的四分之一，直到永久政府建立为止。根据这一安排，我们在西北，日军在东北，美军在东南，法军在西南，每个国家维持自己区域的治安。我必须说这一安排在第一天晚上之后只存在于理论中，像大多数人所担心的，尊重对方的只有我们和美军。我们的区域几乎立刻挤满了法军和日军，他们在所有重要衙门和地点设立了岗哨，禁止其他人进入，甚至我们也不例外，而这些地区本来是应该由我们保护。然而，联军语言不通，肯定会引起一些问题。这是所有事件中最不起眼的。

向北门的行军很可能是我们大多数人在所有战争中最糟心的事情。进入郊区和城区时，我们看到遭到我们的炮火和义和团破坏后的恐怖景象。数不清的尸体处于不同的腐烂阶段，上面落满了苍蝇。我们遇到了一家人，他们蜷缩在一起，被漫天飞舞的苍蝇遮蔽着。多数都是孩子，身负重伤，即使伤者是成年人都无法康复，更不要说这些孩子了。孩子们的母亲也受伤严重，徒劳地驱赶着可怕的苍蝇。这是一幅可悲可怕的场景，但是还有更糟的，根本说不完。

最终我们到达了北门，我们很高兴再次见到第四连和第五连。同时，第一连已经奉命护送载有食物和行李的辎重车前来；我们一无所有，只能坐在地上等他们。此时，城里到处着火，我们与城外世界的所有联系都被切断了，也许只有西边的城墙还能通行。无论如何都没有车能从那边过来，而且我们的车正好在相反方向，还被大火包围。我们很倒霉，当天晚上被迫把大多数时间用来和越来越危险的大火斗争。我们一度进入一座坚固的混凝土建筑的外边，靠在砖墙和它的铁门上。它看起来很坚固、很安全，怎么看都像是一个军火库。一个迷路的欧洲人不知怎么加入到我们中间，把我们的装备当成他自己的，坚决声称他知道清军在北门附近有军火库。我们匆忙赶往那里，以为趁东边的大火尚未蔓延到这里前把仓库的门打开就能解决我们补给的问题。我们最终打开门进去，发现里面并不是军需品，而是各种各样的商品，丝织品、皮草、装饰品等等。我们做了清理，检查是否有爆炸物，结果发现没有。这个地方无疑是个弹药库，也是按照弹药库的标准建造的。但是我认为管事的军官有中国人的商业头脑，要么自己开了一个商店，要么储存了朋友的货物，当然，他肯定会对外宣称这里存放的是弹药。

解除危险后，军官连夜修复了城门上面像宝塔一样的建筑。我怀疑有些东西在那里已经存放十年了，地板上灰尘有两三英寸厚。次日我们决定不打扫了。尽管一两天后起风时，我们很后悔这一决定。不过那天晚上我们很高兴，因为灰尘使地面软和一些。第二天早上3∶30，我们被北边的一场大火赶了出来，这场火离北门非常近，火花纷纷落在门上，给我们造成了严重威胁。我们都出去对付这个新敌人，幸运的是它自动熄灭了。

着火房屋的气味、焚烧腐尸的臭味，以及中国被围城市特有的恶臭，混合的气味对于那些没闻过的人而言是无法想象的，而我们正在被迫呼吸这种空气。也没必要把这种味道告诉那些没有经历过这一切的幸运儿，所以我也不详细描述了。

第十四章

现在应该简单讲一下抢劫天津城一事。即便我们没有参与，但都听说过。事实确凿，天津城遭到了洗劫，说没有抢劫的人是不愿意听到真相。然而，有组织的抢劫主要是中国溃兵、义和团、乞丐干的。我们鼓励居民回家居住，坏人就借机伪装成苦力进城抢劫。当然，不能想象军人会无动于衷，因为这种诱惑并不是血肉之躯所能抵抗的。相反，我认为不止一个人会带走一两件或者更多无关紧要的东西，因为当时这些东西都是无主的。所有的银锭和金块都进入了政府的口袋，据说是要支付军费。其它更让人憧憬和的确有价值的东西，都被过去几周遭受危险和苦难的各国军队平分了。我甚至亲耳听到有人描述分钱的场面，但是，除非那些放进北京荣誉基金（Peking Prize Fund）以供没有在中国登陆的那些人分配之外，我们从来没有见过任何其它金银。有人认为，要是不能把这些财富据为己有，那就应该全数交给我们那贪婪的财政部，这样大家都能满意。我很好奇一共有多少银子从天津城里运出，因为有人看到了至少有几百万美元，其他人看到的一定更多。

那些房子让人印象深刻。有的存了大量高档皮草、丝织品、衣服、钟表、手表、音乐盒、镜子、陶瓷器、景泰蓝，还有其它极其昂贵的生活品和观赏品。我相信有人本来能够从很多房子里装上几车财宝，但却无法在返回时找到那所特定的房子。我们没有车。

我见到一个法国士兵拿着一大把表，往我手里塞了两块。它们都是廉价的银表，但是那时我不了解其价值，所以很高兴。现在没有人想同时拥有多块这种表，除非他是一个怪人。所以我就想谁最需要表，于是给了翻译一块。他也已经有了。然后我想，我的号手们应该至少需要一块，但是他们每人最少有两块，于是我放弃了。我的法国朋友和几个人发现了北门附近有一个被部分烧毁的当铺，每个想要表的人都能去捡。

当然，抢劫至多是坏人的活儿。但是我想，当一个原本没有任何缺点却处于各种危险之中的人，到了一个无人管理、被摧毁的城市里，即便他们此时稍微逾越了正常时期的美德，也不应当被苛责。此外，当你意识到这些狂热者插手其中，将带走他们看到的所有东西，就会发现自己也被这些东西诱惑，这不足为奇。抢劫已被占领的房子是另外一回事；我觉得这类事件数量不是很多，但是没有任何过硬的证据证明这些居住者不仅暂住于此，实际上他们也是最放纵的劫掠者，最有“勇气”。

我听到过有人说：“哦，我只能说我从来没有抢劫一点东西，我的东西都是从哥萨克和百姓那里买的。”这是我们听到的最多的平淡无奇的回答。与此同时，当人们站在道德高点上，无礼而又傲慢地声称，抢劫者只是普通的小偷小摸的时候，我总是想提醒他们，他们似乎完全忘了，小偷和“窝赃者”在法律上没有什么不同。

从军事的观点看，任何遵守军纪的部队，不管他们的军纪有多好，都可能从事放肆的抢劫，这是最糟糕的事情。正规军的德行荡然无存，他们无节制地抢劫时间越长，军事行动越会停滞不前。这很好理解，我见过外国军官与部下或者其他部队的士兵为谁都不想要的东西争吵。无疑，外国人说这种情况也出现在我们的部队里，但是我可以骄傲地说，绝无此事，因为我们的纪律总的来说高于联军其他部队。

北门附近的一个地方是我们无尽的兴趣来源，那是一处义和团的旧兵营。我们在那里发现了各式武器，还有一面红色大旗，现在用于装饰我们的食堂。这里都是被丢弃的制服、带子等装备，此外还有各种轻武器的弹药。很有趣的是各个房间里的各种文件：收据、名单、伤亡详单，还有这些团民英勇事迹的记录。这更像是帝国军队的兵营，但是长矛还有其他武器上的红缎子和服饰，让人确信这里另有主人。在老城区闲逛并不是令人开心的事，因为不小心就会发现三四具尸体，随着时间推移，它们越来越难闻并且使人恶心。在我们将城门交给法军之前，这个地方着火了。大风把烟和恶臭吹到城楼的时候，尤其恶心。

我曾经说过，英、美、法、日四个国家占领了这座城市，分别管辖，并且分享他们占领区域的好处。自然，俄国等国军人除外，他们只是战争的配角。有一天，两个俄国士兵试图从我们驻守的城门进城，被哨兵奉命制止。多少有些奇怪的是，其中一个因种族被搞错而大发雷霆，俄军冲我们的士兵开火了，但幸运的是没有打中。我们的士兵没有丝毫胆怯，呼叫卫兵，同时缴了那个人的帽子和步枪。然后两个人离开了。几个小时后他们返回来，并证明双方友谊不朽，请求将东西还给他们。他们几乎刚离开警卫室，就被送去接受审判。

我们很早就接到命令，要尽可能制止抢劫，为此，军官巡逻队在辖区频繁巡逻。这个责任大都落在了我身上。同时，也有军官与卫兵一起在城门值班，制止任何有嫌疑的抢劫者将东西带出去。有个欧洲人带了 10 辆装满东西的黄包车，被哨兵拦了下来。他试图恐吓，但是因为士兵不懂他说的是什么而于事无补。军官出来帮忙，这个暴怒的抢劫者急忙喊：“哨兵不让我出去！”

“不”，军官说，“他不可能让你出去，因为他奉命不准任何抢劫者出城。”

“你知道我是谁吗？我是廷巴克图（Timbuctoo）领事！”

“你就是廷巴克图国王我也不在乎，你不能出城！”

最终他也没能出去。

第十五章

16 日，第四连返回租界。第五连去了西北方的一个要塞，发现了很多拉炮的带子、各式马具，还有很多炮架等。

17 日，第一连代替第五连去了要塞。第五连返回租界，和第六连、第七连一样从城门进来，第二连和第三连留在那里。那天早上，我做了很多事情，因为城墙外有很多亲自或者派人来抗议抢劫者的商人。好几次我带人出去，惩戒了一些流氓。商人都想得到英国的保护，这似乎不是什么问题，因为他们看到了英军和法军的价值。就表面来看，他们很安分守法，所以我们满足了大多数人的愿望。我拜访了一位名叫王德胜（wang-te-sheng）的前中国炮兵上校的住处，我们受到了中国式周到款待。

很奇怪，当时出现了很多旗帜。最流行的是日本旗，因为它最容易制作：一片白布，甚至是白纸，用红色颜料在中心或者附近画个圈就制成了。使用三色旗国家的国旗需求量最大，但很少人要俄国国旗。英国国旗很少见，就算有也是拙劣的仿造。星条旗一面都没有见过。我们这两面旗帜不好做，尽管人们可能喜欢我们，但是没有时间制造。

本地士绅开始感受到渴望和平以及善待同类的意义。有的标志很可笑，有的很简陋，后者的一个突出例子是“大日本”。不管词的大意是什么，长度是多少，人们总能很骄傲地注意到，这些都是用英语写的，或者是对英语的模仿，法文和中文非常少。

我也看到了在街上缺少英国旗帜的其它原因，但是都非常离谱，唯一可靠的原因是，在混乱折磨下极度渴望安全的居民，很难在短时间内制作一面类似的旗子。

17 日下午，我接到通知尽快到西南区报到，清除城里的尸体，可以将城门交给法军，然后率两连人返回租界。因为曾经多次爆发战斗，所以我预料这不会是个闲差。我带领半连人立刻出发去完成这非常可怕的工作，但发现没有我想象的那么糟糕，因为已经有人做了一些工作。我奉命在南墙外掩埋尸体，但是因为地面和路一样硬，只好付之一炬，大概一共有 30 具尸体。我们找了一处开阔的地方，并开始堆柴火，而两三人编成一组去搜集并将这些用席子裹住的尸体拖来，或者用工具将这些经不起粗暴对待的尸体抬来。这不是一件诱人的田园工作，我不愿讲任何细节。在附近的一所小屋里，我们发现大量毛瑟枪弹药，也要销毁，因为没有时间专门做这项工作，我们就将弹药和尸体放到了同一堆火里。一时间枪炮齐鸣，城墙上的法军和美军以为一场新的战斗开始了。一些有胆量的外国人给这引人的场景拍了几张照片，但我从未在出版物上看到过。

那天下午完成任务之后，我们将城门交给法军便回去了。我们从来没有过将城门交给别国军队的习惯，我对我是否具有正确执行程序的能力有些焦虑。然而，当我接近换班人的时候，对方告诉我“不举行仪式”，因而消除了我的担心。法国士兵刚刚到达，我们就离开了，没有任何慌乱，旗帜互换也很简单。

那天的我们是一支奇怪的部队。我曾说我们早已制止了所有抢劫，这自然意味着很多抢劫者的战利品要由我们从城门带出去，我们并没有将这些和岗位一起移交。我们派人去找了一些车，还征用了大量人力车——那时候劳力很便宜。使用推车、苦力、人力车，毫不夸张地说，我们的队伍有一英里长，队伍行进缓慢。然而，最终我们到了营地，很高兴所有人都出了城，离开了那些恶臭味、那些景象和歹徒。

19 日，从印度来的第一批军队到了，有 7 个孟加拉步兵团。

接下来的一天，战争暂时结束。我们重新开始日常操练，我们的大多数士兵早就不是新兵了，没有理由不继续遵守正当的指令。

第十六章

当晚大概 10 点钟，铎沃德将军来访并且告诉上校说，他需要三名军官和一个连第二天早上与一小队海军士兵一起，到下游征用平底帆船，以便进军北京。第二连奉命去执行这一任务，费尔法克斯上尉被任命为候补军官。

第二天早上 7 点我们离开码头。除了我们三个以外，还有皇家海军的巴雷特（Borrett）中尉、领事史密斯（Smith）先生，还有一位负责开船的见习军官。我们向下游前行了大概 10 英里，到了一处极为广阔的平底帆船停放场。在这里我们找到了一所方便的船坞，在里面设立了指挥部，开始工作。

一个名叫宋德功（Sung-te-gung）的士兵遇上了一件糟糕事。他在离一艘最远的平底帆船稍远的地方洗澡，人们忽然看见他乱挥着胳膊沉了下去。水流很猛，他肯定是立刻就被卷走了。我们听到的时候已经过了一段时间，尽管我们顺着河流往下搜寻了很长一段距离，也没有找到他的尸体。

这一次我们的士兵证明了他们的重要。在接下来的四天里，我们一共找到了近 100 艘大型平底帆船，包括船夫和所有的装备。如果没有会说汉语的人，谁都无法完成这一壮举。随后，士兵们以极大的信心鼓励村民及其他人，以至于很多人自愿加入我们的队伍服役，领取薪水、给养，享受良好的待遇（我们的士兵能使他们放心），而不是继续过他们目前的河滨生活。不然的话他们不仅不会得到上述那些好东西，还经常会有那些不友好的“洋鬼子”到访。当然，并非所有的船夫都是完全自愿的，也有人需要或多或少地进行一些和气的说服工作，但是大多数人都对这次机会感到高兴。

因为工作需要，我们整天待在户外，炎热的天气和大量的苍蝇让我们非常不适。因为平底船一整天都暴露在太阳底下，走在甲板上十分不舒服。

士兵们不仅通过说服百姓证明了他们的价值，很多人还能自己开船，这个技能很有用。

第十七章

24 日，我们回到天津。除了不断赶来的增援力量之外，天津的情况和我们离开的时候几乎一样。有很多关于即将进军北京的讨论，但是对我而言，完全没有必要和他们讨论进攻推迟的原因。一言以蔽之，远征还没有开始。

7 月 27 日，艾尔弗雷德·盖斯利（Alfred Gaselee）将军抵达。第二连和第四连被指派担任仪仗队，到码头迎接。因为将军向军事当局告知抵达时间时出了错，我们集合的时候他已经到了。不过，我们仍然开赴他的临时住处，并举行了仪式。他检阅了部队，并且询问了士兵和军团的情况。

如前所述，我们征召的苦力和船夫不足。于是 28 日早上，我和邓特上尉各带领 10 名士兵到附近去征发人力。我沿着河堤走，那里的几个村庄可能有人，而邓特上尉向河的上游走，穿过城市和城郊。我说服了 83 个人，大多数都是拾破烂的，而邓特找到了更多。我们两队之间有了小型舰队。

大概是这个时候，我们开始感觉到我们被置于幕后。据我猜测，这是很自然的，因为现在有很多其他军队在场。我们曾经填补空缺，成功地完成了任务。现在远征军的主力部队已经到了，我们真的没有任何充分的理由不再次开始华勇营组建时的正常任务。然而，这并不是命中注定的，因为 29 日我们听说将要挑选 100 人随北京救援部队一起行动。第二天，第二连和第三连得到通知，我们要参与的是一场总攻击。

接下来的几天我们忙着准备，等待“准备战斗”的进军命令，但是没收到。应该由历史学家来解释延迟的原因，我们都知道这是因为有些外国将军不希望进军。最终，盖斯利将军与美国和日本将军不顾其他人是否同意，做出了进军的命令。这可能不是真正的原因，但我听说的就是这样。

第四部分　向北京进军

第十八章

8月4日，大约上午10点，我们接到下午2点动身、从码头向上游行进的命令。我们匆忙准备，平底帆船上载有装备和8天的给养。

下午2点，具有历史意义的行军开始了。部队由第二连和第三连组成，由巴恩斯上尉、邓特上尉、布雷中尉、雷亚德中尉、杨上士和邓恩上士率领。第四连大概有20人补充到第二连，使总人数达到100人。

在长长的纵队队尾，我们开始了征程。我们经过了规矩堂，经过了曾经被枪弹扫射的旧壕墙和天津城之间的地方，从南到北经过城市，经过大运河，到了西摩尔将军获胜的西沽军火库。到达露营地附近的时候，奥沙利文（O' Sullivan）上校要我们去保护野战炮兵部队，于是我们加入了他们。正在路上时，皇家炮兵队的指挥官圣约翰少校说他改变了想法，要我们去保卫他的重炮队，于是我们就去了。

对于这支最特别的队伍，要多说几句，我们喜欢称他们为“国际炮兵”（International Battery）。他们出现在这里是很合适的。他们拥有2门12磅的大炮，安装在克虏伯炮架上，上文已经说过，这是在天津西北的要塞缴获的。每门都由4匹日本马拉着，由日军驱赶，这解放了铎沃德将军找的苦力，以防所有其他运输方式失败。大炮由印度人、香港人和新加坡人操作，军官是英国人，华勇营承担护卫工作——更多的是拖着炮——军官也是英国人。这实在是一个奇怪的组合，是我们民族足智多谋的突出体现。

当晚在西沽的露营并不舒适，但是我想，这并不是娱乐。几乎整晚都在下雨，而且日本的步兵和骑兵到处乱跑，还有很多蚊子，根本没有任何安静和舒适可言。

第二天早上我们 3 点就起来了，天刚亮便起程。我不打算描述北仓之战，但唯一想知道的是，敌人是怎样找到进攻位置的。因为我们的两翼都是安全的，进攻者需要从像薄饼一样平坦的平地，向看起来几乎不可攻取的地方出击。敌人的防守坚固，或许我们在天津时，他们一直在做准备。虽然，高粱和其他庄稼给我们提供了掩护，但是军队通过时让农作物大幅度摇摆，立刻暴露了我们的行踪。

日军首当其冲发起进攻，莽撞的他们伤亡惨重。以我们所见，他们的伤亡比敌人多。敌人要么将大量的死伤者拖走，要么就是没有多少伤亡。我倾向后者，因为他们的掩体做得非常好，抵抗时间不长，没有出现大量伤亡。

我们最早听到战斗打响是在早上。天还灰蒙蒙的，大概在我们左前方 1 英里处响起了清脆的爆炸声，战斗打响了。清军藏在河流拐弯处对岸的小树林里，日军开始从另一边驱赶他们。战斗持续了一段时间，像我说过的，战斗非常惨烈。有些子弹非常讨厌地飞到我们这边，好在没有造成伤亡。我们一直接近主要的战斗区域，随后有一阵间歇性的炮击，很显然是射向我们后方的弹药部队。我们的大炮开始发挥作用，海军的 12 磅炮在离小树林不远、接近河流的地方开始还击。我想到了一个观察平原战场的方法，圣约翰少校采纳了。这个方法非常普通，但我们第一次采用：把两个长梯子一端接在一起，另一端直立起来，形成一个特殊的人字梯，士兵们扶着，站上去就能获得开阔的视野。我们刚发射的炮弹还没落地，一位愤怒的军官就说我们打到日军了。他肯定别有所图，因为他过来时，炮弹几乎不可能有时间击中任何东西。然而，发射还是停止了，于是我们带着999发炮弹进了北京。

没有什么好说的。敌人逃走了，我们继续前进。途经的村庄清晰地呈现出受到战争蹂躏的景象。直到将近中午的时候，我们抵达河流附近的营地。

我在敌人固守的所有地方注意到一件非常有趣的事情，似乎说明了天朝人在现代军事训练中特别“固执”。他们沿着北仓附近所有河岸都挖了非常好的平行战壕，以便能够近距离地有效射击，好像他们已经预料到我们会通过水路乘平底帆船到这里。

第十九章

凌晨3点，部队开拔，但是我们直到大概10点才动身。显然，有人认为火炮不是特别必须，于是从炮车上卸下，塞到了平底帆船上，炮车仍然走陆路。将沉重的火炮从炮车上卸下，搬到旁边浅滩上的平底帆船甲板上，并不是一件容易的事情，但是亚洲炮兵部队（Asiatic Artillery）做到了。

第三连随炮车以及运弹药的手推车一起前进。他们在沙路上遇到了困难，几乎是一路推着车前进，在某些地方只能排队鱼贯通过。手推车受到的辱骂比义和团还要多。这些手推车原本是为上海工部局设计的，可以在租界内平坦宽阔的马路上使用，现在它们很快就被直隶糟糕的路况摧毁。轮子不再是漂亮的直立面，地面经常撞击着盒状的车体，似乎要阻止手推车令人难受的前行。那些拉车的牲畜非常不幸，很快就筋疲力尽。士兵们只好再次“搭一把手”——甚至是“搭两把”。我们逐渐扔掉了手推车，10日，在河西务（Ho-hsi-wu）外围，最后两辆也被丢弃了。代替它们的要么是普通的、扁平的乡下手推车，要么是北京手推车。特别幸运的是，我们在途中离路边不远的村子里发现了这两种车。我们都希望至少有一辆工部局准备的手推车能到北京，但是在距离北京仅有 1 英里半的地方，最后一辆也坏掉了。我记得它属于在战争中表现英勇的海军陆战队。

平底帆船艰难地逆流而上，远处的战斗声不时传入耳中。没到过污浊的白河，就不会体会到它的单调，唯一提起我们兴致的是偶尔有人射杀流浪狗或者逃跑的苦力。非常幸运的是，我们的苦力没有一个逃走，甚至没有人想要这样做。自然，我们的士兵对他们有一定的吸引力，相比那些与他们言语不通的人，他们更愿意为能与他们说话的人服务。他们在英国的平底帆船上一向能够尽职尽责，因为英国人对苦力很友好很公正。但是我认为，某种程度上，他们对日军更尽心。这在整场战争中体现得很明显，不仅是平底帆船，在其他方面也是如此。很可能是因为中国人觉得日军或多或少是他们的邻居或亲戚。

我们一直在辛苦工作。大概晚上 7 点钟，军官被召集到平底帆船尾部，想知道什么时候会到杨村（Yang Tsun），在那里会发生什么。这时我从眼角瞟见有一卷东西从平底帆船前方放席子的顶部落入水中。我猜测那是一卷席子，或者平底帆船上的工具。我对面的雷亚德中尉看清楚发生了什么事，脱掉上衣就跳进了昏暗的河水中。这时候天快要黑了，白河上游的水流很猛，我们不知道河床的情况，或者是否会漂过来什么可怕的东西。因此我们立刻反应过来，除了救人，没有什么原因能使一个英勇的人跳入水中。雷亚德中尉看见有人落水，没有丝毫犹豫，冒着生命危险跳入水中。这是一个非常危险的举动，幸运的是，他成功了，救人者和被救者都安全上岸。落水的是一个广东人，名叫阿金，是皇家炮兵部队达夫（Duff）上尉的随从。第二天，我们从杨村给军团司令部送去一份报告，雷亚德中尉因此获得了皇家人道协会的勋章（Royal Humane Society's Medal）。这是他完全应得的奖励。

大概晚上9点我们到达军营，因为左岸停满了其他部队的船只，没有足够的水域，我们只好停泊在河的右岸。

第二天早上我们逆流上行了一小段，穿过铁路桥，停靠在左岸。

最后几天非常炎热，士兵们疲惫不堪，我们决定在杨村休息一天。这也给了我们游览当地古迹的机会。最有特色的是铁路线以及被扒下的铁轨，那些铁轨要么被藏在田野里，要么被扔在水里，当然，枕木都烧毁了。不过，最特别的景象是西摩尔将军火车的残骸。每个人都记得，当他决定返回天津的时候，火车被遗弃在这里。现在除了车轮，什么都没有剩下，就像从工厂里出来存放在调车场一样，剩下的仅仅是火车头的车架。车厢已经被烧掉了，只是烧毁也不能破坏得如此彻底。那里没有留下一个螺母，一个螺栓，一根火条，一个把手。除了一个车架和一个锅炉壳，什么都没留下。义和团和中国士兵非常彻底地执行了任务，最狂野的盲从充满天朝人的思想，每一个螺栓和可移动的零件都被精心拆卸下来，无法想象他们手边能有必须的全套拆除工具。除了沿着河堤伸向远处的轨道、车轮和发动机的骨架，这里一无所有，一幅令人悲哀的场景。大桥也倾斜了，表明也曾有人想努力将其推倒。我们在天津就经历了这样的事情，敌人想以此阻断我们前进的线路。

我们非常费劲地将车推出沙滩，到达营地，每辆车都需要所有人一起推。因为非常困难，邓特上尉无法当夜让它们进入营地，只能将其停在大约3英里外的地方过夜。

赫尔上尉率领第五连约30人和一长串手推车来到这里，每辆车都由三四个苦力拉着，车上是军需物资。这是一场漂亮战争中最棒的一点。不管道路多差，天多热，这支队伍会一直向前，超过所有其它运输队，他们似乎永远不需要休息。中国苦力是世界上最好的苦力之一，在这里可以看到他们的美德，他们绝对不会让你们失望。这支队伍作为一个独立的单位继续向前，直到北京。在那里他们完成了工作，加入到我们当中。

第二天，我们只不过重复着前面的工作，除了大多数人行军之外，只有少数人护卫火炮。当我们到了第二个休息处蔡村（Tsai Tsun）的时候，又遇到了一件不愉快的意外。第二连擅长游泳的梁六（Liang Liu），在黄昏下河洗澡时溺水了。岸上的人不理解他的大声呼喊，以为他只是想过河。一艘往上游行驶的皇家炮兵平底帆船从他旁边经过时，一个印度掷弹手明白了他的意思，漂亮地跳入水中。然而，可怜的梁六在恐惧中挣扎了太久，救援者只能让他自生自灭地沉了下去。

8 月 9 日，天气非常热，白人非常疲惫，美军似乎最惨。当天我们到达了河西务。孟加拉第一枪骑兵团很幸运地碰见了一群鞑靼骑兵，立刻开战，杀死了一些敌人，缴获了若干面旗帜。

河西务——我们很快就会对它了解更多——位于杨村北面，是天津和通州之间最有趣的地方。清军在这里兴师动众，花大力气排干了运河，淹没了右岸的田地。过杨村之后，我们就在右岸行军。如果像他们期待的那样，将河水排放到紧靠河西务的那条路的西边，联军被迫从那里攻击，就只能挤在路和河中间，遭受巨大的损失，或者是被远距离轰炸。这个地方不能从东侧进攻，因为那里是河，西侧又被水淹了，只有南侧留了一个口子，敌人占据了三角形开阔地的制高点。如果想要威胁到他们的后方，我们必须进行大规模迂回作战。当然，这是他们不愿意看到的。对我们来说，这会浪费很多时间，甚至我们有可能兵力不足。然而，这些都是假设，因为我们进军如此之快，清军没有足够的时间完成他们的工作。我们发现一条巨大的沟渠，大概有 1000 码长，从河流右岸向西延伸，沟渠里还有工具，是敌人匆忙逃走时留下的。有的地方河水甚至会进入沟渠几英尺，以外行的观点看，再有两三个小时河水就会完全流进来。可以想象这对我们进军的影响。这条河将完全有可能变得非常浅，有效阻止我们的平底帆船继续前行。只要他们坚持继续工作，西边的田野将被淹没，制高点的前方就会被一条宽阔的护城河保护起来。这是一个伟大的计划，不过对我们来说，最幸运的一点就是它失败了。

除了已经提到的骑兵之外，我们没有参与进攻。敌人草草抵抗一阵，就被日军击溃了。

第二十章

在向北京行军的路上，我们或多或少遇到了些"迫不得已"的情况。大部队奉命于 8 月 10 日下午 3∶30 离开河西务，最热的时候已经过去。然而，上午 10 点我们就被派出了。我们前边是骑兵和野战炮兵连，很快我们就看不见他们了。因为从河西务往北的河道非常曲折，所以实际距离比起直线距离增加了很多。我们得到命令：一半士兵乘坐平底帆船，另一半士兵走陆路。每连都有一半人，巴恩斯上尉、布雷中尉走陆路，邓特上尉、雷亚德中尉走水路；上士也分开了，杨走水路，邓恩走陆路。

我们在村子里花了大量时间，说服所能找到的推车的主人，很快就愉快地将最后两辆上海推车扔到了路边。这样做很明智，因为这是最艰难的一天，炎热、尘土、艰难的前行、遥远的距离，没有能使这些箱子①前进的希望。天气实在太热，最终我们在下午 3 点到 5 点时停下来休息，歇歇凉。

有一段距离非常难走，野战炮无法通过，皇家炮兵部队至少损失了 7 匹马，我相信它们甚至用了双倍的力量。我们到达时，在很短的距离内，看见一具接着一具的尸体。

那天夜里大概 6∶30，我们停在一个小村庄里，听见了非常大的响声，如我所料，一门火炮在非常近的地方开火。如果我们

① 指上海推车。——译注

不是正在炮火之下，至少是在附近，我们看见南边有一束浓烟和尘土缓慢地升到空中。在河西务的一座庙里发现了很多火药——据说大概有 80 吨，但人们几乎不可能用完，而且对我们没用，于是都被销毁了。附近的树和房子非常可怜，不久我们回来的时候就能看到。

据说，此处距离下一处休整地码头最多有 10 英里，但是我们不知怎么走错了路，结果一直走到晚上 11 点也没到达指定地点。我们决定在高粱地里宿营，高粱已经都被砍倒了。我们安排了哨兵，大家都找了最好的地方，像是迷途羔羊一样聚拢在一起。旁人看到我们这样，肯定觉得可笑。先是一小群美军，问是否可以和我们共用高粱地，然后来了海军旅的一队人，不多久又来了一小队日军。最后是指挥爆破的皇家工程部队指挥官，他和另一位军官放下身段，和我们一起吃咸牛肉，住帐篷。

那天晚上没有发生任何事，但是后来我们听说一艘装满弹药的中国蒸汽船和帆船就停在不远的河面上。我几乎不相信这种说法，因为我无法想象他们怎么可能停泊在那里，怎么会在前后都有我们军队的情况下逃脱，除非他们真的消失得无影无踪。如果这是真事，那我们不久就能拥有它，我们可能将其缴获了。

第二天早上，我们到了离露宿地大概有 4 英里的码头，并在这里待了一整天。我们非常希望能在这儿看到船队，补充我们所剩不多的给养，但希望落空了。尽管我们能看见自己的“房子旗”（house flag）就在河上大概 1 英里的地方，但我们无法到队伍里去。好心的圣约翰少校和他的军官们，可怜我们食物匮乏，给了我们一些吃的。不然的话，我们会饿到生病，因为直到 13 日，我们才在通州看到我们的平底帆船。

晚上 7 点，我们离开码头，经过一次疲惫的行军之后，一切还是一如既往的单调。第二天凌晨 1 点，我们到达了张家湾，所有人都精疲力竭。凌晨 2 点，和皇家炮兵部队的军官一起吃了晚饭。

上午 10 点，我们再次上路，距离通州只有 6 英里。这是一次可怕的行军，士兵们非常疲惫，所以开始争吵。好像只有一条路，每个人都觉得很拥挤，因此休整次数很多，停留时间也很长。顺着这条路进入高粱地（高粱有 10—12 英尺高）的时候，庄稼散发的热气使人难以忍受，士兵们的争吵也就不足为怪了。路旁的每一口井——很幸运有很多——就像一座座国际兵营。除了井之外，一丛丛树也使国际兵营变得很大。在那里你能看见每个国家、每支军队的人，英国步兵、陆战队、锡克人、美军、旁遮普人、日军、俄军，所有人都精疲力竭。关于这次去北京的远征途中忍受的困难，我已经写了很多，但我认为这是最坏的一天。没有一丝风，部队在前一天晚上进行了夜间行军。我们捱过了这一切。只有两个人掉队，但他们自己到了通州，很快就归队了。据说因为他们是在自己的国家，所以与其他军队比起来明显处于优势。但是，尽管这里的炎热比不上同时期印度的大多数地方，但是在印度最热的时候，肯定没有人像我们一样在中午从事剧烈运动。事实是，所有这些天的艰难行军中，我们的士兵展示了忍耐力。

大概下午 1∶30，我们到达了河边的指定位置，舒服地住在一些废弃的房子中。

8 月 13 日早上，让我们高兴的第一件事就是船队的出现。其实，前一天深夜它们就到了。我们一整天都在准备向北京最后的远征，有很多事情要做。到此，我们不再需要水运，支付给船家报酬之后，我们要把所有东西都卸下来。为了适应陆路运输，我们的装备和给养都分配到人，所有剩余及非绝对需要的东西都被暂时储存在英国兵营（English Post）。

我们也必须守卫我们和炮兵部队的平底帆船，给炮兵提供给养。天气炎热，大家都很不容易。我们这支部队奉命到城里去寻找粮草，说服能找到的所有苦力帮助我们，以便在英国军营运输给养和储备品。在布雷和雷亚德中尉的带领下，士兵们找到了很多苦力。

第二十一章

我们现在进入到努力的最后阶段。大炮已经被再次放到马车上，在难忘的 8 月 14 日，早上 4 点，我们带着大炮离开通州。前夜下了大雨，二轮马车行驶的路上满是泥和水，可怜的小马需要拉着炮和车。很显然，它们做不到。没走多久，城墙附近低洼的地面就使它们难以前行，第三连全体在后面拉军火和车，第二连也不得不加入。大概走了 6 英里以后，这些路——如果还算是路的话，随着我们的前行变得更差。马更累了，实际上几乎成了人拉着马和炮往前走。我们开始感受到太阳的炙热，这是特别热的一天。糟糕的路况和炎热的天气结合在一起，让我们走得非常缓慢，因为人已经近乎筋疲力尽，几乎没有其他人像那天我们的士兵一样，当然只是东方人而已，即便他们愿意。最终，最重要的大炮车轴在一条村庄的路上陷入了大概两三英尺深的水里，弄不出来了。此前不久，圣约翰少校意识到他的小马和我们的士兵共同努力也无法完成这一任务，就从弹药部队那里借来两队马。我们非常高兴的是它们很快就来了。原以为我们能松口气，但事与愿违。这些马刚套上缰绳把大炮拉出来，就沿着路向下跑了大概 1 小时，全程 5 英里。已经被晒熟了的士兵尽最大努力跟上它们，因为我们能听到右前方正在交火，自然想去看一看。但是这不可能，士兵们从凌晨 4 点就开始拉炮——现在已经大约下午 1 点了，已经被这该死的行军搞得筋疲力尽，有很多人掉队；我们连跑带走行进了大概 1 英里多，剩下的守卫并不多了，以至于必须在一口井附近休息。经过短暂的休息和大量饮水之后，我们从外到内都得到了恢复。士兵们很快再次聚拢在一起，以更从容的步伐前进。

这里应该提一下我们的老朋友袁世凯。这一天，他再次出现在我们前面，有传言说他已经开始进攻联军的左翼，而那时联军正在猛烈攻击董福祥的部队和北京的暴民。因为我们英军在最左侧，如果这一说法是真的，我们的位置将会有些令人担忧。

经过在烈日下的艰苦行军，我们突然到了一处有巨大拱门的地方。这似乎要阻止我们进一步向前。我们仔细侦查后惊讶地发现，这是沙窝门（Shahuo Gate），或者说是我们的目标北京城的南城。现在是下午 4 点，到 5 点的时候，分遣队、大炮、小马、炮车、推车、骡子全部到位，考虑到士兵一天遭遇的经历，他们的表现非常好。

我们一些人在城墙上休息，非常惊讶地看到，城墙上面大概四五十名中国士兵从南面向我们走来，显然他们没有注意到我们的存在。我们只有六七个人，其他的都在下面街上吃东西和休息。于是我们卧倒，打算如果有可能的话，就将其一网打尽。然而，当这些人离我们大概有 300 码的时候就停住了，转身逃跑。我们立刻开火，杀死了两人。其他人好像中枪了，倒下后爬起来继续跑。第三连的半数士兵赶到，并且向他们齐射，但是那时候他们已经到达了城墙的东南角，不知道三连的开火除了进一步促使敌人逃跑之外，还有怎样的效果。我们派出了一支巡逻队，但是没有发现敌情，他们似乎已经越过城墙逃到野外。我们的老朋友，美国海军陆战队的沃勒少校来了，打算帮我们一把，但是这时候我们已经不需要了。我们有一个赶骡的人被打穿了脑袋。

部分满城城墙上仍然飘着龙旗。我们猛烈炮击。老式大炮被架在街上向皇城的一些主要建筑发射，炮声加剧了混乱。这让我们感觉到，我们所有的劳苦都没有白费。

不能不提一下进军途中的供水问题。我们发现每处的井水都非常甘甜，尤其是离河流远一些的地方。起初，我们很害怕投毒，实际上绝对没有。是他们没有时间，还是不打算给我们造成这种伤害，就不得而知了。

沿途日记

吴禄贞 著　王鹏辉 整理

说明：吴禄贞（1880—1911），字绶卿，号娱园，湖北云梦人。早年入湖北武备学堂学习，1899 年官派赴日本陆军士官学校留学，1902 年毕业回国后任职湖北新军。后历任练兵处军学司训练科马队监督、吉林边务督办、北洋陆军第六镇统制等职，并先后秘密参加兴中会和华兴会等反清革命团体。1911 年，辛亥武昌首义爆发后，参与“滦州兵谏”，随后在娘子关与山西都督阎锡山会谈，组建“燕晋联军”，11 月 7 日被刺牺牲。

1906 年 11 月，吴禄贞奉派赴新疆伊犁考察新军，并邀请好友周维桢等随行，《沿途日记》即为此次考察所记，时间始自丙午十月初二日（1906 年 11 月 17 日），讫于十一月十一日（1906 年 12 月 26 日），即陕西醴泉至甘肃凉州的行程。日记不仅详细记载了沿途风貌、民俗民情，尤详于各地自然资源及经济生产情况，对于吴禄贞研究及清末边疆史地研究均具有重要价值。

日记为信笺纸抄写，线装两册，笔迹略有不同，未署作者名，现藏于日本京都大学人文科学研究所东亚人文情报学研究中心内藤文库（藏书编号：内藤－182）。书中夹有吴禄贞肖像照一张，背题：“宣统二年撮于伯林，检赠内藤先

整理者：王鹏辉，四川大学历史文化学院教授。

生，希惠存。陆军副都统吴禄贞写志。”经考证，该日记为吴禄贞所著①，但各种版本的《吴禄贞集》均未收录，现整理刊出，供相关研究参考。

第一册　丙午十月

十月初二日，阴　九下钟，醴泉起程。城内商务不旺，西关内有土税统捐分局一所。西关外即属乾州地。出城里余，地势高亢，驻此可控扼一切。此外大势平衍，麦苗广而秀。本地瓦窑甚多，销行本处及外县。油榨房以甘河为最多，非出油之区，为造油之地。油成后，外贩而去，亦商业大宗也。向北望之，山势特起，矗立高原之上。询之，有唐王陵在焉，远约四五十里，途次未克往游。

十一下钟，过西陵寨，居民约三数十家。平原旷野，皆系产麦之区，亦膏腴地。过凤章，由醴而乾，适中之地也。出产麦之外，棉花为多，粮食以玉米、小谷为大宗。玉米即南方所谓包谷是也。地方工价，长工每年约十余串文，短工日则七八十文左右，钱以整百计算，不用折扣。民情尚厚，惟食鸦片者多，读书人少。食盐每斤价卅文上下，均由县城官盐店零购，盐店则由咸阳总盐局分销。凡乾、醴、兴平、武功一带，均以咸局为总运之所。地中水井极多，灌溉称便，膏腴之所以由来也。由醴至乾，大路一，小路一。今日行者系小路，因雨后大路未开，不便车行之故。

一下半钟，抵乾州东关，见巡警兵数人，尚站立不懈。右侧

① 参见整理者博士论文《中国近代边疆的转型时代——以九边处处蹄痕的吴禄贞为中心》，华东师范大学，2014年，中国知网数据库。

有古庙数座、官立初等小学堂一所。不数武，行台在焉。计今日共行四十里。

初三日，雪　半下钟，乾州起程。城内市面虽不甚旺，较他县稍可。警察灯下用绿柱，上用玻璃罩，亦有仿南方办法之意。转北门行，遥望前面山起突凸，问之系古陵地。考州志，北门外十五里乾陵在焉，当即此也。食物以麦子、小米为尚，麦尤多。小米每斗价四百文上下，麦每斗价三百余文。斗计重三十余斤，价用制钱。棉花本地少出，每自高陵东南一带贩来。生花一斤价百四十文，熟花则在百六十文左右。车夫支差，每日口食发钱百文；每生口一头，发钱二百文，若客人自雇，价倍之。北街有城守营衙门；又圣帝庙一座，内设官立初等小学堂；又福音堂一所。

一下一刻，出北城门，地势斜陡而上，城外之地高踞城头，雪路泥滑，甚不易行。两下钟，过陵所，未知何陵，疑即乾陵，然距城无十五里之遥。出城五里，地俱斜行而上，由深巷过。两下半钟，又行五里许，地势稍平。三下二刻五分，至十八里铺，居民约二三十家。地势较前平衍，夹道杨树不大而多，地中亦间有柿子果木等树。四下半钟，过杨遇村，居民约十数户，零星杂处，树木参差，惜其不甚多也。道左标有“第六卡”字样，塘汛在此。计今日已行卅里。

过村后天色已晚，经峡路行数里，水深泥阻，不良于行，耽延久之。再行则上不见天色，下不见人影，而狂风逼人，甚属可畏，但觉其路势渐低，未几到平地云。九下半钟，到尖镇宿，行台无多食物，幸有红火一坩［炉］，稍可去其寒气。计今日共行五十里。

初四日，晴　八下钟早发，寒，廿五度。尖镇为永寿属地，人家约四五十户，钱、布各铺俱有，大略为永属较旺之村镇。食物以面馍、锅盔为尚，亦多油茶。银价一串一百文左右。九下三刻钟，过旧永寿，民户约卅余家。途中见纸货车数辆，询之，由西安运销兰州者，亦秦陇贸易之大宗也。十一下半钟，过好店，居民约六七十家，无市面，以种作为业。食物小米粥，每碗大钱五文，馍每斤大钱廿四文，早餐得此，甚可充饥。去尖镇已廿里矣。途见石炭数车，询由永寿城拉至乡下，为炊爨之用。此炭本地不出，产自邠州属，距此在百里以外。一下二刻，过双庙，有古庙一所，距城五里。穴居野处，沿山皆是，其闭门寂然之状，杳无声息，几入无人之境，而其荒陋情形亦大可知已。三下钟，抵永寿城南门外，宿公馆。城傍山立，屋挂坡边，居民约百余户，文武四衙署，洵所谓斗大山城也。

《永寿志》载前令李如瑾诗："分水通烟市，斜坡挂古城。鸡声层汉落，人语乱山鸣。萧瑟迎秋起，苍茫逐晚生"云云[①]，咏此城情景逼真，其清俭亦可想见。《志》又载张玉梁撰《三庙记》，原庙不知何时所造，佛像居中，老子居左，孔子居右，颠倒妄诞，实属无知。张君一一辟其谬见，我夫子时中之圣，道大莫匹，彼二教并不得与儒并列，何得胆妄乃尔，诚有功世道人心之文也。文兹不录。

夜深寂寂，三更后，渐有击柝声，若隐若见。其澈夜多声、玎珰不已者，询系骡驼过境。缘驼行运货每从夜间行，与别骡马行运货日间行者不同。从前两行争讼，兴讼数年，后始结，以此等分别办法至今。上起兰州，下止荆子［紫］关，照章无异。计今日共行四十里。

初五日，晴　七下钟早发，寒气较昨日稍减。沿城外斜坡

---

① 吴禄贞记叙有误，这首诗实为明代曹愈的《秋日永寿道中即事》："分水通烟市，偏峰挂古城。鸡声层汉落，人语乱山鸣。萧瑟迎秋起，苍茫逐晚生。渐予忝岳牧，那复赋西征。"清代永寿知县李如瑾的诗名为《滋永吟》（四首）。郑德枢修，赵奇龄等纂：《永寿县志》卷九《艺文》，台北成文出版社据光绪十四年刊本影印，1970 年。

上，路冻土坚，车不能走，上小岭时才五里，已八下钟矣。九下钟，过罐罐河，上斜岭，路窄风狂，腹有饥意。土砍［坎］边有炊泥锅者，煮豆腐未熟，不得食。昨日剩残馍少许，遂分而冷啖之。途见贩羊两群，黑白各二三百计，询由兰州运往西安，每支［只］价银一两余。羊头染以红色，自兰起行时，须完本地厘金，此其记号也。每支［只］完大钱十文左右。

十下钟，行十五里，上杨王岭。买豆腐食之，和以辣子、盐，甚可疗饥。过杨王岭下绝地，沟窄者四五尺，宽者两三丈，水不深而流急，乱石凌杂，不易行也。过寨门前，计岭上至此约三数里，已十一下三分钟矣。沟边古庙一座，左右老柏数株，下有民户二三家，似旅店状。两岸草木全无，惟有包谷杆枯而未割。沿山窑户旷土甚多，倘于此讲求森林之业，定可获利。

一下钟，行四十里，抵大峪。中尖，面食尚可口。店头石桥一座，能容一车行。三下二刻，行十里，上太白头，有初等小学堂一。又廿里，路势低下，至山麓则平原万顷，豁然开朗，望邠州城依山而立，地势甚佳。五下半入城，天色已晚，不复多见，惟电线在目。街上有电报局一所，余待查。宿大公馆，食用一切，先已预备齐整，主人之贤，可以想见。计今日共行七十里。

初六日，晴　七下半钟，邠州早发。城内市面尚好，有邮政分局一所。出北门，城后小河一道，即泾水也。上由兰州来，下入渭河，水清而浅，宽二三丈不等。旁系小舟一，即来往过渡处，惟不能行上下船。邠地多平，纵约五六十里，横约七八里，道由左边行。对岸炊烟透起，古柳横堤中，有人家不少。有鸡声自天际来者，仰而望之，土山壁立，高不下数百丈。其间窑户洞开，有覆以瓦檐者，有堆以麦草者，若烟若雾，亦犬亦牛，均悬之壁间，如履平地，鸡则三 五逐逐其间。下面竖以板梯，计三数十级，盖穴居风景如是也。“陶覆陶穴”，于此可想见遗风。

八下三刻，过小溪一道，水浅而窄，不碍于行。行数武，过枣树下，计四五百株，询系此地出产。诗云“八月剥枣”，正不知剥去几许矣。途见骡载五泉棉烟约百箱，记以晋省各商店字号，由兰州运销山西，询之，运售南方各省者亦多。甘省商业，烟为大宗，于此可见一斑。沿途小贩多柿、梨二物，每枚钱数文。其以小驴载麦者尤多，每头可载三四斗，驴、麦二项，均此地出产较旺之物。九下半钟，行十五里，又过枣树坪，周数十亩地，计树不下三万株，道旁卖枣者，取数粒含之，极可口。中有人家几户业此，当获利不少。途见驴载黄腊数捆，兰州出产，由甘运陕，每斤值钱百余文。

十下半钟，过大佛寺。石刻八丈，神像巍峨，千百小佛罗列左右。外面楼屋广大，壁立层层，其位置之地势，几占其山麓之半。门首刊“觉路”二字，又“明镜台”三字，壁间镌以《贞观年间建造记》。光绪十三年，大学士左文襄题其额曰“镜掩三千”。其余颂献题名不可胜数，实中国各寺观梵宇之所罕见，洵大观也，惟至今稍形剥蚀云。十二下钟，过小沟一道，不数武，亭口镇在焉。有长武厘金分局一所，居民约廿余家，无甚商务。途中有三套车，载一小鹿，几似人坐其中，冉冉而行，车后尾之者，洋商数人。观此人不坐车马，竟载鹿，倘令秦赵高见之，不又指鹿为人者几希矣。一笑。亭口镇街头过河，宽约三丈，水齐骡马腹。旁有古庙一，额曰“坐镇黑水”。盖即雍州之黑水也，乡人近名之曰“黑河”。

一下钟，三里坡午尖，食大米饭，缘饭店系湘人所开，始解造此。居民约四五十家，务商业者三数户，开饭店者四五户，亦长武市面较旺之村镇也。

三下半钟，过二塘，距长武城尚有二十里。由邠而武，地方平坦者多麦，原初绿谷草残黄。村野人家或二三户，或十数户，系耕牛于树下，听吠犬于壁间，打豆挑草，自汲自炊，不顾行者来来往往之为谁何。偶以里名相问讯，不解所言，终以微笑不答而去，田家之乐，殊可味也。即此可见民风之纯朴，土地之膏腴。由二塘行三里许，有土桥一座，宽容一车，长约四五丈，高几不可以丈计，壁立峻峭，不倚不削，土性洵结炼也。旁有土洞，刊《重修再店土桥记》云云，仓卒未克卒读。途见女子梳妆异式，与秦中各风尚不同，未解何由，待查。

六下半钟，入长武城，宿公馆，馆居县署之西偏。邑令李君绍于，湘省同乡也，食用一切代为备置。晚间晤谈，谓此去泾州即甘省属地，须雇长车，由泾至甘，即代为函知前途，请先备办，免致临时延误。公馆内悬画屏八幅，系关中八景图；字屏八幅，系杨椒山墨迹，甚佳。计今日共行八十里。

初七日，晨阴，午晴　九下半钟，早餐。李令念切同乡，坚意相留，并谓前去瓦云驿，即泾州属地，向来午尖之所，今则天时较短，宿之亦可。惟驿地荒落，馆无食物，即着厨夫前往备办一切。梓谊情深，不易得也。李令前从饶中丞在新疆有年，情形较熟，因访询之。略语此去有六盘山地，车不易行。兰州前有乌稍［鞘］岭地，时令不齐，寒暑阴晴无定，往往晴天有陡雪封山之事，最为畏途。惟幸自甘起程时，车轴改宽，中可容大箱四口，坐二三人甚属宽敞。兼之行此路者，夜行昼宿，澈宵可闲谈，可酣睡。至嘉峪关外，路尤平坦可行，似乎不觉其苦耳。到天山地方，分二路，一北路，一南路。吐鲁番为北行要道，气候炎热，火风逼人，冬天稍减，暑天过此，须眉几为之不留。相传此地北百里，有火炎［焰］山，未知确否。又十三间房地方，怪风常起，竟有吹走人马数百里外不知去向之事。（眉注：至巴里坤走十三间房。）至坐车紧要，须避寒气，倘率尔下车，猛为冷气所扑，多致不测之虞。库城陋，宿喀喇沙尔。富户之多，以吐鲁番为最，其房宇之宽阔，花园之精致，每为汉人所不及。伊犁外前刘襄勤设有卡伦历久，俄人不敢内视。自陶方帅误撤各卡后，俄之来也，防不胜防。计从前中俄界地，纯皇帝曾有御制碑文刊立其上。今则侵入内地千里有余，而碑亦久不知其所在矣。伊犁地方湖北人甚多，近谓之为湖北码头，大半前从金将军北行，遂尔落叶营生，渐至繁众者。新伊一带，民族约分六种，惟回子最狡黠。至新疆地方虽属危区，而富庶之盛，大可有为，苟得其人，转危为安，犹易之事也。以上所云，仓卒不能全记，略志之，以备考查。

十下钟，别李令起程。城内人户无多，生意淡薄。所属分三里，周一邑不过五六十里之大。此地不产棉花，惟小米、烟土尚多。间有大米自凤翔来，每斗价大钱八九百文，麦每斗三百余文，斗计重四十斤。民俗食鸦片者十之二三，现经李令署事两年，诸务认真，民间多务正业，警察一项，闻办理尤为得法。十一下钟，过十里铺，民户约廿余家。十二下，过二十五里铺，人户零星，不成村落。

一下钟，又五里，至窑店镇，出长武境，交甘肃泾州地。镇上市面甚好，银钱、花布、酒饭各店均齐全。卖肉者每斤大钱八十文，卖麦者每斗二百四十文，馍则每斤仅大钱十四文，较之陕属市价便宜多矣，缘年岁收成尚好故也。镇民约百余户，为泾属较旺之区。大略货店各物，布由三原来，湖北所销行者；纸由蒲城来；洋广杂货，则由西安省来。据铺民张姓，湖北人，言之甚详，并云此条大路每日有楚人小贩过甘凉一带，或十数人，或数十人不等，肩挑小货而来，买各样皮货而归。终日徒步行，食用甚俭，夜间尝无宿店，随地栖止，苦不堪言，故获利常加倍，而以汉阳、黄陂、孝感、武昌人为最多。途见骡驼，动以百计，大半运甘省棉烟至三原各字号分销，运布庄回甘。每头大者可载三百廿斤，小者可载二百四十斤，驼夫日用不过二三十文。麸料草又较骡马略减，计每头一日喂草四五斤可饱，外需盐二两，麸料并不常用，故驼行之利胜于骡马行。至买驼一头，亦有价银四五十两者。三下半钟，抵瓦云驿，宿行台。驿有营署一所，询悉泾州营，驻扎千总一员，兵丁十四名，居民寥寥数家而已。计今日共行四十五里。

初八日，半阴晴　七下半钟，瓦云早发。昨夜长武厨夫照料一切，本驿武员派勇二名守更，天寒夜长，不无辛苦，均赏给钱文而去。十下钟，十五里过高镇，俗名高家了，街头城门额曰“高公故城”，不知何人。《泾州志》载，高家凹在州东太安里四十五里，当即指此。市面虽小，尚有杂货店数家。入市买蒸馍面食，早餐而行。

十二下钟，过卅里铺。途见挑瓦缸数个，询悉本地安口窑所造，销行各处，工料甚精致，每口可值大钱五六百文左右。一下钟，过廿里铺，无甚村落，有三数户人家。沿途杨树甚多，夹左右道。缘光绪初年回乱平后，左文襄总制陕甘，饬由兰州载至嘉峪关。魏午帅督陇时，饬由兰栽至潼关。一东一西，绵长几三千里，留古迹而壮行色。二公之远虑深谋，正不徒武功彪炳，昭兹来许已也。惟间有剪伐，致多疏密不一、大小参差之处，后之来者须加意护惜，灌溉而培植之，甘棠遗爱，同为不朽矣。

三下半钟，抵泾州城，宿东关客店。州牧张君云，城内止公馆一处，近因达赖喇嘛过此，驻宿未便迁让。遂宿于店，亦甚相宜，而喇嘛之果来与否，殊未之闻也。城内有百货厘金局一，验票而不收钱，因甘省已办统捐故。官立小学堂一，乡间有蒙养学堂廿余所。设习艺所一，织蓝布、花布尚佳。有马队一队驻扎城内，由甘省派来者。旧有武衙二，一千总，一都司，教官二，吏目一。光绪二十年前，有瑞典女教士二人，来此建福音堂一座，为传教所，而十余年来，无一人从教，女士二人尚驻此自如也。以上张牧晤谈二小时之久。（眉注：闻前途荒歉，车夫可畏，电京筹护。）计今日共行五十五里。

初九日，阴　八下钟，料理行装。缘泾州为入甘首站，雇车一辆须价银十六两二钱，无官民之分。前途差车尚少，非由泾雇就长车不可。凡过此换车者，每每耽延时日。

初十日，雪　换车未就，驻泾州三日，闲阅州志、考古迹一切。泾州在汉前为安定郡，孔明伐祁山、降安定三郡即此。周秦汉唐以来，若狄人，若匈奴单于、突厥，若大秦、西夏，皆由此道入为边患，各距泾不相阻远。平凉以下，大略皆各族根据地也。唐郭子仪、尉迟敬德常驻兵于此，子仪单骑说回鹘，亦即此地。宋范仲淹、韩琦先后经略，威镇夷夏，勋名半在乎此。泾州诚古巨镇也。

十一日，晴　八下三刻钟，泾州早发。城内市面稍可，设有警察总局一。由西门中街文昌楼下转折，向南关外行。二里许，高山一座，古庙层层，门首接官厅一，寺宇荒落，旁有石碑，文曰“古瑶池降王母处”。盖此山即回中山也。山之左，小河一，宽二丈余，水深马腹，所谓泾水是也。山之右小河一，宽亦二丈，水清而浅，所谓汭水是也。地势平坦，水渐纷歧，车马由泥泞中行。两岸高山重叠，民多穴居。过三数里，则古柳夹道，傍右岸行。

十一下半钟，行十八里，过八里垙，田中枣树尚多。一下钟，行卅里，过王村镇尖。镇上武衙一，门首额以“泾州营分汛，东至州城卅里，西至白水四十里”云云。民户约三十家。今日为赶集之期，市面上卖杂货及柿、梨、木勺、草席者多。镇后古庙一，立高山上，未知何名。四下钟，又廿里，过花家庄。沿途柿、梨、桃树最多，枣树较少，闻此去平凉以上，花果种类甚多，枣甚不出。

五下钟，又十里，过营房，有古庙一座。夕阳在山，柳路欲黯。惟右岸炊烟一带，古树横堤，牧牛羊者均逐逐归去，而所行之左岸较寂焉。询之，右岸沿泾河，居民较多也。闻犬吠声急，询此地多狼，向来居户稀少，常有食人、马、牛、羊、驴、驼之事。如今人居较稠，狼患渐少。狼畏打枪，又畏犬，虽以小犬逐之，狼必逃而逸。此犬声，即逐狼也。据车夫言，兰州棉烟发陕西三原，驼运每重三百四五十斤，脚价每百斤银六两左右；骡运每重二百斤，脚价七两左右；车运每重四五百斤，脚价五两左右。缘车行极慢，驼次之，骡则较速，可以赶站，得好行价也。计兰州每日出烟在二百箱以上。六下半钟，抵白水驿，宿行台。驿有把总一，居民百家，内外小有生意。计今日共行七十里。

十二日，晴　七下半早发。行十里，过营房。九下半，行廿里过鄘现镇，石牌坊一座，上刻“鄘现镇普济桥”六字，无桥无居民。十一下，四十里铺早尖。行卅里，民户约四五十家，少有市面，杂货各店不旺。街头东曰“鹿门”，西曰“迎紫”。鹿门不知何所指也。途见骡运药材甚夥，询由甘省岷州、河州一带运销三原者，每载重二百四五十斤，脚价银九两余。

一下钟，行十五里，过甲积峪沟，平凉营房一座，上书：“东至洪沟堡十里，西至十里铺十里。”人户参差，约廿余家，树木掩映约千株左右，稻场洒扫，牛羊往来，颇有田家乐趣。沿甲积峪沟行，梨树有特别一种，性热外柔，而食之可以止泄疾，名曰“火梨”。此去平凉以上，闻所在多有。二下钟，过米家湾。（眉注：旅次接京复电，已筹护。）

三下钟，入平凉府城。由东门进城，门内小桥一，仅容一车。再进，有巡警总分局、邮政局、电报局，居民约三千家。回子半住城外，缘同治回乱平后，不许回民入城而居，在外安插也。市面甚旺，京、洋、川、广杂货齐全。由陕入甘，此为第一市镇，平凉洵甘肃东南重镇也。城中有大桥一，名“清平桥”。有福音堂大小各一，英教士二人，教民约数十人。平庆固泾道署，平凉府、县均同城。宿客店，向闻城内设有澡塘［堂］，探之乃回民所设，不甚合式，沐浴作为罢论。此地出牛、马、羊、驴、鸡支［只］，及米麦杂粮甚多，极称富庶。计今日共行七十里。

十三日，晴　黎明早发。九下三刻，行廿七里，过页湖子，买羊［洋］芋数粒食之。十下钟，过卅里铺。十一下半，行四十里，过安国镇早尖。居民十余户，小贸营生。一下一刻，又十五里，过白家林。自页湖子、安国镇以上，地势渐狭，乱石杂泥，不宜耕作，而山上土色微黑而红。一下三刻，又五里，过下马湾。人家三数户，无林木，无田地，出野鸡甚多。中有一小沟，水浅而昏［浑］浊。二下三刻，过蒿店，人户三四十家，小杂货二三家。惟木匠铺甚夥，卖常用木器，此外柴草最多。街头壁间题有“至瓦亭驿廿五里”字样。出街则土砍［坎］高悬，上容一车行。过此下河，河流均浊而带红色。

三下一刻，过三关口。有关帝庙一座，势震赫，魏午帅题其额曰“福荫陇东”。门首有魏公修路碑，文系吴学使大澂督学甘陇时所作，甚佳。地势险绝，两岸山为之一聚，沟水自石崖下流。崖间镌八字，一“峭壁奔流”，一“山水清音”。沿溪行十数里，两山陡峻，一道中通，洵入甘要害也。此去瓦亭尚有二十里。途遇驼载上货甚多，均布、茶、棉花之类，询由三原、泾阳运甘肃者。又有运盐而下者，询由固原运青盐至平凉销行者，与花盐销路甚宽广者有差。五下半，抵瓦亭驿，宿车店。人户约数十家，无甚市面。今晨起行最早，车上行李错杂，失去表一个，未知所在。计今日共行九十里。

十四日，晴　七下钟早发。九下三刻，行十五里，过河上铺。居民约廿余户，无市面，有饭店二三家。一下钟，上六盘山，路势陡峻，车不易行。车夫彼此换套，以两车之马拖一车而上，至岭上十里，历数句钟之久，幸得天晴，路尚易行。闻往时风雪无常，此处阻碍诸多，今仅有小风数阵而已。岭上两牌楼，悬以“隆德县界”“隆德营”字样。一额曰“陇干锁钥”，前甘督陶模题，后是一小方云：“陇甘最险无双地，天下难游第一山。”是此山之不易过也。计此山高度，出海面七百五十丈以上。二下半钟，下坡行十里，过尹家店小憩。居民不及十户。此去隆德城尚有五里。四下钟，抵隆德城，宿客店。计今日共行五十里。

十五日，晴　七下半早发。由西门行，城楼破坏不堪，岌岌欲堕，几同岩墙之下逮。观城垛尤多颓败，实为此行所罕见。官斯土者，岂真以为守在德而不在险耶？九下三刻，廿里铺早尖，居民约十数户。十二下，过神林铺，卡房一座，上书："东至隆德县四十五里，西至静宁州四十五里。"

昨日沿途见喇嘛数十人，坐车者、骑马者、穿便衣者、戴大帽者，分起而行。前携一灯笼，书有"理藩院差务"字样，后悬小旗"河南郡王奉旨召见"云云。前在泾州闻有喇嘛过境，早经预备一切，当即指此。今日又见数起，车马极精致。前行有头带毛帽者，厚而且大，询悉缠回也。最后乘轿一人，黄马褂，衣冠都丽，左右护从甚众，即喇嘛王也。轿前一马负物，似较贵重，罩以黄缎，穗帷在鞍上，冉冉行，或系贡品也。后一黄旗，书"理藩夏"数字，未知是谁。

狂风大作，尘土扑面，寒气渐逼人。闻此地冬令风态本来如是，前途尤甚。途见乌鸦千万，或栖于树，或集于地，飞鸣而起，几遮天日，颇与西安省城乌鸦之多相似。询悉此鸟本地甚多，春麦成候，处处皆见。现交冬令，地无食物，已大半去平凉一带，觅柿子去矣。本地出白毡，居民制作短衣甚夥，御寒之计，无便于此。

有三骑马者，前后两男子，着衣冠不甚楚楚。中一少妇，面覆黑帕齐胸间，头梳新髻，如仰瓦形，如鞋底状，卧于发顶，长八寸许，询悉此新嫁娘也。本地新妇适人，无论贫富，不乘轿，不坐车，以一马送之而归。将婚之前，男家给女家银十两、二十两不等，备嫁奁衣物，用银无多耗，风俗可谓朴矣。两男子即送嫁人也。闻平凉地方尚有亲迎之礼，此处无之。

一下半，又十五里，过乱汊铺，无居户。二下，过十里铺，人户三数家。三下，过石嘴子。山作重门，路绕腰间。下有河，宽三四丈，无甚主名，水浅而浊，自六盘山下发源，由静宁州过不远，杂入溪流而去。静地水磨极多，即藉此水流之便。五下，入静宁州城，宿公馆。城周九里三分，由东门进，巡警、邮局俱设，当铺、银钱、各杂货店，市面均尚可观。街上摆摊小贸者，以麻线、篾篓、木器为多。

合城约二千家，初办学堂一所，学徒无多。外有福音堂一，无从教者，教士早向平凉去矣。其车栈、脚骡店、驼厂、盐店均齐全。食盐来自安定，即花马池盐也。民人呼曰青盐，未知孰是。合州约二万余户，民风朴质。出产以小麦、扁豆、豌豆为大宗。麦一斗，磨上面可廿五斤，下面可卅十斤。斗重卅二斤。扁豆能造粉条，销行固原、平凉一带。牲畜羊极多，以千万计，牛次之，驴又次之，骡更次之。静宁亦甘省旺区也。计今日共行九十里。

十六日，晴　十下起行。连日以来均向西行，自此半由北走。由西门行，过牲税局，门首左有移风楼一座，右一楼，草书其额云"华岳祥光摇陇甸，崇冈瑞色入楼台"，未解何谓。出西关，地势渐下，过一小河。行里许，又小河一道，均溪流，不碍于行。闻此地制坐车一架，除骡价外，需银六十两上下，较之西安打车价值为贱。西安平常车四五十金可购，稍求精致，则在百金左右。十一下半，上齐家大山，地势陡峻，接层而上，时平时坡者三数次，上顶时已三分［点］钟矣。计齐家大山高度，出海面六百丈以上，风气逼人，殊为可畏。上有小贸一户，人约二三口，岂具有披襟以当之概耶？过山顶，地势渐低。约下坡十里许，遇湘人，傅姓，自温宿来者。温宿居新疆之西，计程三十余栈。此次携眷南旋，自七月中起行，今已近四月矣，返梓之期，约在腊月前后，道及此途远近，连声称苦云云。

二下半，下坡底孙家沟，腹有饥意。至店，仅油果一物，泡茶食之，以竹杆作箸，土碗作杯，而茶则泥尘已极，不禁为之笑语云："竹竿拈油果，土碗吃泥茶，诚别派也。"用志之，以见旅况。四下，抵高家堡，宿行台。地归静宁属，居民约六七十户，小贸者数家。此地无泉水，取自溪沟，性咸不可饮食。一带土质，望之白浮于色，似含有硝质。闻山内不远有出硝地方，藉炼皮货之用，此其类也，咸水之所以多也。前去青家驿，地水咸而味尚不苦，至会宁地，则咸而又苦，骡马亦不甘饮。过安定境界，泉水出焉，取而饮之，殊为可口。本地寒气甚不宜冬麦，每春二三月下种，六七月收麦。人少地广，今年种于此，明年种于彼，易地皆可有秋，故务农者除冬耕外，于粪草一切，平时不甚讲究。堡内有把总一员，兵丁无多。计今日行四十五里。

十七日，晴　八下三刻起行。十下，行十里，过界石铺。居民约三十余户，有饭店、车栈、小贸者。卡房一座，书有"静宁营"字样。静宁地当入口要道，属地之广亦可见矣。计自平凉过来，山色黑而多红，南方呼此等地为红砂坡，极多出产，缘地性肥沃故也。此则一望荒郊，草木俱无，当非土性之硗薄，亦人力不讲求种植耳。出界石铺街头不数武，过小溪一道，闻春夏天亦无盛涨，不碍于行，惟性咸，不能取用。

闻由西安至兰州，雇大车需银三十两以外，轿车需银廿四两，官价则然，民价加多。至货车不同，每货百斤，脚价银三两八钱，或载千斤、二千斤，按轻重计算。尝有大车载货，脚银至七十两以上者。由甘至陕，运货价亦相同。惟兰州棉烟至陕，运价以石论，石则二百余斤、三百余斤不等，价亦五两、六两不一。

十一下，又十里，过石嘴子，民户三数家。十二下，又十里，过漫子峡，卡房书云："东至界石铺十里，西至清石河十里。"地名微有不同，人户约四五家。三分钟，又十里，过清石河，小沟一道，有卡房，无居民。二下，又十里，抵青家驿，宿行台。此地水咸，向不堪饮，今日竟有香茗可爱、水极清洁者。询悉去驲二里地，有泉水一区，足供市上居民之用，此即取之而来也。午尖，有绣毬白泡菜，味甚佳。此物惟鄂中襄、郧、宜、施一带有之，称绝品，今于此地得之，不禁有故乡莼鲈之感矣！此菜又名“包白菜”，为会宁出产，邻县间亦有之，不甚可口。计今日共行五十里。

十八日，半阴晴，风大作　六下早发。七下半，行十里，上大山岔。出青家驲，街头大土桥一座，宽容二车，长约五丈。折由狭巷行，不数武，又土桥一座，宽相等而略短。过此后，地势上坡，为多大山岔，居民四五户。九下，又十里过太平店，民户约廿余家。本地居民砌土为室，墙垣屋脊皆以土砖成之，前开一门，以通出入。既不用木石作栋宇，阶檐之壮观，复不如凿土为洞，存穴居古意，又成土屋一式。缘此地土性松软，凿穴则易坍塌，木石稀少，更亦无从觅用故也。途遇自西来者，骡马大队而行，鞍悬小旗数面，“青海左翼辅国郡王奉旨进京年班当差”字样，计途可谓远矣。

十一下三刻，翟家所行台午尖。居户约四五十家，有巡警分局一所，车店、小贸者数户。又静宁营堆卡一座，门首书“东至青家驲四十五里，西至会宁县四十五里”。一下，行廿里，地势渐下。过张成堡，人户不及十家，平凉营驻此，为修桥力作用。缘下有会宁河一道，平时水不甚深，可通车，冬令冰冻，不能再行。另有桥三道可走，今年桥倾圮，大家修筑，故藉此兵力为便。

下会宁河，岸壁曲折，河旋绕而行，土色红黄，水流亦为之浊。闻今年春夏盛涨，曾有货车至此，卒不及防，被水冲去，辕骡亦同淹没。缘山溪水暴发无常，势极猛烈也。现已冰结大半。据车夫言，过三数日冻甚，车马不可行。由桥上走，沿河行，左岸桥三道，一最高约卅丈以上，中一道约廿余丈，下一道稍低，刊有“屹若长城”四字。均以土石砖块筑之，势甚坚，下有石孔，可通水道。闻此次工程，力出自兵，款出自上宪筹拨，除动公项三千余金外，会宁蒋令捐廉千余金，合计五千以外，未累及民，亦善举也。将筑之先，需用土石，间有上下车马随时支差搬运之事，报效在公，亦应尔尔。遇驼载盐百余袋，每袋计二百斤左右。询由安定运来白盐，至平凉销行者。白盐与青盐、花盐如何分析，尚待考查。盐色之多，于此可见。

五下，入会宁城，宿公馆。馆在学堂内。县内有高等小学堂一，学生卅名，教习二人。乡有民立小学堂一。城内居民约五百余户，合县有七千余家。巡警城中设局，有卅人，沿大道均有分局。城乡无教堂，无从教者。回民约四千余口。地居冲要，不甚繁富。向来地丁银六千余两，回乱后，尚未复元，今不过收三千金左右。城内杂货各店，有而不旺，粮食夏麦尚好，尤以秋收杂粮为大宗，如小米、豌豆之类。本地不酿酒，用者购自徽县地方，高粱所煮，味亦佳。计今日共行九十里。

十九日，晴　八下五十分起行。途遇三数马，运青色石块者，询悉染店所用，谓之青灰，出自左近山内，居民如挖窑法，凿洞而入，每取多少运至平凉一路染店，作染青蓝各布之料。缘此地靛少，青灰即为合用，每斤卖钱卅二文，出山时每斤止需钱十余文。

九下五十分，行廿里，过己［鸡］儿嘴，居民约廿家。有公所一，牌示“清理官树，稽查电杆，征收税课，严查偷漏”云云。小布店二三家，余则卖蒸馍、油果诸物。

一下三刻，又廿里，过樱桃河。居民三五户，小憩饮茶，亦清洁。询悉煨茶之水，系窖水也。窖水者，平常雨多时，筑窖贮之，俟澄清后，煮茶为便。闻夏月热气较盛，窖水饮之，常有腹滤之患。惟现交冬令，寒潭清净，用之无异泉水也。三下半，抵西巩驿，宿行台。驿上居民约四五十户，小有市面，买食物不易得。行台荒落，如宿野店，水火均无从觅购，去茶馆买水一小壶，需钱十二文，一洗脸盆，需钱廿四文，并不可以多买。旅况如此，可谓苦矣。由会宁以来，沿途地质之含白，意与静宁地质无殊，询系碱类。本地人不甚考求，故任其弃于地耳，殊为可惜。计今日共行六十里。

廿日，晴　八下半早发。出西巩驲街头五里之遥，下王公桥，两山逼狭，一虹中通，宽可行二车，长约三丈，虽系土筑，历时古而其势甚坚。九下半，过王公桥上山，地势陡峻，路则盘旋而上，约五里许上山腰，即清凉山也。小贸一二户，饮茶少憩，历时已十下二十分钟矣。十一下半，行廿里，由山路横过，有堆卡一，居民零星三数户。西安至兰州路经四大山，行者畏难。一六盘山；一齐家大山，前已过境；一清凉山，即今日所行之山也；一车道岭，则在安定前途，三数日后必须经过。此路店家多卖白糖，似南方糯米所造，询之，即小麦、小米、豌豆合酿而成，米尤多，故食之甚甘，每两卖钱五文。茶一碗卖钱二文。

一下，行卅里，上清凉山顶。居民约三十户，杂货二三家，食物无多，茶水不便，欲午尖而不果。缘此山极高，向为无水之地。民户用水，恒取之数十里外，晚去早归，每日一次可以自给，不是供往来者解渴之需。往年三、六、九月缺水，余月窖水尚可备用。今冬晴多雪少，窖水亦不易有，故今日过此，杯茗不可得也。车夫言，此路向来冬行甚难，雪深冰冻，最碍车马。今冬晴烘特别，路干易走，虽翻山过岭不觉其难，惟尘土蔽天，几与暑旱天无异。土性松软，近日所过地方大致相同。将来秦陇铁道不易修筑，惟烧造瓦器尚可用之。昨由静宁、会宁一带窑厂数起，瓦缸、瓦缽、瓦盆大小不一，出亦甚夥，此亦本地货产也。二下半，下十五里铺，无甚居户。

四下，入安定城，宿行台。由东门入城，内有邮政局一，电报局一，巡警局一，巡兵十名，守备、把总各一，合制兵四十余名，兵饷分两季，在甘藩库支领，每年约共银六百两左右。有小学堂一，学生廿余人。合关厢居户约五百余家，各生意杂货店，有而不旺。银色足者，每两易钱一千一百余文，差者每两易钱九百余文。食物较东路一带价贵，在平凉、静宁、会宁各属，馍每斤十二文，此则每斤廿四文，余类此。城内汉民多，回民少，无外国教堂，无从洋教者，民风朴而不勤。所饮之酒，本地不造，来自秦州。

乡间合计约七千余户，物产麦豆杂粮俱出，年止春种一季，二三月种，八九月收。秋冬后冷气太甚，不能植物。地亦瘠薄，今年种此段，明年种彼段。地力稍裕，可望收成。如接年种一段地，必无有秋之象。本地水性咸，县城文庙内有一泉，可供衙署之用，以外均以窖水为生活。土质含碱，地少肥沃，树木不能栽植。从前左文襄饬令沿途栽柳，此地一带独少全活，现令整理官树，缺者补之，亦非易事也。

本地回民约二三百人之多，性夙毒很［狠］，与汉民旧仇未释，即左文襄平回之役也。回民亦分新教、老教二党，常相龃龉，一经与汉民有事，则合群力而争，无分党之说。平日持家勤而俭朴，不饮酒不耗钱，每为汉民所不及。现今西宁镇、甘肃提俱马姓，系回民之首。又马安良者，著名回魁，亦在固原提属，带有营旗，从前督抚甚倚重之，亦以毒攻毒之意也。现有马元章者，彼教名曰“马善人”，汉人呼之曰“马生人”，前左文襄金积堡大捷之后，流之云南地界，今日归里未久，声势甚大，每出外，有三五百回民为之拥护。凡沿途在教者办差、迎送、设礼拜寺、念经，该提镇等亦通信息。今年五月间，陡有持马元章名片者知会安定令周君，谓秋九月将至此地建堂念经，同人约四五百人不等，不必惊疑云云。时有带防营沈姓住安定城外，周君以此事访之，谓在此建堂一事，非禀明省城大宪，未敢造次。如准建堂，则任其修筑，否则不能听客所为。即欲在此地念经，止可每起二三十人，分班念毕，挨次前进，不可住此，以免拥挤生事。后九月，马元章来，一一如周君所言，不哗而去。至今堂未设，元章闻向西宁去矣。似此情形，回党势焰渐炽，非稍加敛抑，恐为后日患。敛抑之法，须于该提镇及马安良数人任用之间，暗加钳制，不可听其庞然自大也。

守备安姓，言本地有制兵四十余名，专为送迎差事之用。陕甘共八镇，陕驻三镇，甘驻五镇，每镇不及二千人。固原提马步四旗，马一旗百余名，步三旗约共九百余人。甘省督标二千人左右，省城有炮队一旗。除各旗先改练军，后改续备军，今改巡防军，此外未练新军，其名数、饷数不得其详云云。惟悉本地制兵四十余名，月饷每年在藩库领银六百两左右。

闻前月长将军过此，意欲在湖北设官茶局，收羊楼洞、白墩一带茶叶，运销新疆伊犁地方，以资利便，诚富国裕民之法也。惟新省旧销湘茶，经左文襄奏定在案。此次或分销或独销，非与甘、新各大宪互商妥适，恐致有两歧之误。周君言之甚详。

自六盘山过来，地多瘴气，每晨起行不可太早，亦须先之以饮食，俾内足于中，可免外感之虞。本地木炭毒气甚重，中者头痛心晕，急觅火梨，又曰“煤梨”，食之可解。其中之深者，用本地泡白菜之酸水，或半碗或一碗服之，而胸次豁然，闷而复醒，可占勿药之喜。日来大家疲倦，安定周君，湖北咸宁人，亦重乡谊，拟住一日，藉纾旅困。店内有左文襄题联云：“事可利人皆德业，言皆［堪］持世即文章。”语既可味，书法亦有奇气。计今日行六十里。

廿一日，晴　住安定休息。

廿二日，晴　九下起行。由北门出，过小沟一，未几，小桥一，均无碍于行，较之昨进东门城外大桥二道，甚为危险者有别。途见骡运酒篓二十余骑，每骑载二篓，约重四五百斤。询由凤翔运至甘省者，在凤翔每斤价钱四五十文，甘省每斤则在一百二三十文外。十一下，过十八里铺，户约二三十家，有杂货、小贸、地摊，各生意不旺。一下，过卅里铺，人户十家左右，有小贸。二下，过巉口堡。小河一道，河东设安定统捐局一所，河西居民约四五十户。杂货、药店、小贸俱有，惟食物无多，蒸馍、油果而已。每酒一两需钱廿四文，较沿途为昂贵。有十数骡载青石块，大小不等，询悉卖馍之家以此煮水作碱用甚宜，名曰"青灰"，出在兰州左近山内。四下，宿秤钩驲，驲属安定，户约百余家，无市面。计今日共行六十里。

廿三日，晴　近日以来，沿途州县探知自东来办差，迎送拜谒纷纷，每力辞之不得。由此昼眠夜走，不按站行，庶免应酬杂沓之习。而深宵寒月，茅店鸡声，风潇潇起，毛发皆霜，溪汩汩流，蹄声欲碎，旅况之苦，亦有所不得辞者矣。半夜后起行，走五里地上坡，陡峻难行，约廿里许上山顶，即车道岭也，著名大山。人户零星二三家。有堆卡一座，山头悬红旗一面，闻有防勇十余人常川驻此，以护行人。

遇镖车数起，路狭难让，耽延久之。向来镖客恃恶，各货车、客车每避其锋。其实若辈徒恃镖名，无甚武术，遇弱者以虚势恐之，强者则反以银钱交结，称哥叫弟而罢。将来铁道通行之后，当无托足之所矣。

又五里，过荞面湾，户约十余家。又五里，大王洞早尖，约五六户。又廿里，过甘草店。居民约二百户，杂货店居四分之一，市面房宇较沿途稍齐整。东头小河一道，大庙一座；西头关庙一座，殿亦宏敞。此店为过往宿站之处。闻安定县已预备一切矣，急趋而前，不于此宿，以免纷扰。又廿里，宿清水驿，居民约三四十户，有杂货、小贸，无市面。

自安定过来，白骨塔随在有之。今日由大王洞过，左右颓垣不下百余户，均自回乱后未修复者，当日之生灵涂炭可想见已。闻甘省向有矿产，金矿最多，凡碾伯、巴燕戎、大通、西宁数处金苗甚夥，外此则寥寥也。自六盘山以来，此地一带无甚物产，麦豆粮食仅供本地人自给，殊无盈余，其缺水、缺碳、缺草木，民恒病之。幸牛羊不少，牲畜粪晒干，作炊爨用，羊粪为最多，诚地瘠民贫之地也。计今日共行七十里。

廿四日，晴　一下半早发。三下，行廿里，过下关营，居户约二三十家。七下半，又二十里，过金家崖，村镇之大，约千家以外。惟车由街后河道行，未睹市面为何。闻此地左近水田尚多，出稻谷，可分销省城。沿途一带，各项生意不缺，大略金家崖为金县较旺之村镇也。河即小水子源头。九下半，上小水子早尖。小水子河清而浅，有二路抵尖所，一车路较远，一马路较近，先由马路行至尖站。遥望前面土山岩脚下通一河，水多清而流势猛，河宽十丈、十余丈、廿丈不等，小水子河旁流入之，询即黄河也。由秦而豫，色红黄而浊，泥即沙，沙即水，两岸畏之。决溃之患，为中国财政上一大漏卮。今观于此，而轻绿遥映，颇有清流之概，可谓奇矣。诗云："在山泉水清，出山泉水浊"，于兹益信。黄河来路尚远，此其过境也。计金家崖至此行二十里。

十一下，又十里，过桑圃子，居户四五家，地势险峻。十二下，又十里，过东岗堡，来路纡斜，半在山腰，至此则平原中开，一旦豁然。杨柳人家，楼阁远映，已望见省城墙垛，参差如绘。地内多石子，不易种植。水车极多，浮桥轮盘，衔连不断，皆运河水以灌地也。又种烟叶满地，杆枯叶黄，尚未采摘，计城外地亩，烟居多数，可知甘省棉烟之广且多也。

二下三刻，又廿里，入兰州城，由东关进，宿客店。今晨寒气较大，马背霜浮，毛白如雪，马蹄马尾，冰洁如珠，累累然玎珰有声，冷已甚矣。至午则晴烘满地，反似有盛热之象。今冬晴久，路上泥干而浮松若粉，约五寸、一尺深不等，车马经过，土落则如雨，成滴如水，衫拂灰飞，则如布蒙面，如雾遮天。对面不见人，满身衣着土，入店后须眉变形尔。我不分路行，可谓苦矣。然则天旱泥软，不易行若此，其雨久泥陷之状，又可知其为畏途也。近过一带地方，居民着棉衣者，一短袄一长裤；着皮衣者，或缝布面皮袍，或仅用羊皮桶；着夹衣、单衣者，一二件不定。惟有数岁小儿，每上衣不下裳，赤体若素，虽由冬晴无碍，而早晚寒度，风霜可畏，岂真穷民抚孩，无力置一裤乎？而小儿亦不闻因此有感冒风寒之说，其身体之结实，概可知已。计今日行一百里。

廿五日，晴　入店后，探拜者纷纷，多不近情，概谢绝。店舍狭隘，容膝难安。店主云，每房一间，日需银五钱，火食、茶水一切尚需自备。沿途未带厨夫，另向饭馆买食，随便肴菜不旨不多，而每餐饭价需银二两以上。其住房、火食之昂贵，实为沿路所罕见也。（眉注：因兰州旅情出人意外，电京商办。）

廿六日，晴　清晨，有候补县李显诚者，来店索见。此人夙所知悉，本籍河南，原官陕西。前廿九年凤翔盐案，商受其害，民受其病，官场亦并受其殃，皆系该令一人所酿成，业经言者奏革。其操守难信，声名甚劣，人所共知共闻。彼时多有咎升抚之误用者，今闻来甘，升督尤信任无二，诚不解其何谓矣。未见而去。辰后往谒甘督，遽辞以疾不见。

北门外有北塔山，为甘省名胜，往游之。出城门，过黄河，河横廿四舟以为浮桥，旁系巨缆，两岸以铁柱镇之。闻每年冬至后三九之三日，河冻即成冰桥。俟来春解冻后，浮桥如故，甚稳适可渡。上河北岸，居民约数百家，东路则去西宁，西路则出关外，诚往来要道也。登山螺旋而上，古庙层层，有老君、罗汉各殿在焉。舍宇约分三路，如陟级然。塔则矗立中峰之上，高约十丈许，一凭眺间，黄河水流其下，兰州城横其前，五泉山竖于对面，中间城郭楼台，人家杨柳，炊烟四起，鸡犬声闻，居民约五万户以外。城周九里有余，地势东西长而多平坦，南北短而多山岗，俨然大都会之地也。登斯山也，观斯城也，踌躇徘徊者久之。已而夕阳在山，暮霭平横，市上灯明，庙中鼓起，流连咏歌者不得不驾言归去矣。

廿七日，晴　自陕西以来诸般考查，尚未报告，遂一一料理之。

廿八日，晴

第二册

十月卅日，晴　晨四下钟，单骑出兰，同行诸人随后西发。出西关，渡黄河，浮桥宽约三百米，下建廿四艘，旁系巨缆，两岸以铁柱镇之，系明代洪武时所造。闻每年冬至后三九之三日，河冻即成冰桥，车马皆踏冰而过，冰融后再敷设。往岁此时，则已冰块如山，随流而下。今岁天气温暖，惟河岸微有冻意而已。现闻将建铁桥，聘外国工程师，估工约需十余万两。盖因每岁冰融时，常有人马失陷之患也。渡河即北塔山，与兰州城对峙，居民约三百户，环居山麓。上有白塔寺，庙宇极多，回绕山际。街西有金城关，西汉赵充国讨西羌，治金城郡，即今之兰州城也，故名。

又四里，徐家湾。居民四户，路侧多碎石，房室多以碎石为之，路侧梨、枣近数千株。又六里，至十里店。居民约百家，有卖食物处。东侧有城，土筑，路侧枣、梨、杏、柿，混合成林，约近万株。又十里，至沙沟口。居民四五家，由此侧入峡口行矣。溪中无水，即盛夏亦只细流，惟咸水凝结，有若冰霜。入峡后，土山呈奇丽之状，有一面削壁者，有三面削壁者，圆者如柱，方者如堵。上有檐突出数寸，俨然洋式楼房，诚奇观也。又十五里，河沿井。居民四五家，傍西山麓而居也。朱家井一带，每岁收程［成］歉薄，下地地面，非覆以红石沙子不生。此时农民之搬运红沙，犹东南方之下肥料，然未悉何故。是日，由兰州至朱家井，计行四十里。

初一日　两点十分钟，由朱家井出发，因距红城子驿站百里，出发甚早。天色黑暗，不辨咫尺。行十里，至上井，居民数家。又五里，至白石头。又五里，至廿里堡。又十里，则倾斜而上山顶矣。以上各处，居民皆不过数户。又五里，余家湾，人口十数户。时则寒风凛冽，天色微明，已行四十五里矣。又二里，小老池，居民十余户，有保甲局一。又八里，琵琶湖，居民数家，道南有深沟，宽约十米，深六米余，前则大坂也。又五里，通远桥，以石为基，覆土二丈余，甚坚固，傍有卡房，为皋、平二县交界处。又十里，至哈家嘴，有卡房一，居民约卅户，饭店数家。闻此处土多咸质，不产五谷。村后有盐池四五十所，每岁产额约数十万石，每斤值钱二三十文，消［销］行兰州、狄道、秦州为最广云。又十里，秋家铺，居民四五家。又十里，至咸水河午尖，水味苦咸，居民数十户。村前有溪环流，两岸白如积雪，皆碱质也。又五里，张家方，居民十余户，由此则上山坡行矣。又五里，至土地庙，乃泉谷岭山脉之腹地也，居民数家。又十里，行下坡道，至徐家磨，居民五十余家，车店数家，入街时已黄昏后矣。又五里，至红城子，有土城，居民六七百户，市面颇盛，有守备驻焉。旅店颇精洁，为西路站口所罕见，至店时已六下钟矣。

地形：由朱家井至余家湾，地形如昨。过此岭，则地势稍阔，而成谷道，山势渐低，谷面亦随而渐广。如斯而至张家方，路幅宽一米至二米。由张家方至徐家磨，横越泉谷岭之山峡，山势狭迫，路幅仅可通车，两侧凹道，高至十米，不可攀登，过此则地形平坦而开阔矣。

地质：由朱家井至哈家嘴间，土多赤色。过此则碱质极重，山间草木不生，惟有蓬蒿高约寸许，点点如星，诚穷山也。哈家嘴产云母石，形同玻璃，土人碎之，和诸丝烟之内，不知有何效用，未遑研究也。

见闻：沿途见自平番贩运羊群者数起，以绵羊为最多，云系产自草地，毛细而长，用以制轻裘者，大抵此也。内有菜牛数头，产自青海草地，其形在牛羊之间，身高不满二尺，长约四尺，矮而肥，全身白毛长细，两角弯曲如水牛，粗则逊之，此物不能耕作，专供食品，其味颇为佳美云。由哈家嘴至徐家磜间，尘埃被道，深五六寸许，车行时飞尘障天，即呼吸亦不敢自如，旅行之苦，斯为极矣。朱家井至咸水河间，居民极稀。过此则人户稍密，田地亦有沟洫，所产以燕麦为最丰。房室均土筑，皆作广大之院落，行军时可得宿营之便也。红城子之物产，以鸦片为最多，麻次之。惟每年只收一季，有夏则无秋耳。

是日，由朱家井至红城子，计行百里。据土人云，实则百廿里有奇也。

初二、初三，二日晴　住红城子，候同行诸人及车辆。

初四日，晴，晨二十二度　午后同行诸人始至，言及兰城之事，则不禁悲喜交集矣。

初五日，晴，晨十四度，晚卅六度　五点廿分，天将拂晓，由红城子出发，行二里至水草沟，居民约二三十户。又三里，至龙泉寺，居民十余户，路右侧有深沟。又五里，唐八塆，居民约二三百家，依山麓而居，延长约二三里许。又五里，至金寺，居民约卅户。有土城，内有小商店数家，车店四家，余皆饭铺也。又十里，至高城驿，居民数家。见有负鹿角数具者，角甚粗大，非天山不能有此，询之，果然。又五里，隔壁滩，居民约廿家。又十里，至戴城尖，户口百余，有土城，街小而洁，有车店六家。又三里，马衣岭，道旁有水池，味甘，土人以神泉目之，殊可笑也。又二里，翰车寺，俗名黑城，居民四五家。又五里，奶母河，居民五六家。又十里，大柳庄，居民约卅余户。又二里，三教堂禅林也，庙宇两重，颇壮丽，庙旁有居民四五家。又三里，至庄浪城，旗民驻防之所也。城砖制，极坚固，内纵横各约里许，气象萧条，户口不见繁盛。此地旗民系由兰州移驻。乾隆时平定伊犁，将此处旗民移至新疆防守者约千数百人云。四点钟，又五里，至平番城，据金羌河之北，地势平衍，东北通宁夏，西通甘凉，西南通西宁，诚甘省河西交通之枢纽也。

地形：由红城子至平番，东为泉沟岭山脉，西为凤凰山脉，金羌河贯流其间，成一大长狭之地形，最广处约二千米。凤凰山斜面之麓为台地，或缓倾斜，山腹概急峻。泉谷岭山脉西麓多成台地之形，起伏重叠，倾斜甚缓。道经泉谷岭之麓，路面平坦，路幅宽三米至八米，路侧多凹道，惟凹度不甚深耳。

地质：上黄下赤，多含硝石。金羌河宽五百米，内外河床多砂石。

见闻：自红城子西去，金羌河东西两岸田土膏腴，村落栉比，森林尤为密茂，勃勃然有生气，入甘以后所未睹也。自兰州出发后，沿途边墙多系土筑，厚约二尺，高约丈余，或绕山巅，或依山麓，时断时续，系明代所筑，以防蒙古。土人以为万里长城者，非也，亦可见明代防御蒙人之苦矣。平番北界仅数十里外，即系蒙番之游牧地，畜牧为牛，性朴而钝，现尚无甚滋扰，其至平番城内，束手闲游者颇多云。

平番一般之调查：城关居民约千余家，街市尚属齐整。物产以小麦为大宗，鸦片与麻次之。动物产，棉花、菜牛、鹿茸、麝香亦产。商务杂货俱备，有商店百余家，车店十八家，当铺四家。石炭皆巨款，有重者四五十斤者，煤质极佳，每斤值钱三文，闻产自距此百里之窑街云。此地能制帽缨，有帽缨铺五家，即牦牛毛之所制也。并织毡，有毡铺五家，每张约值钱千文。车辆可出五六百乘。小麦及杂粮，每日可买十余石。银每两值钱千零五十文。居民多病寒及风症，深者至不治。耶教、回教俱无。

学校、警察俱无，军队约数十人。地丁银百四十八两，粮八千五百余石。是日，由红城子至平番，计行七十里。

初六日，晴　在平番修理车辆，且仆从大病，在此休息一日。

初七日，晴　六点十分钟，由平番出发，行五里，至深沟，有居民二三家。又五里，十里塘，居民三四家，村外有牧羊百余头。又五里，中铺，居民廿家。又五里，汉属郎，户口约廿余家，有废营一所，西侧即清水河也。又四里，渡武胜河，即金羌河之上源也。河发源于乌稍［鞘］岭之南麓，东南流而入黄河。此处河幅宽约四百米，河床概系沙石，颇碍车行。有水处约六米，水清流速，河上有桥，木架土筑也。由此经河之西岸行矣。又六里，武胜驿，居民约廿余户，车店三家，饭店数家。市内有把总，驻兵约十余名焉。又五里，下伏羌铺，居民十余家。村东里许，有石如削面，高数十丈，道经其下，俗名为“石嘴子”。又五里，上伏羌铺，居民三四家。又十里，解牌塘，居民仅二家。又五里，莺窳山，居民三五家。又五里，水泉子，三家。又五里，石门河，无居民。又五里，岔口驿，时晚钟五下矣。此地居民约百二十家，车店五家，小商店十二三家。有都司率兵四十名驻焉，内有马队十余名云。此地近乌稍［鞘］岭，气候极寒，风雪无常，即六七月间，亦多有大雪封山之事，冬日则冻毙牲畜之事时有之。岔口驿标高，与六盘山顶相同。

地势：东西两山依然如昨，至清水则两山接近，相距不满三百米，金羌河贯流其间。过此则又渐次开阔，至武胜驿而成谷地之形，最广处约千五六百米。由此又两相接近，而成伏羌铺长狭谷地，其最广处不过千米。过此则成岔口驿之小平凉矣。道路由平番至清水，经金羌河之东岸，路幅宽约五米。由武胜驿至岔口驿，道经河之西岸，路幅宽约八米，路概平坦，惟碎石极多耳。金羌河之渡河点，此时可徒涉，水涨时至绝交通云。

地质：黄赤相混，间有青石。

见闻：平番西出，居民极稀，地多荒废，盖因气候极寒，不宜农业。此地多番民，不解耕种。汉人客此者，虽有耕作而土地硗确，燕麦、青稞两种外，别无所产也。沿途少农业而多牧畜，羊群牧放极甚，有多至数百头者，牛、马、骆驼次之，塞外风光今始见矣。甘省气候虽寒，沿途来见小孩辈多不着下衣，虽风雪交加而裸体如故，盖有以养成其御寒之习惯性也。今日始见有着棉衣者，气候之寒，一斑可见。是日，由平番至岔口驿，计行七十里。

初八日，晴　晨二点半钟出发，西北风大作，华氏华达零度。西行以来，寒气之盛以今日为最，虽衣重裘，而身上反如浇水矣。西北行十五里至宽沟，居民三四家。又五里，至深沟，无居民。又五里，曹家铺，天始微明，呼吸之间寒风刺鼻。此地居民十余家。又五里，大石沟，居民二家。又五里，打柴沟，居【民】卅余家。又十里，石灰沟，居民二三家。又十里，镇羌驿尖，居民约廿余。又五里，渡金羌河，河宽二百五十米，支流甚多，水宽约二米。渡河即镇羌营，居民十余家。有营房一，驻游击一员，有防兵九十余名，皆步。又十里，行上坡路至乌稍［鞘］岭，岭不甚峻，惟地气极冷寒，正午时尤十三度也。寒风扑面，有如刀削，盖此地为甘省之最高处，故为甘省之最寒处也。岭西则见雪山，积雪缭绕天际焉。又西北下岭，行三里，有蒙古人数家，西即平番与古浪之交界处也。又十二里，至安阳，居民约二十家，内有蒙古人数户。兵营一所，驻兵十余名云。又五里，油房台，居民三四家，房室草泥作，瓦以积石压其上，盖防大风之倾覆故也。又五里，大沙沟，无居民。三下半钟，又五里，至龙沟铺，居民约二百家，车店数家，驻有马队十余名云。

地形：由岔口至镇羌驿，北有雪山山脉，南有乌稍［鞘］岭山脉，由西北而走东南，金羌河贯流其间，以成长狭之谷地。

由镇羌驿至龙沟铺，横越乌稍［鞘］岭山脉之脊，山南斜面甚缓，北则坡度甚急，下坂后又成长狭之谷地，以达于龙沟铺。乌稍［鞘］岭西端与雪山山脉相接，由西北而蜿蜒于东南，岭南之水皆南流而入黄河，岭北之水则北流而潴于瀚海，故乌稍［鞘］岭者亦黄河以西之大分水岭也。路面及路幅宽三米至八米，通过除阪路外，概容易。

地质：赤土，岩石多绿泥岩。自入甘境，山皆土质，性极松浮，平地之中，时有崩陷至数十丈者。惟六盘山与乌稍［鞘］岭山多石质，异日修造铁道以作基础之用者，非由此莫可取给也。

见闻：沿途地多荒草，种植极稀。惟牧畜成群，颇为繁盛。自昨宿之岔口，及今日之龙沟铺，旅店愈形荒陋，饮食、茶水皆须自炊自爨，店内桌几皆无，荒榻一具，浮尘寸许，无坐卧处。朝夕晨昏，趺坐车里，虽两膝麻木，亦徒唤奈何，以车为家，真苦人也。是日，由岔口至龙沟铺，计行百里。

初九日，晴，华零度，摄零下廿度　晨三点半，由岔口驿［龙沟铺］出发，行五里，至大坂，居民五六家。又十里，至黑松驿，居民十余家。又七里，岔路墩，居民四五家，皆熟食店也。至此则东方始见曙光矣。又三里，古浪峡。河畔有白石一方，纵横约六尺，成扁圆形，色如白玉，上有字迹，模糊不可复识。土人或谓为“落星石”，并谓制酒时削此碎片，置其中便成佳酿云。又五里，跌落岩，居民四五家。又十里，至古浪县。县城据乌稍［鞘］岭西麓之谷口，颇占形胜，城周约四里，土筑，居民五六百家，属凉州治。又出西门，行五里，至札家桥，居民二三家。又五里，解家塘，居民四五家。又五里，小桥堡，居民十余家。又十五里，双塔堡，为古浪、武威二县交界处，有土寨，居民约二百家，小商店十余家，饭店、车店各数家。外有营房一，驻兵数十名云。又十五里，大墩，居民十余家，车店两家，小商店数家。时已西山日落，皓月东升，寒气逼人，较晨尤甚。适口渴，乞茶于商店，云村外有井，可往饮之。始知《传》所谓，晋文公至卫，“乞食于野人，野人与之块”之非虚语也。又五里，十里铺，居民七八家。又十里，靖边驿，居民约卅余家。车店四家，宿客拥挤，无栖息所。徘徊檐下，寒风逼人，层冰满道，重裘不暖，饥肠欲鸣。静候卅分钟之久，始觅得偏室一所，进店时已晚钟七下矣。自兰州西出后，旅店不备饭食，非自炊无以裹腹。西安雇仆二名，一被甘督扣留，一则中途遁去，老仆亦病风寒，旅行之困，莫此甚矣。数日来，自炊自爨，食味极佳，芜蒌亭豆粥、滹沱河麦饭之美，良有以也。

地形：由龙沟铺至古浪为长狭之隘路，南北两山对峙，峰峦崒嵂，最宽处不过二百米，西河贯流其间。北山急峻，南山较平缓，山皆石质，河岸多成绝壁。道经河之西岸，碎石满道，颠簸殊甚，路幅宽约二米。由古浪至靖边驿，南北两山渐次开阔，田畴平旷，而成河西之大平原。惟路侧间多堑谷，队伍运动须留意。然如此开展之地面，入甘后所未睹也。路幅宽三米至四米，路侧凹道皆可攀登。

地质：由龙沟铺至古浪，两山皆石，兼有绿泥片岩。过此则概系黄土，内含碱质，道旁多露出之。

见闻：沿途居民甚少，地多荒芜，大有土旷人稀之感，牧畜亦不多见。自兰州西出，未见驼运，今日见骆驼卅余头，询悉由甘凉运来，至古浪销售者，此外大帮驼运，皆由镇番草地至兰云。

古浪一般之调查：粮食以青稞、燕麦、豆子为大宗，鸦片亦多。物产牛羊毛皮甚夥，并产鹿茸、麝香。鹿茸每两值银一两，麝香每两值银一两有余云。县之东南四十里，产煤甚夥，煤质颇佳，然［燃］料多取给于此。距县卅里之南北两山，天然产松甚多，居民建筑多赖之。商务不盛，以油房、杂货为大宗。回教、耶教俱无。南山番民极多。军队，龙沟铺有十人。地丁征银七十两，粮六千六百余石。是日，由龙沟铺至靖边驿，计行百里。

初十日，晴，早五度，晚十四度　晨四下钟，由靖边驿出发西北行，渡灞河，宽八百米，水宽数米。又十里，大里堡，有土寨，居民约十余户。又五里，锅巴寨，居民十余家。出寨过杂木河，宽十数米，无水。至此时，天始明矣。又五里，河东堡，居民四十家。又十五里，杨家岩，附近村落甚密。又五里，大河驿尖。居民五六十家，小商店数家，车店、饭店皆备。村内有学堂牌匾二，一名“民蒙学堂”，一名“民养学堂”，命名之谬一至于此。又关帝庙，有巡警旗一方，至庙游，则闻其无人，徒有旗帜耳。盖此地大道要冲，故挂牌、悬旗以张门面，不必实有其事。沿途所见学堂、巡警等名目，皆此类也，可叹！又十里，至青石岭，居民廿家。村东遥望有卡房一所，近视之，乃以土堆成屋式，屋前并有矮墙一道，至门窗、刀枪，皆朱笔所绘也，虚衍故事如此。外人纸城画炮之讥，良有以也。又七里，十三里铺，居民卅家。又三里，马儿坝，居民约廿家。出村过大七河，又过杨家坝河，河宽皆五十米，无水。又十里，凉州府，首县为武威。寓东关泰来店，抵店时下午两点半钟也。

《禹贡》“至于潴野”，今凉地也，本匈奴休屠王地。河西半壁，以凉为中权，汉魏两晋，倚为重地。宋时元昊窃据，不入中国版图者二百余年。元兴灭夏，降府为州。明置卫，立五所。国朝雍正五年改府，以武威附府。武威，汉姑臧县地，前凉张轨，后凉吕光，南凉秃发乌孤，北凉段业、【沮】渠蒙逊，西凉李暠，是为五凉，皆建都于此。地居要害，物产殷富，田土膏腴。国朝有事西域，必以为运兵转饷之要地焉。

地形：南北两山相距极远，田畴平旷，一望无垠。甘省有如此大平原，诚意料所不及也。数多河流皆发源于东南，而流向西北，此时无水，即间有之，其流亦浅。惟河东堡及马儿坝间有宽三四里之石原，碎石满道，车行颇困，路幅宽五米以上，路外通过自由。

地质：黄土，内含碱质。

见闻：人烟稠密，树木繁盛，房室之制，院宽而墙极高，地居平原，因以避风故也。每家必修有望楼一座，盖以防盗贼及回民云。

是日，由靖边驿至凉州，计行七十里。

十一日，晴，早十六度，晚廿四度　是日，住凉州，接京电，系由兰州转寄者，当即复电一封。

凉州一般之调查：

区域：凉州辖五县，北镇番，西永昌，东平番、古浪，附郭为武威。

官吏：一、文官，甘凉兵备道一，知府、知县、经历、捕厅、学官各一。二、武官，镇、协、都司各一，游击四。

物产：一、植物，粮食以小麦、黄米、粟米、青稞为大宗，大豆次之。药材则枸杞、大黄、羌活、柴胡、甘草、野党生［参］俱产。森林，西南二山之内，松树极多，柏树次之，建筑及燃料均以此物为主。杨［洋］芋所产最盛，农民多食之，可买数十万斤，每斤值钱七八文。二、动物，马、驴、骡最多，销售山陕一带。绵羊各县皆多，牛产最少。骆驼镇番最多，此外各处均产。鹿茸、麝香，南山多产。三、矿物，石煤产额极甚，县城南四五十里之西南山内俱产，每日能出万斤。此地燃料以煤为主，煤质亦佳。碱质多成块者，或绿色，或白色，皆自地内取出，沿街多卖者。盐来自镇番，每升值钱十五文。

商务：一、输出，鸦片产额每岁约八千石，每石计重千两，每两值银三钱，多运销内地，且有至新疆销售者。羊毛、羊皮等，此地有洋行五家，皆自天津分来，每年　家生意约四十万两。羊毛每斤值银八分。此地牧羊之家，每年剪羊毛二次，一在四月，一在八九【月】之交。至羊皮之佳者，则皆不过初生三四月之羊羔子也。牛羊皮每年约产五六千张，牛皮每张值银三两，羊皮每张值钱二百文。驼毛、驼骨每岁所产亦夥。二、输入，京货多由天津运至，布多由湖北运至，洋货以洋火、洋布、洋绣及各种顽［玩］具为多。各货以日本所制者占大部分，输入亦以天津为最盛。此处有票号三家，当铺十四家，经营商业者以山陕人为最多云。

财政：百货局一，平均每日可收钱卅千。土税局一，平均每日可收银百两。驼马局一，卖驼一匹，抽银一两；卖马一匹，抽银五钱，每日约收钱十千文。武威地丁征银五百余两，粮四万三千余石。

交通：电报局一，每岁约收电费银二千两。邮政局一，今春始设。凉州至兰州七站，至肃州十二站，至宁夏八站。此地有车店七家，驼厂三家，脚骡店二家。

人种：昔日回民极多，城内外俱盛，东关至今尚有回回巷之名。同治回乱时，悉被驱逐，今则不过寥寥数家而已。南北二山之外，蒙古、西番人极多。蒙古至此者，多卖羊、驼及黄油等物。西番至此者，多卖牦牛及羊毛等物，皆贩米面、杂货而去。旗民之驻防此地者约万人，另筑有满城，居汉城之东。乾隆时，曾将此地旗兵携眷迁往新疆驻防。闻此处旗人多有务农商等业者，其生计颇能自给云。

军队：步队二百人，系练军。马队自兰州督标派来者，约百人。制兵五营，共约四百余人。

警察：城内巡兵，约四十余人。

学堂：城内小学一，蒙学二，共约数十人。

田土：凉州田土之沃，以武威为最。武威西南多山，东北田土肥沃，每年只收一季，亩地每年平均可收八斗云。

风俗：大概质朴，惟食烟者极多，约居十之六七，盖因本地产土极夥故也。贫民极多，乞丐满道，合城内男妇老幼计之，至有千余人之多云。此地卖女之风极盛，虽良家子女皆可任人选择，取以作妾，亦所不计。每女上者值银两［百］两内外，次则六十、四十两不等，想亦贫民多，而生计窘迫之故也。

户口：城关居民约万家，合全邑计之，约四十万人，诚甘省户口繁盛之区也。凉州城系椭圆形，东西长而南北狭，城周九里，砖制，街市颇为宽敞。

宗教：耶教，有英国传教师三人，奉教者约六十家。天主教，有法国教师五人，奉教者约百家。

气候：凉州较各处稍为温暖，此时温度在华氏表十五度左右。雨泽甚少，每岁有一二次大雨，即为丰年。

凉州之征发：小麦每斗值钱三百八十文，每年约可买二万石。小米每斗三百八十文，青稞三百余，各种杂粮亦可数万石。米则此地不产，来自甘州，每斗值钱五百余文。煤炭每日可买万斤。马每匹值银八十两左右，可买二千匹。驴可买四五千匹。骡可买五六百头，上者值百金。驼产镇番多，驼身大而驼峰高者为佳，上等约值四十两，可买五六百匹。牛产番地，价廿两，约可买千头。羊多而佳，每头需钱千文，数万头不难致也。以上各物征发时，皆不止此数。

凉州地势之判断：凉州北界蒙古，南连卫藏，西通西域，东接中原，伊古以来为英雄用武之地，五代割据，西凉建国，皆以此地为都会。宋时元昊据有河西之地（河西即宁夏、甘州、凉州等处），倔强西北，宋人无可如何。国朝有事西域，调兵运饷，皆以此为根据地。历史上形胜之重要昭然矣。就现时军事上之观察，对内防外皆为要冲。何者？自兰州至古浪五六百里间，为长狭之谷地，至此则一望平原，正当谷道之口，实为兰州之门户。此地一失，则山道崎岖，皆非用兵之所。此对于兰州为保障之要地者一也。凉州为河西中权，北可控制蒙古，南可防御青番，两处一有蠢动，则此处为必争之地。若镇守得人，则足以制其死命，而不至糜烂甘省之全局。此对于蒙古、青海为防守之要地者又一也。凉州位置介兰、肃二州之间，地势平坦，人烟稠密，物产殷富，采买称便。新疆有事，则此地为转运之要区，而亦宁夏、兰州、固原等处兵队之好集合场也。此对于新疆为策应之要地者又一也。有此三者，则此地为军界平时所亟宜研究也明矣。

失　败

长　啸 著　蔡乐苏　岳秀坤 整理

说明： 本篇系民国初年革命党人对辛亥革命失败教训的总结。

作者长啸（1879—1943），原名用宏，字季通，留学日本后改名钟动，字薜生（亦作辟生），号长啸、天静，别号寒云，广东嘉应州东厢堡人（今梅州市梅江区金山街道）。少年时随其兄钟用龢（1864—1923，清末曾随杨枢游欧）入广州广雅书院读书，岁试考中附生（秀才）。1906 年东渡日本，入早稻田大学留学。留日期间，加入同盟会，组织冷圃诗社，担任嘉应五属留学生同乡会会长，创办《梅州》杂志。1911 年参与梅州光复，旋赴上海，加入南社。1913 年“二次革命”时应江西都督李烈钧之邀，参与湖口起义，失败后赴日，撰《失败》一书。1916 年随李烈钧入云南参与护国运动，任护国军第二军秘书长，代拟著名的讨袁檄文。李烈钧在 1916 年 2 月 1 日《义声报》有七律诗《题长啸〈失败〉后》：“簇簇旌旗士气新，雄风直扫朔方尘。昙花一现伊何故，卷土重来系此身。愧我乏能光史册，有谁杀贼慰斯民？漫云残局难收拾，觅得樽罍共解鞶。”据古直《钟天静先生事略》云：“湖口起义已败，君复东渡，著《失败》一书，批

整理者： 蔡乐苏，清华大学马克思主义学院教授；岳秀坤，首都师范大学历史学院副编审。

判国民党妥协政策。君前在同盟会本与汪、胡不相协，以后他辈亦疏远之，惟与唐继尧、李烈钧、林虎善，故讨袁、护法二役，君入滇辅助唐、李。在滇任教育司数年，辞归，旅居沪渎，以诗歌自遣。”1943 年逝于上海。

《失败》一书存世稀少，几为孤本，今据美国斯坦福大学图书馆藏本整理公布，以供研究参考。原书为 32 开铅印本，正文 84 页。封面有毛笔题“失败”。书前插页两张，一为《金陵片景狮子山》照片，一为《辛亥过金陵感事》诗，署“长啸”。目录中尚标有“附四将军传”，但内文未见。书后署：“中华民国三年三月印刷；每册定价三角；著者长啸；发行者姑射；发行所嵚崟书报社”。

辛亥过金陵感事

摩天初日照三吴，一睨金城杀气粗。
虎踞龙蟠新汉土，神号鬼哭旧单于。
家家梦断思红豆，燕燕飞斜入故都。
胜有凄凉残月色，好风吹满莫愁湖。

劫灰飞作五胡尘，春入荒城故国新。
六代江山谁胜迹，百年歌舞又斯民。
堂栖旧燕愁无语，月到清淮恨有身。
行过小桥芳草地，乱鸦斜日半骄人。

幸有长风起怒潮，战云飞舞入层霄。
人称豹变新开府，剑作龙吟夜度辽。
借箸屡闻尊俎竭，持筹虚识海田消。
江声咽断空城在，多少楼台烟雨飘。

曾共嫦娥瞰玉京，望中楼阁最分明。
青山历乱围新国，金粉阑珊吊古城。
丝竹有人千载事，芳菲无计百年情。
愁心夜上鸡鸣寺，犹听潇潇风雨声。

第一章　引论

失败云者，恶名乎，抑美名乎？世尘喧嚣，人各自障，则对此颓丧之词谁不厌恶及之。虽然民群之事其途术至蕃复，其运行则循阶级而进化者也。人虽奇智，然非积学无以析其名理，非历验无以察其分际，而二者之隔且至为绵邈。涉世之顷，一旦临于纷歧，怵于幻变，则学与验且相背而异驰。凭藉已虚，则恣其气勇，彷徨踸踔，而颠蹶之事乃接迹而起，此盖万万无可解免之事。唯其蹶也，则观感与途辙俱变，而觉识之转进，乃为学与验符合之动机，即为智能与事功接近之导线。故失败云者，乃英雄进步之关头，而决非可为淘汰英雄之具。若因是而沮丧，则自绝于人；若耻而讳之，则自绝于天矣。余甚慨夫以轰轰烈烈之革命党，得国而不能自理，功成而身名不保，亡清官吏复连翩高踞，翕张其肥腯之脸面以傲睨吾民。而国步邅屯，进几熸熄，逝者如斯，来日方长。盲族之不足以久存，国竞之未可或忽，乃演绎斯义，以正告国人，使知我革命党之真相，吾党少年亦藉是而自觉焉，则前途之成谁能量之。

民国初立，南京政府不能发皇义旨，纲领斯民，而僻戾之声且时出于众口，以是革命党员颇贻世人讥诮。其诟之厉而持之坚者则曰：有破坏而无建设也，暴烈也，无经验也。最近乃曰：暴民专制。初不过肤受政客假此名号以利攻击，未暇究其名实也。途说之士辗转相效，哄入高门，而大权塞胸之总统与长刀击踝之武夫，亦呀呀学为此声，藉鸣得意，庞然莫能辨也。余意不然。

革命党员之缺失，殊别有所在，今姑就此点略为辨析如左。

夫建言设辞，敷陈意旨，所最当注意者，在定其名号之界说，然后比事而得其真。读者试思破坏之义当作何正解，其与建设对称，所需求于智识与能力，差异若何，则有无之说不容轻拟。今举其一例。革命党之主张破坏，其第一义固在废满室而汉家，踣帝政而民宪，世徒以清帝退位，遂昌言破坏之成功，因以言建设之难。不知政制与民风，其变革之劳，皆当以实力相兑。今以二者之遗体而在在为共和政治之障，其当诉之于破坏能力者盖至巨，前此革命党员实未至此，故仅能以共和之名号与帝室相代。准是以观，则破坏与建设其作用固相倚，其所当具备之智识与能力亦一而二，能破坏者则必能建设，其不能建设，即由其不能破坏为之缘因。此凡革命党员所当引以为歉，而世之浅人则不敢拟议及此者也。若因势利导，以渐而易，则因袭与转变焉尔，非所语于建设云云矣。暴烈之语，更无足称述。南京政府之行为，视现政府比较的为软性，夫人能言之。其排除异己，诛斥嫌怨，手段之狠烈，更毋能比并，特以狡狯者言之，斯不自觉耳。经验云者，依据学理，较量世事，而得其常智，知其推行之术之谓。今以共和政治为之标，而究其推行之术，则条理万端，类皆反乎域内之常习，革命党员于此诚无经验之可言，然旧官僚则并此知识而亦无之。彼所谓经验，盖熟知人民之情伪，善能利用社会心理之弱点，以攫取高官厚禄云尔，于国家之弱强、政治之良窳，初未尝计及也。则经验之说，恶可藉口。至暴民专制一语，乃君宪党诋诃国会之恶词。今吾国已正名为民国，且议院、政府未尝成立，此尤为无稽之谰言，不足置辩。

综上所述，人之诋讥革党，类皆近似而失其真，不足为革命党员病。余从别种观察，将更指其失，此为失败之重因，若不知自反，则中华民国将渐失其真面，而所谓中国革命史亦将永无价值之可言。

第二章　革党经过之略史

试因缘陈迹，以鉴观革党，其步调凡三变，其态度亦三变。今图观察之便利，析为三时期而以次述之。

第一、运动时期　当甲午中日之战大败之报传播域内，乃有一种衰颓之巨声发于清廷，以重惊吾民酣嬉高卧之迷梦。英异之士各起视邦家，追怀往昔，以是哀念先祖与疾恶当世之思潮同时并作。蜀人邹容乃撰《革命军》一书，风行于世。楚人陈天华、杨笃生诸子，复有《猛回头》《警世钟》《新湖南》诸作，文学彬彬，益盛以是。欧人民族革命、政治革命与故老攘夷复汉之义相融合，而范成革命党之一种人物，随曙光所及以渐次崛起，各以个人之力纠合小团，试其运动。至乙巳年同盟会成立于东京，以是各方革命党合为一团，声气相应，以有积极进行之势。此团体之成立，有最佳之果，足以飨我民国者二。

一、发行《民报》杂志。汪精卫、章太炎诸子，颇能以精妙之文辞，先后发明义旨，剖析疑难，踞文界最高之位，以诰告斯民。革命之义，遂能深入于士夫之脑，而倾倒其神魂。虽清廷以薰天之势，利诱威逼，而人格上之价值卒不可夺。革命之声，因压逼而益高厉。

二、学生与会党合为一团，能以最新之理想浸润草野之雄。智识与武力，豪富与平民，双方进行，而握社会之中枢。且当时军中士卒大半列籍会党，又为军人革命之导线。

当同盟会初立，领袖之者为孙文。孙文者，兴中会之首领，曾于乙未年发难于广州，事败乃周历海外，屡阅险阻，而不稍屈者也。然其为人，言大而夸，识虚而谋浅，乘新合团体之势，颇持急进主义，其翌年乃有黄冈之役。不佞时在东京，曾以夜谒孙文，为言进行之序宜专意分布机关，选党中学识稍进者主其事，使从事收罗学生，联结党会，为之部署教训，复选稍傀桀者，潜历各地，为之筹划，助以运动，兼统核其势力，俟事几成熟，然后大集党首，再议进止，并力言偏方举义之非计，党员徒骛狂热，而忽视尊贤尚学之美性为不可。孙文病其迟而不能用也。旋黄冈败，乃自往南洋群岛为剧烈之运动。汪精卫、胡汉民继之，党中步趋全为偏方进行之势。各地机关分设者寥寥，行动上亦乏系统与通谋，光复后乃有意见分歧，互相排斥之病。其运动之成绩为会党与军界，而学问之途反失势力，光复后乃有秩序纷乱，不易维持，明达之士不为党员所信仰，往往有旁视而不能救之病。

南洋群岛者，英荷之殖民地，闽粤居民多流寓之，且资为外府焉。地居热带，天产宏富，华人工商其间，暴富者累累。且初来是间者，皆属贫民，又大半为三点会之逋客，常身受外人之苛辱，知自国之不竞，故其轻视内地官僚与疾恶伪朝之念，不期而自勃郁，革命党乘隙挑之，其狂热乃至不可阏。最近数年，殆常为南方革党之根据地焉。兹地之足以利用，约有五善：一、为清吏势力所不及，得多聚党人为剧烈之运动。二、近接闽、粤、滇、桂诸边，商货出入至盛，军械因以潜入。三、人皆越国出海，轻于乡土之系恋，多冒险敢死之士。四、金资丰实，流转至巨，意气所倾，往往浪掷金钱，绝不措意，甲兵粢粮容易鸠集。五、粤东东部诸州，社会经济皆仰南洋诸岛为之奥援，风气因以转变，余波所及，且足以风动全省。然对兹地而试行运动，其困难之端亦有数种。

第一，社会势力全为资本家所支配，余皆仰其鼻息，人能操奇计赢攫取大利，固皆具有权变之才能，积资既巨，脑识因而沉重，虚荣之病，亦因以深入，往往谀附清廷，为所利用，对于革命事业，虽不反对，亦不赞许。

第二，革命之说未流布以前，一般侨民颇先入于康梁保皇之说，屡能发为异声，恫吓俦辈，毋事艰险。当孙文初至新加坡也，得许雪秋招待之力为多。许雪秋者，粤之潮州人，曾倾其家资数十万，以效忠革党而不得其死者也。然潮人闭塞殊甚，无所试其运动。其至槟榔屿也，得谢良牧招待之力为多。谢良牧者，粤之梅县人，乙未年游于东京，因合组同盟会，与孙文相识。其伯父某，为南洋资本家，好恤贫困，声誉著于内外。良牧藉其余势，阴为孙文周旋，以是侨民中稍具势力者，渐相引重。良牧复自往各埠，流布其说。汪精卫、胡汉民复根据学理，为之鼓动，能力辟保皇之说。客人之侨居是间者，风气因以大变。客人者，即粤东东部诸州之居民。其民多瘠苦而骛于学，性敏而好进取，屠夫贩卒类能粗识文字，阅读报纸，故新说易入。凡孙文辈对于粤东内部及南洋各岛，自运动以迄成功，皆以客人为之主动，实以此也。客人中，与良牧同时而能事相若，功效更著者，尚有曾君某。某君亦梅县人，身拥厚资，曾一次游学于东而入同盟会，归而留驻香港，经营商业。其为人好义乐施，而广交游。凡同志与非同志，其出入于香港而一度相识者，苟有缺乏，则周给之而无所问，内外游客交口称赞，私相窃慕。内地同志，经梅县党狱及庚戌兵变，越险而逃于香港者，皆走依某君而得所庇。以是革命之狂热传播益速，以蓄成三月念九之役。时黄兴、胡汉民、赵声、姚雨平辈皆常就彼家，为种种之密谋，事败乃互相离异焉。当革命之声洋溢于南洋群岛也，汪精卫、胡汉民、黄兴等陆续筹集巨资，以有镇南关之役、河口之役。同时在内地分道扬镳，运动军队者，安徽则有徐锡麟、熊成基等，粤东则有赵声、姚雨平等，然皆陆续失败。至辛亥三月，乃合内外之势，在粤东为全力大举之谋，亦以组织不完，措施失当，勉强一击，归于破败。然自此役失败，革命党之声价益訇然高出。其所得之结果：

一、因骈首受戮者皆留学他邦少年英异之士，其慷慨就死之态，颇表示其能以洁净精微之神识，结此革命之花，以赠诸国人，故一时颇引起远近同调爱惜才士之念与革命之感想，而发生其无形之微热。

二、革命党受此痛创，损失愈巨，怨愤亦愈大，仇雠相搏，人怀怒心，粤垣内外，机关密布，死士云屯，如攫家珍，如饮狂药。不旋踵而李準被炸，张鸣岐鼠伏不敢动，市人惴惴，若大乱之将至。勇者、怯者相率归入革党，转益加剧，直至凤山碎尸，全省反正，其气焰乃稍稍熄焉。

三、因运动之初既乏系统，合谋之始组织又不完备，各党首不善自融洽，事败乃互相怨诅，甚至意气横生，各树一帜，其祸极于光复以后。陈炯明颇缘此机会，获取都督后，乃大施其排斥同志之手腕，而其风始熄，而广东为革命党根据地之资格亦因以消失焉。当孙文、汪精卫、胡汉民之相率南行也，其对同盟会尚拥有总理之名而未尝易人，既得势于南洋，颇置本部于度外焉。湖北刘公、孙武等，乃另倡共进会以谋进行，然亦以偏于热烈，所集分子多脑识单简，发生势力甚微。革命党团体不至于堕地崩毁者盖几希。未几，《民报》被禁，要人星散，东京本部等于虚设。辛亥广州败，福建诸子死耗传至东京，党中健全之士颇起深厚之情感，哀念弗置。刘揆一等乃邀集各省同志，重组本部，谋再接再厉。宋教仁、陈其美亦组织机关于上海。刘公、孙武等数年来运动于武汉，亦稍稍成熟。迟至八月而大难作，革命党运动时期亦于是告终。

第二、建国时期　当革党之猝起于武昌也，一朝而复三镇，再战而夺江岸停车场，握全国军事之中枢。清廷闻之，震駴失次，顾以平日之童昏，环顾朝端，无敢任使，乃至以陆军大臣荫昌督师南下。消息传至东京，日本报章群非笑之，以清廷中无所主，调度失伦，根本将因而动摇也。未几，清军在汉口屡战不能胜，而九江、上海既相继光复，长江要区尽入革军之手，以是土崩瓦解之势成，而清廷之大命乃不可复挽。黎元洪之资望遂骎骎有领袖群雄、改造邦国之概。今征其优点如左：

一、自张之洞为两湖总督，颇好整军经武，新进事业多所营建，故武昌兵备至为严整，鄂军声势恒为南部诸省冠，而与北洋相对抗焉。今鄂军首举义旗，在清廷如折左肱，在南省如伸巨擘，望影投集，势如反掌。

二、自安庆、广东新军变后，清吏对于各省新军积忌甚深，因猜忌而嫉视，新军将卒皆愤愠不平，故鄂军一呼而声气俱应，光复之热潮不胫而遍走于南方各省。然当黎元洪威望至高、欢声云集之时，忽有汉阳失守之耗，武昌岌岌，以是人望之中心不能不转移而集于上海。南京亦随以光复，各省代表乃就兹地，倡建新都，组织政府。初举黄兴为大元帅，旋又举孙文为总统，以黄兴为陆军总长兼参谋总长。黄兴者，革党第二之魁首，颇以勇敢著闻，而此次则汉阳之败将也。在法，汉阳已失，黄兴当仍率湖湘子弟奋死决斗，以求自赎，不当利顾南京，弃武汉而远走。即以武汉已无可为，其至南京，亦当以先锋军将自效，不当以大元帅及陆军总长自居。然当时，黎元洪则以逃员之名通电缉之，各代表及孙文则以太元帅及陆军总长之权与之，因个人之嫌隙，误民国之大计，愚莫甚焉。当孙文之总领南京政府也，军事之权，黄兴尸之，用人行政，胡汉民主之。胡汉民者，有俊才而颇具学力，然气量褊小而骜骄矜，初为粤都督，颇受龃龉，乃弃职随孙文至沪，南京政府成立，遂为总统府秘书长。二人即握重权，乃一方从事编集军队，利用停战时期布设一切。时各省军将云集此间者，江苏有徐宝山、林述庆、徐绍桢、李燮和，浙江有朱瑞，安徽有柏文蔚，江西有邓文辉，广东有姚雨平，广西有王芝祥等，然黄兴能制驭之者绝鲜，各军将亦不甚依附，粮械亦不周给。故停战期将终，而军事计划尚绝无把握。盖权力既不足以加，人又不为诸将所信仰，意气之私又不能忘，三者无一而可，而黄兴皆具之，此其所以难也。胡汉民等，则于一方征集饷糈，组织各部，颁布约法，筹议借款，然用人一端，颇构非议。非革命党，则观望不前。其前者亦主谋不力固也，而革命党中湖北一派不甚相附，孙、黄、胡已乏闳识，又不事周浃，除平日亲迩者外，被延揽者绝少。其才略志节又不足以标异众庶，各方舆论颇轻视之。一任方潜为江宁府知事，而不克居其位；再任熊越山为江西民政长，亦被摈斥。以是人望之中心析而为三：一为北京，二为武昌，三即南京。孙文等至此知军事上已不能得其条贯，人望上亦日有堕落，乃不能不听命于和议，博谦让之高名。袁世凯乃因缘时会，拥有北方兵权，一方胁逼清帝，使之退位；一方利用湖北元勋，收集天下之重望，以铲削南京之根据。协约发表，等于受降，热烈之士乃大哗，然重心已失，莫可谁何。革命党建国事业遂因是半产。

第三、政争时期　南京政府成立，握重权者皆革命党员，旁观者流颇为流言蜚语，以中伤同盟会，谓将盘据要津，寖成贵族。孙文等忧谗畏讥，同盟会事遂暂置不理，革命党失此集中机关。凡宣力于地方之党员挟策来游者，孙文皆不之知，磊奇之士，强项成性，亦无肯自为接近。故南京之覆败，虽为形势所驱，人事之失亦居其半。和议已成，革党人心乃大解体。孙文等惧前功之尽堕，复议改同盟会为政党，思以政治手腕斡旋于袁氏之下。因唐绍仪为内阁总理，令蔡元培、王宠惠、宋教仁、王正廷等皆加入内阁，与袁氏相接。唐绍仪者，袁氏之老友，表同情于革党，而新加入同盟会者也。复令张继等率党员北上。黄兴为南京留守，解散南方军队。孙文则与胡汉民回粤。适陈炯明不安于位，令胡复为粤都督，以陈为陆军长。孙文此举概欲稍树势力于粤，而结果乃适得其反。陈、胡之过，实负孙文也。当同盟会移于北京，以其为建国之泉源，先烈之血足以灌溉一世，颇为时辈所趋附，嫉之者亦益众，袁氏尤深忌之。袁世凯者，以个人权势为鹄，羽翼所寄，专在武夫，其对政界盖不问何党，强则翦之者也。参议院中，与同盟会势力相角、政权相逐者，为共和党。共和党者，旧官派与民社之合体。旧官派者，无他志，专藉袁氏之奥援，以恢复其政界之势力者也。民社为湖北革命党所组织，其宗旨手段与同盟会相若，因孙黄之嫌隙而分裂者也。时袁黎相携，势焰倾全国，共和党又双奉之。

同盟会当此，除以平民主义之中心，宣扬民国之正谊，求舆论之赞同，得新进国民之信仰外无他术。然在京诸干事，殊不专虑及此，故关于此类之著作，皆绝无所出，甚至月刊之丛报亦无之。未几，唐内阁倾倒，四总长相率辞职，革党政权遂为一蹶，不得不转其步趋，注全力于议院，藉立法机关以主张国是。而张继才不肆应，不克纠合群能，折冲当世，群以宋教仁代之。宋教仁者，有权谋，富学力，且以才能见称于时，而又敢为高论，常愿挺身以当政治之要冲者也。时同盟会平素所主张，如联邦主义，则孙文等于南京政府时代已自变之，今所存者，如民生主义、男女平权，尚为时论所訾议。宋已领袖同盟会，乃主张删去之，以与时论相调和，以是纠合五团体，改组为国民党，院内势力乃大增，他党仅能以逃席相抵制，参议院乃屡以不足法定人数不能开会焉。适临时政府将终，国内为大选举之运动，国民党以平民主义及新进之锐气，迎合国民盼望新治之心理，得议员之大多数，而以宋教仁领袖其间，人望已孚，姿能亦合，平民政府之成立，将可操券而待。袁世凯闻之乃大震恐。盖是时，国民党虽仍愿举袁氏为正式总统，而于政权，则亟欲取而公诸议院，以造成政党内阁，一洗其敷衍把持之旧习。袁世凯则自知除凭借强权外，无他才能足以高世轶群，临此新国，故不特总统必不可失，即政权亦万不可夺，否则腹心所寄不在要津，强权将不可恃，故吏萦绕，罗拜称荣，犹其次也。袁氏抱此心疾，环顾域内，不觉对于宋氏来京有咄咄逼人之惧，毁宋酬勋，急击勿失。呜呼，宋教仁遂不免与黄浦滩头凄凉月色永永相结，为民国莫大之纪念。

宋教仁被刺，悲报达于全国，国民党员意外震怒，言论嚣嚣，颇轶常轨。

孙黄当此，应速行决定者有三事：一、袁氏势力是否可以推翻，武力是否可用。二、武力上已无所恃，宋案是否当全行隐忍，另图他术以相报。三、已事容忍，则议员领袖何人足以继宋。当速行指定，勿令懈弛，并普告各支部，示以方略，以阏抑党员之暴怒。乃孙黄等漫不警省，徒事悲观，已知袁不可敌，复误认法律可解，公论足恃，议员滔滔，弗事纠系，党议纷纷，弗事宁一。证据已布，复通电指陈，声色俱厉，一若国人皆将激于义愤，共鸣不平者。

袁氏初尚嗫嚅，既见南方各省皆无能为役，浙督朱瑞复倡言拥护，乃再接再厉，一方径定大借款，不使国会参与；一方假湖北改进团及北京暗杀案事，诬牵黄兴，使骑虎不下；复利用黎元洪请兵求援，急派北军南下驻守武汉，防制赣省，撤换李督。国党至此，虽忍无可忍，然迁延至是，已无活动余地，虽以李烈钧之雄强，奋然一击，卒无能为力。袁氏乃益转其机轴，广散金资，令南军反复，然后随以兵力。以是黄兴遁走于宁，陈炯明被逐于粤，赣遂不支。二年来处心积虑，欲一扫南方之势力者，至是遂如愿以偿。战事平，国党随以倾覆，盖不待宪法草案之出，人皆知其不腊矣。余叙述革命党员，至此定为一时代之结束。兴跌之状，大略可睹焉。今更就其阙失，列举要义，论次于后。

第三章　失败之由

第一，组织不完，轻团体而重个人，失系统而害大计也。

国家者，法律的团体，于芸芸众生情伪万变之中，以至定不易之法规，整齐而划一之，以营此共同生活之最高目的者也。欲行使法规以达此目的，乃有政治之事，故政治上之手腕必以整齐划一为原则。下此各地方、各社团，凡十人以上之团体，苟无一定之法则、一致之步趋，必毋能成一事，或小成而大败。此凡承学之士，稍能疏解事理者，随在可以取证而无庸繁说也。革命党者，以改造国家为目的。其运动之初为一社团之事业，其大行则国家之事业。若于一社团之时期，已缺于系统而不能整齐划一，则何以大其施设。得国不理，等于自戕，无可幸免焉尔。当同盟会成立于东京，凡热衷于革命者，无不舍弃其个人之运动，合为团体之进行。故主其事者，宜恪遵其团体之法规，因党员之所至，分施其型于各地，以陶铸党员，使重心归一，恪守公谊，登其俊乂，则一区之内，无三头六臂之奇形、千心百意之冲激。苟有大举，则最高主者宜预集各地领袖，熟议其事而后行之，则举国一致，得失不致为病矣。今则不然，除东京本部曾一度依共和国之法式，为完备之组织外，各地机关殆无一能为合法之组织者。人数已众，合议不依正轨，始则意志不周而生他见，继则主者非出公谊而堕其信仰，团体之效用乃大为减损，而个人权势得交炽于其间，贤否遂不可辨，大计因而错谬。此可为恶果者一也。

孙文之处分党务，皆常以党魁之意志指挥党员而行之，未尝以本部之意思指挥各团体而奉行之。所命之党员，或不能表彰大意，领袖同群，则枝节横生，系统堕失；或意志分裂，面目改更。此可为恶果者二也。

南京之败，广东之败，皆颇食此报。语曰：作始也简，将毕也巨。是以君子慎始，岂不然哉。侧闻时议，颇以中国革命后政治之纷乱，谓为国民程度之不足，窃议共和之非。予曰不然，是其咎在居高位者未能亟定大计，谨守法规，以共和政治之大法实施之焉耳。若语程度，咎亦在上而不在下。民无程度，止于叩而不应；吏无程度，则治丝而棼之。中国之病正坐此耳。若居高位者果知国家之正谊，有行法之程度，则国民正将循法以自进，否则蚩蚩者氓，将何自而发轫，始能与此种法规相习，而知其妙耶。若高居政府者之自无知识，因嗾权者妄议共和，以利其私，若今日之滔滔者，则吾知其惑将无适而可耳。参之前说，可连类而得其征。

第二，大义晦失，同气相乖离也。

革命党之大义，以平民为旨归者也。然对于久经沦落、奴隶自甘之民，一旦使居主人之位，循至公之宪典，拥无上之公权，以监理其国，则其政治上之手腕当有二种。一、推翻专制，排斥一尊，使国权托始于民义，而附丽于国会与政府与法院，以为最高行使机关，正其根本上之观念。二、重视地方之经营，从下级地方团体与人民，以最活动之公权，使率循轨则，以演其能力，登进贤哲，以共维国是。其第一义，南京政府已得之矣。其第二义，当尊重地方权能（此地方专指各县言），众建英豪，以促国民之奋起，恪遵公谊，以解决一切纷难者，则全行背叛。当各省军府成立，为都督者皆汲汲于收集事权，自谋强大，对于各县同志所经营，匪特弗事劝奖，加以扶植，且忌其滋蔓，渐次剪削，遂使淡泊之士以高居壁上为智，侥幸之徒以攀鳞附翼称能，寖演而为权力猜嫌、群犬争食之祸，党势因而倾覆，以至于尽焉。

今举粤事为证。光复之初，有所谓民军统领者，各拥一军，因利乘便，群聚省垣，明索饷械，暗争权威。在法，革命党光复故国，大者当合力中原，以建大业，小者当分营乡土，以培国力而厚本根。若拥兵中道，进退失据，是为不德。总兵符者，宜立申公义，纠合地方群彦以折其非，复宜与其本土有司合谋良法，慎为之解，毋贻民患。乃陈炯明计不出此，初则从事合纵，引为同调，继患其逼，则大肆惩击。夫击之诚是也，不善为谋，令广东为贼国，善良同志被嫌隙而大受排斥，许云秋乃以冤死，同盟会屡受胁逼而不克成立。其为之最无道而关系至巨者，为排斥北伐军一事。读者欲知此事之关系，宜先明此二义：一、革党势力以广东为根据者也。二、革党粢粮以南洋为外援者也。国事粗定，权首独存。先进诸子若以为革党势力尚勿可遽堕，则宜善谋广东，以收拾人心，且当力维南洋同志之信用，义至明显。北伐军者，合初次退伍兵及庚戌兵变后逃亡之新军将卒，与南洋同志中之健儿，组织而成之者也。其在固宿，又尝奋勇而获胜利，顾瞻民国，尚无惭色。乃在南京，黄兴已勒令全行解散；回至粤省，陈炯明复逼以严令，限三日出境，否则有罪。比之各省欢迎恐后者，黯然无色，不堪回首。于是不义之声腾于众口。其结果：一、先事赴功者不得其居，后起嫛游者反专其利，堕军人之志节，开贪巧之门。赣事初起，粤人议陈师往援，兵士皆借口于此，无肯先发。二、陈炯明既颇以私心处理军队，上行下效，军中将卒各以私利相易。黄士龙、张我权辈乃得乘隙肆行运动，故苏慎初作难，而军将皆逃。龙济光以目不识丁之武夫，挟千余冶游之子弟，入陆军三万之广东如入无人之境，逐陈炯明若驱犬子。三、华侨同志在南洋生活之度，最下者皆月得三十余金之工资，比之从军优裕数倍，徒以热心宗国，乃破家辍业来相效死。今失路若此，意气销沮，面目黧黑，贻黠者以口实，寒愿者以惩羹，财源已斩，众志俱息。故省会虽事纷乱，各地皆愿旁观，无肯轻举。语曰：三人为盗，必有同心。劫掠之群尚矜意气，今革命党乃独以相斫闻，不败何待？

第三，代表人物巧于自全，无雄才远略以赴事功也。

群之进退，恃有二要：一、分子强实；二、代表人物之贤明勇武。分子优者，公意必伸，且能以最强之合力策其进退，势至厖厚，代表人物虽稍庸谨，亦不为病，亦不致舍贤而求其窳上也。若分子愚弱，则公意不足恃，群力必颓。群之进退，全恃代表人物有雄才远略为之扶掖，成败利钝恒决于一二人之节概与步趋，势虽薄而易集居。此群者崇拜英雄，最宜慎择次也。今革党现状实类后者，覆败之由与代表人物之志行实有密切之关系。约略计之，如南北相持，宜有最大之牺牲精神；和议已成，宜有最明敏之方略；宋案之起，宜有最勇决之行为。今皆不然。其甚者，乃至见利而起，临难而逃，盗窃虚声，侥幸满腹，处之平世犹为劣者，况居此扰攘之会，须斩荆披棘以肩此经营国家之大任者乎。此为革命党失败史中极有研究之问题，今不具说。

第四，政策不能确立，手腕全不敏活也。

南北和议已定，建国事业移于袁氏之手，革命党不能不低首下心，追随其后，固也。然关于民国前途，则有至大之疑问者三事。一、袁世凯者，以总统为其私人之酬物，总统已得，则清帝退位，宣布共和，迎刃而解者也；二、北方军将皆由清室旧臣转为袁家之私仆，绝无国家观念怀诸自身，袁为权首，则共和与否皆可赞成，否则不必赞成者也；三、袁氏及其左右之人，平日皆溺于虚荣，权威相耀，除高官厚禄死生以之外，对于国家无何等之志望者也。三者皆与共和政治凿枘不能相入，沐猴而冠，宁能久善，识者皆知之矣。

革党居此，当以何者为最宜之方略始足以善其后，不可不详审而择定之也。夫共和之局，全由形驱势逼而成，已非倡建新国者所主持，复非当局者之真意。在法，宜以势相抵，方足以策其进行。良法美意，固不能执强人而与之深语也，故革党方略宜采刚进主义。今改同盟会为政党，是以柔道行之矣。然已为政党，宜守其常度，先后一致，以求进行。以议院为根据，以促醒国民、指挥大群为职志，对于袁氏非法之行，宜同事容忍，决诸公议，毋以一党独撄其锋。今皆不然。其自身之行动，如当以专书、杂志、游说诸方法发挥义旨，以呼起国民；如当随党务所在，虚心容众，推进贤哲，以吸收人望；如遇事件发生，宜随时会集各地党首，详定方略，以一其进行。诸要举皆阒然无闻。而关于袁氏之过恶，若张、方之被杀，若嗾使军警胁逼参议院，若擅以命令代法律，宣布地方官制，皆当以至正之义理宣示于国民，而不必以盛气相呼噪者，复漫不措意，甚或徘徊歧路，态度不明。宋案已起，乃辗转被逼，以致横决，而又绝不戒备。语曰：凡事豫则立，不豫则废。又曰：好谋而成。故政策明确、手腕敏活，实为成功之要素，进退失据，毋有嘉善。

综上所述，革命党失败之由，其最扼要简明可得而约举者，从根本上言之，则团体不尊也，同志相排斥也；从运行上言之，则忽视地方之经营也，不能确定政略也，代表人物之庸劣也；从得诸国民者言之，则大义不扬显，利害不明晰，众心无由附合也。居位而不能举其善政，却立而不能耸其雄姿，信望无由坚守也。以七者之交失，遂使轰轰烈烈之革命党一旦失其常性，中道崩颓，以发生我中华民国今日之悲运，袁世凯益垄断于上，官僚党益把持于下，国民活动之能力，不知何时始能起而与时世相接触而善自拔擢。凡此皆为余一人之私言也，然虽为余一人之私言，后之彦者必当三复志之。

第四章　中华民国之由来

余对于中华民国，盖主张专意策进国民自身之能力，使迎拒世界潮流而自度之。操政柄者，即觇其能力之进步，定国运之升沉者也。能力云者，一自治力，二生活力，三武力是也。今稍引其义，一征袁氏之手腕。

使袁氏之手腕果协乎政治之原则，足以诱掖民国臻于盛强，则虽甚专擅，固余辈所欢迎也。然袁氏之手腕果何似乎？其初为总统，临于参议院而发表其政见也，语至简率，仅以维持现状及整理财政为言。关于创造新国、除旧布新诸事，竟无一语相及。从言论上观察，乃绝似一旧朝之重臣，而不类新邦之共主，且几疑其对于政治学上实无何等之知识，故对于新国家、新政治不能有扼要之主张。读者试翻取其语而复案之，可证余言之不谬也。

夫无本之水不足以行川，使余言果确，则哀袁氏之手腕实未能有政治之根系。易词言之，即未尝以国家为前提，而详审其活动之态度与四周之状况，衡之以政治学之真理，而制出其明敏之政略也。袁世凯者，盖以自身之活动为原则，以国家之势位、权力为目的物，使用种种手段，攫而致之，以供其活动之资料者也。其在临时政府期内可指而述之者：一、延用旧官，排斥新进，以收集事权也。二、以虚名笼络革命诸巨子，而阴削其实权，撤销其地位也。三、利用旧官僚之谄说，与君宪党之诐辞，以攻击革命党之主张，摇民权之大义也。四、阴持南北之见，利用北方军将之顽强，以恐吓国民，而一方则以统一之义，劫制时论，使革党无以自固，南省以渐而解也。五、嗾使军警，胁逼参议院，以暗示其强权之足用，己意之必伸，民义不可久守也。六、故意违背约法，强布命令，蔑视参议院，使国民减损其宪典上之信仰，而表示其一己之尊贵也。七、嗾杀宋教仁，破革党政治上之中坚，预遏国会之潮流也。依此七者，以通观袁氏之政略，可约言之为二：一即收集政权，二即摧陷民党。其足假国家之名以行者，不过统一二字。其无与民党，而与民国统一有至切之关系，如蒙藏独立之急须解决者，则宁愿迁延以坐弃之。读者至此，殆将疑余专暴袁氏之罪恶乎，则余愿依次说明民国政治上应有之要义，质诸袁氏之行为。

恢恢大圜，梦梦生死，滔滔者天下皆是。当兹世界云扰穷海星沸之时，此潜卧太平洋岸上，古苔斑驳，幽光烂漫之片土，胡为乎而有中华民国？彼以神明苗裔、黄帝之孙自居之革命党，胡为乎而矢志决心必有中华民国之成立？此不可不稍究其因缘也。欲审斯旨，可从二种观察：一、依世界政治潮流与国群竞逐之趋势，熟审吾国之地位，而求其因应之方；二、依吾国历史之传习，比观当世，知其虚亏，而求其补充之术。今且先以至约之语提示政体之大别，便从而引论。

一专制政体。依此政体，则以一人独尊而认为国家之主体，凡制定法律、任用官吏、刑赏人民、变置疆土，概以一人之私意断行之。此政体之发源，盖由草昧时代之族长、酋长而进化至此。其凭藉之要点：一、依托神圣，妄自尊大；二、拥有绝大之强力，足以压倒一世；三、禁锢当世豪雄，不使有异说之发生；四、利用多数人民之愚弱涣散，易以钳制。其足以蠹国病民之点：一、政权常移于二三佞人之手，致政以贿成，贪官污吏遍布国内，无可挽救。二、虽有法律，然不能与官吏争宠，人民之是非罪恶概由官府意为，轻重无敢过问，其对于达官而获有奥援，则常足以横行。三、政府与人民为极端的隔绝，全无政治上之情感与信用，其结果，凡关于国家之利害常互相漠视，无术可以沟通。祸中于国，则财匮而无可呼援，兵绌而无能为继。祸中于民，则凡地方公权皆转落于恶绅之手，为官吏之爪牙，以蠹蚀公利，妨害人民之事业。四、官吏行为无相当之监督，日久玩生，乃侵吞敷衍，百政堕废，若猝遇外患，则上下皆病，如摧枯拉朽，一败而不可收拾。五、失败之后，则对于土地、人民任意割弃，绝不顾惜，俊乂之士，怨愤之极，至无可宣泄，乃聚而谋根本上之变革，往往引起国内之大乱。此专制国之大概也。

二共和政体。依此政体，则排斥一尊，崇视民意，以人民为国家之主体。凡制定法规、选任政首，皆由国民代表所构成之国会主持之。凡政府官吏政务上之行为，皆当依据法律而负其责于代表国民之议会。此政体之发源，盖由于希腊雅典之社会制度，由市民政府之遗蜕，经法国大革命而进化至此。其拥护之要旨：一、国民宜重视其代表所组织之国会，而集其信仰于宪典。二、国权之行使，分配于立法、行政、司法三机关，而纲引于国会。三、国会能弹劾政首之谋叛及非法行为而去其职位。其足以利国福民之点：一、法守己严。官吏行为，归于正义。民意已尊，公权行使，依于众情。凡国家社会一切潜障皆得排除，是非善恶能现其清明之对象，而民志以定。二、责任有归。不肖官吏不能盘踞要津，以误国妨民。三、言论集会之自由皆得其保障。人民得恣意讨论，发挥才能，以经营一切事业。四、政府与人民已相倚为政，感情与信用皆足孚达。关于国家之利害，能合力一致，以张其势。五、俊乂之士纵有不平，一经陈诉，即得宣泄，无横决之必要，内乱永以不起。此共和国之大概也。

外此尚有君主立宪政体，乃由政治革命之影响，其国民未至为根本之破坏。由专制君主割弃其政权之大部分，以从民意。立宪法而共守之，以执行公平之政治，实为共和政体之异胎，毋须论述。观此则知近世所谓政治革命，形式上为专制政体与共和政体之递嬗，实质上则民党与王党、平民与贵族之决斗。所谓政治潮流者，即民权主义之新涨也。

当西历十六世纪之初，欧人于沉酣昏睡之中，有路德者起而演宗教革命之恶剧，战争逾百年，流血者累累。此新教徒之碧血，实含有日光之潜热，足以灌炙人心，荡震群伦，以摇动各级社会。因新旧教之争而推波于政界，因文学之反省而孤怀闳识之士益慨今叹古，琅然有词。至十八世纪之后半，风潮亭毒奔流汇会而拱集于法兰西，以路易十四世之豪雄，专恣于上，贵族僧侣之放横，丛毒于下，赋敛烦苛，民怨沸腾，淫刑所施，道路侧目。孟德斯鸠、卢梭、福禄特尔之伦，乃奋笔讥弹，崇论闳议，盛张古谊，发挥新制，民心豁苏，踔于朝日，于是专制政体颇失其依据，陷于迷路。适华盛顿复以美利坚独立闻，民权之声益喷薄天际。至路易十六，遂以财政紊乱，无术自解，威信堕地。至一千七百八十九年，而煌煌扈扈，阖辟今古、转变世界之大革命，以作浸淫翻覆八十年而始息。此八十年中有拿破仑者，以盖世之雄起，自田间帅革命军之健儿，驱此汤汤逆潮，泛滥洋溢，纵横捭阖，以淹没欧洲之天地者二十年。身败而革命之威声、民权之热流已随欧洲地脉化为温泉，随处涌现。旁近诸国被其流泽，靡不上下交哄，汲汲改进，易专制而立宪，存君主之系统，以苟免于革命之祸。因政制之公平，民力之活动，学问与智识，社会与事业，分道并进，物质文明日以启辟，经济社会愈益雄富，力专而厚，群尊而博，一跃而有民族国家全力外向之概。以是殖民政策、通商政策、侵略政策皇然并举，时而辟新地，时而争海权，时而施行瓜分、割让、保护诸强力于弱小诸邦，始而巴尔干半岛，继而非洲大陆，继而太平洋，而环伺于中国。盖自前清光绪甲午之败，即西历一千八百九十五年以来，此老大虚羸之中国已深陷于世界潮流之漩涡，而能力复不足以自存者，十八年于兹矣。国家之地位转变至此，向者被山带海，天险四塞，今则藩篱尽撤，门户洞辟，拊背扼吭，无所不至矣。向者一统自尊，今且比室而居，玉帛冠裳侪于下国矣。

忧国之士乃研究此能力问题：

一、陆军。中国为大陆国，可先以陆军自振。当世以陆军称雄，其兵制又为各国所效法者，首推德。德之兵制，男子二十籍充现役二年，退为预备兵五年，再退为后备兵五年，再退为国民军，至四十五岁，去其兵籍。其战士之常数，合现役、预备为一百一十六万，加后备兵为一百七十六万，军用称是。其与中国壤地相接，虎视眈眈者，在北唯俄，在东唯日。俄之兵制，完美虽不如德，而训民以武则尤甚，平时有战士一百二十万，战时可集至四百万。日兵制全仿德而新起有声，其战士平时二十三万，战时加后备兵为八十万。中国当此非有百万以上之战士，且经新式之训练、编制与最新之兵器不可。然当前清末年，合计通国之兵，除八旗、绿营不足指数外，勇营约二十五万，其改习洋操，足供战地驱遣者，实不逾八万。已成新军，有十师二十二混成旅，人数约二十一万，然皆募集。虽侈言退伍，实无预备、后备之可言。光复后，虽皆改为新式，兵数骤增，然纷乱至今，尚未能得其条贯。以二十余万幼稚有限之兵，当他国百万精练无穷之卒，则陆军一方不足以自存。

二、海军。自铁船交飞，世界大辟，海外交通实为国民生存竞争之要素，而海权占领，即为国家盛强之本据。中国地势辽阔，东南滨海，元精巨华，群萃南疆，而皆依海水为命，故海权得丧，关系尤重，进则雄强，退则弱亡，无可幸免。今世以海军称雄者，首推英。英之舰队，全数一百八十九，战斗舰七十二。其他如法，舰数六十四，战斗舰二十八。如德，舰数九十六，战斗舰四十三。如美，舰数六十九，战斗舰三十七。如日，舰数五十三，战斗舰二十。如俄，则虽新败于日，尚有舰数三十三，战斗舰十七，虽不足称雄海上，尚得并驱其间。意大利虽有战斗舰十四，然比之诸国，势稍不竞。凡此皆与中国海权及国家疆土有死活之关系者。乃回顾自身，竟一战斗舰而亦无之，裸体横陈，临此大感，则海军一方不足以自存。

三、兵费。自兵器之制出益精，战斗力因而涨大，选精择锐，存蓄消耗，皆为不赀，而兵费一端，遂常为国家之重负。今约举德、法、俄兵费视之。德之陆军费，岁出至四千余万镑，海军费二千二百余万镑，共六千余万镑，约当中国六万万元有余。法之陆军，平时六十三万，兵费三千五百余万镑，海军费一千七百余万镑，共五千余万镑。俄之陆军费五千六百余万镑，海军费亦一千余万镑，共六千余万镑。今中国岁入全数尚不满四万万元，则虽欲振起海陆军，而兵费一方亦不足以自存。（以上皆据最近之报告，即一千九百十三年之调查。）

使经营三者之缺失，而与政治根本无甚关系，夫岂不善。然整理陆军，当采征兵之制，而料简国人，燮理民业，非专制政府所能任。武德在民，新智普及，尤为异族君主所忌。且兵制已张，费亦累增，岁入已不足任，而赋税之加，尤非善筹民生不可。然官吏无责，苟偷相受，近君则狐，近民则虎，实为专制政府之通病。匪曰泽民，将益为之厉，而大乱可起。且如欧人之说，则当兵义务、纳税义务实与参政权利、保障自由、监察国用本末相倚，合则并美，离则俱害。而民业之锐进，实当以言论集会之自由为之导，公私权力完全安稳为之劝，而无待官吏之代谋。然还视中国，顾何如乎？

以政体言，则异族专制；以用人行政言，则满汉互忌；以国家改进言，则汉以为利者，满以为害；以民智言，则但计自身之痛痒，而轻视大群之利害。以言征兵，则国家之关系未明，秦皇汉武之遗病，载在赓歌，惊人魂梦；以言加税，则穷民遍野，商工憔悴，徒见官吏之硕肤，与盗贼之蜂起；以言兴业，则已乏新知，复多危害，富者裹足自温，贫者疾首相视。夫专制君主，根柢所在，乃务以神圣之名，涂民耳目，生杀之权，保其尊贵。故一利民愚，二利民散，乃不易之义。今一旦与民人以参政监官之权利、言论集会诸自由，以引起其爱国之热情，因以收服兵、加税之益，则得于此者，将失于彼，固豪贵自尊者所深忌而不肯断然出此者也。且以少数民族宰制多数，而含有历史上之深仇。其祖若父，盖尝屡次燔毁诗书，屠杀文士，百年而后安者，其毋肯出此，固何待言。而民人一方，则亦愚弱自甘，但图温饱，以国家之事，归诸天上之异人，其课之于君主，则亦唯薄敛、省刑、毋扰三者，而目为贤圣。苟或逾此，则苛政猛虎为天所弃，勇者转为盗贼，怯者渴望新主，而当朝之大命可倾。此固四千余年之传习，不容轻易者也。瞻诸域外，则忧患之煎逼也若彼；衡诸域内，则上下之相蒙也若此。非称其祖德，述当世之明法，为根本之变革，又恶乎可。是以热烈之士深愿掬其鲜血，浣濯土疆，以促我中华民国之成立者，如是焉耳。

第五章 经国之正谊与当世之概评

中华民国已以是因缘，为建造之原质，则国是所当尊，当然以国会一机关，使用国民公意，制定最公之宪典，依此宪典，以改革百政，因以养成国民对外之能力为其主旨。而其政策所披：第一，宜求民力之活动，而以尊重地方议会之权能，严定官吏之法守，以保障其周身之自由、事业之安稳为之途术也。第二，宜大申集会自由之旨，以改良一切社会之组织，疏通乱民之意志，使国民之步趋皆渐次入于条理，而毋事横决，以定国本安民业也。第三，宜以严格之精神整饬官吏，使对于职务有条理智识，有积极行为，而严汰其尸居蠹蠹之辈，使政务趋于敏活也。第四，宜注意使用教育诸方法，直接以增进民识，间接以鼓舞国民爱国之热情与企业之勇气也。第五，宜注意经营内外之交通业，使商货流通，地力开发，导国民于生业竞争，为对外之主计也。五者为之而得其绪，则理财、治兵可渐次枚举，不致为无本之谋。今袁氏之行为果何如乎？

对于国本，则临时政府期内恃其强力，违背约法，轕轹参议院已不止一次。最近且以一人之武断，而推翻宪法草案，犹惧其不逮，则以取消国民党为名，侵陷两院议员，以消失国会之效力。今且欲以一人之意，另组宪法，大集官僚，自开议会。且勿计其权势之行，究获何种佳果，而宪法草案者，已由国会委员制定，岂可任意推翻。即心有不善，何不条陈其议，投诸国会，不则罄其所执，诉诸国民，遑遑然摧以强力胡为者。袁氏此举，今方自鸣得意，然摇害本根，变改国是，妄欲以其腐败之官僚当国家重心之用，黄祖有灵，岂得相许。譬彼舟流，南针已失，谓守以贲获，便可横渡大洋风波之民，谁不仰笑及之。且袁氏对于宪法所至欲争执者，则国务员之同意权，今勿论此制之良否为何如，但当世政家之本领，固在其能以条理之智识疏解政略，出其所得，折冲于大群而得多数之赞许，因而获取高位以行其志。文明国之贵政首，固贵其才能足以代表国民，非谓其强力与奥援之足贵也。使袁氏之所知才能足以应众，虽施行此制何害，否则必以其胯下之雄坐之内阁，而又若逆知其不为众望所归者，因推翻此制以售其欲，则其私心所在果何若也。夫创造之业，条理万端，酌古准今，专赖闳识，而外力侵入皆各有其根极，折冲尊俎，宜并酌其泉源，疏其轨迹，则几宜之获，尤恃高怀。今袁氏手不操四民之业，足不游于万法之门，其二脑五官又未尝为典籍之养，乃仅以涉世之所得，认为国家之最宜，期期然谓有愈于国会议员之群智，夫谁信之？

中华民国之成立，乃为吾民族争自由，即藉吾民以自由之方法，发挥其智能，锐兴其事业，合为大群之势力，由国会一机关以宣泄于政界，脱宗国于弱亡之漩涡。故国会之当尊，不特对于新国而有天经地义之常，即征诸世界良法，亦犹夫日月星辰之运矣。今袁氏必欲恃其强力，蔑弃夫此，反以其城狐之群，不义之行，加足民上，令国人移视及此，奉为尊贵，夫谁信之？

对于民力之活动，则袁氏今方肆其爪牙，摧锄民党，解消议会，阏绝报章，禁制民会，故关于第一第二之政策，已无足言。

对于官吏能力，则袁氏今方猜忌豪雄，务获庸谨，但虑其奋发有为，多树人望，而不患其溺职而有恶声。且国家何物，政治何为，大旨已谬，他何足云？其身不正，虽令不从，故禁赌之令方下，而肘腋之宠人则以豪赌扬名于时，其尤无意识之举；则光复后，南方各省对于叠床架屋之官吏，方一律铲除，以苏民困，袁氏则必多设观察使一职，以示恩官僚。对于国家多一耗费机关，对于人民多一贪饕之薮，言察吏则自欺，言分官则无据，言政途则歧而多病。

对于教育方法，则智慧之海具何影象，光热所凑发何妙力，袁氏志在喑恶，固不之识。且彼方以禁绝异说、钳制言论，为锢聪塞明之举，而忘记斯时已世界大通，文化飙举，神界威权已直握于学者之手，非武夫所能为力。

对于倡导国民于生业竞争而注意交通，则袁氏脑中尚无此物。彼盖未知近世国家升降之由与闾巷小民有何等之关系，抵御外侮，政府与国民作用上有何分别，故身为共和国之总统，而翘异官僚、摧抑民气如恐不及。

呜呼，袁氏对于中华民国应有之政策一无足称。顾藐然以碱砆之姿、鱼目之视，背人高坐，豪雄自诩，则其所藉以独行其权者，果何在乎？曰聚财蓄兵，而以借债为弥纵之术，且利用吾民之愚弱与内外官吏之奴虏，可以威力胁取而无敢仰视。有此一着，故敢为无本之谋，竭泽之举，陷吾民于水火，视国家若牺牲，悍然蔑视国民代表与国会，立异而自行其官僚政治也。虽然违天不义，背民不祥，窃国非忠，弃先非孝，挟此四德，日以驰马试剑、威吓群儿为事，如国家之大命何，如时势之不相许何。

余对于袁氏行为，认为大谬而足以引起中国前途之大乱者有二。

一即以初期总统而屡次违法，且好弄强力以侵害法权；复放轶常轨，私更法制，导国人以轻视宪典之败习，启豪强以私术废法之野心也。夫国家，重器也，以安稳蓄其神威；法律，常路也，以固定生其明效；人群，智海也，以妙义获其真宰。三者交得，则国与民俱利；三者交失，则国病而民扰，害将无底矣。今于世界开明、科学缛修之日，对兹新国而营构世法，创立宪典，诚非妄人所得轻举。语其要术，则一宜罗列先例，溯其源也；二宜萃聚时哲，极其知也；三宜相度群生，征其用也。而强力与时器，绝不与焉，盖三者皆学问之事。学问之途，固无所庸其粗举与俗义之横陈也。求其近似，则以国会之群材主其议，而参以当世硕博之论陈，庶几获之。若以此种团体比之官僚所嘘吹孰为嘉善，毋俟言说。今袁氏必昌言束缚，越法摧毁，而更求其他。彼殆以宪法之为物，乃为总统之便利而设。且谓浴以势威、饰以勋赏，便可增益其光宠耶。夫恶行之于人，如响之应声，种瓜得瓜，种豆得豆，袁氏今日固可以强力废法，则后之继袁氏为总统者，独不可以强力更废袁氏之法耶。国无法守，人无信心，唯强力之是图，天威不足加，民义不足尚，袁氏之行，其可训耶。且袁氏之为人，已非若拿破仑之雄武高步获民，又非若华盛顿之劳谦尊贤容众，识解粗俗，吐辞不经。彼得为中华民国大总统，实以其拥有北方兵权，南京政府以怯于内乱之延长，故奉以大总统。而袁氏即以遵守约法为誓。中华民国宪法即规定于约法，由国会制定之者。天日煌煌，言犹在耳，今袁氏食言而肥，皆已背之矣。堂堂大总统而信守若此，根器浇薄可为深叹。今但以维持域内现势言，则袁世凯者诚有总统之资格；若以创立宪典言，则如袁氏之粗鄙权诈，余固敢断言其无此资格也。其人物已不足信仰，其门下厮养又皆混沌小儿，习为夸毗，好长恶逢奸以构怨天下。故每次违法，冯、段诸儿必先疾首上言喑恶之声，动能詟伏时辈，群吠狺狺，良士勤勤［蹶蹶］。以彼已往，推测将来，则今后之所成，其足以夸示来哲、表信当世者几希。强不足恃，法不能平，国本飘摇，人怀戒心，蛇龙窜驰，鬼瞰其室，余固殷殷然忧之。

二即专以武力风动全国，拥兵示威，以为夺取总统之具，将以国家高位系诸强人，失公选之效力，开攘夺之门也。国之大患，在以武人而怀政界之野心，恃其强力，往往足以变改国是，蔑弃典常，粗疏迷谬，坏政治之良规，阻国民之进步，为内乱之导线，国力因以不振。此盖近世国家所深戒。惜吾国多数人民方好梦如云，舞蹈扬尘，赞叹光彩，以为之助，无可说耳。夫武人之可贵，贵其能领袖群雄，挥斥八极，宣扬国威，为国民争胜利，于外保优势之地位，增大群之福祉，故授以坚甲利兵、杀人如草之凶器，光宠亦异于常人，非欲其反戈内向，垄断政权，与国民争威武之脸面，贻兵甲羞也。使袁氏而善为总统者，则宜以法制之事听诸国会，政治之事委之内阁，已则统一兵权，指挥豪雄，销释嫌怨，保固疆圉，专以国家之目的激励众庶，起大群之信爱，谋国力之冲进，则凡我中华民国之健儿，谁不爱慕及之。乃身为总统，不惜为二三小儿歧视南北，违离政本，以作鸡鹜之食，一弃外蒙，再掷盐税，祸害骎骎，忧愁相续，令爱国志士发为深憾。未来之果，虽不可识，然国力纷横之会，康庄四辟，策士行人方交臂而卧，诗书不可尽燔，党锢无能为力，怨毒之辈日出于其途，则祸乱之几逼于眉睫，可惧者一也。且袁氏老矣，墓门有梅，有鸮萃止，一旦沧海扬尘，牛车载道，黄能虽恶，非复人间。使胯下诸儿皆效袁氏之故智，各拥重兵，张口垂涎，以恬夺总统之位，则国人将何术以制止之耶？法律不足以缚人，袁氏固矢口言之，使有二人相持而不下，则国土因而中分，使有十人之相持，则鳞甲交飞，全国如糜矣，可惧者二也。夫悔祸之行操之在船，漂流之舟终于灭没，余愿袁氏能于澄澄清夜郑重思之。

第六章　革党今后之行动

革命党者，忧患时代之产儿也。国群相逐，祸害交逼，旧状新儿，舛驰于域内。当国者不能平治其政，发扬光烈，免其国于忧患，则不平之境象，最足以冲激此爱国者之脑海而颠倒其神魂，哀伤之念与绵邈之思缠缚之不已。革命党之幻影乃接迹而起，随学问之新知以布濩于人间，虽有大力，莫能遏也。袁世凯者，固深愿为革命党之大敌，且亟欲锄而灭之，俾绝迹于中国者也。虽然国难之未已，政象之昏迷，来日方长，旧者良足已矣，如生生不息者之情感与知觉运动何。夫国者，大群之事，民强则国强，民弱则国弱，民物颛愚，则虽与之以最美之权利而不知所宝，枭雄之子乃得叱咤于其间，爱国之士遂独以失败闻，己之过也，何尤于人。孟子曰：由今之道，无变今之俗，虽与之天下，不能一朝居也。孔子曰：吾非斯人之徒与而谁与。今以梦梦者之天下皆是，余乃为我革命诸子进以数说。

一、宜放掷其动乱之手腕，谋大群之结合与国家之安全，而以改良政治之主旨与当局者相周旋也。国体更新，民义未著，国家运命尚虚悬而无薄，全国人士当然以改良政治与国家安全之目的，对于当局者为切要之监督与严重之对付。然因国家与政治之目的而排斥权首之暴行，虽涉激烈，亦为正当之行。若徒以排斥权者之故，致重害其国，且无益于政治，则行动乖谬，谥为不正。此种分际，革命党员宜有真知。盖革命党之人格，乃含有改造邦国，一新政治之原质，故其行事虽常为当局者所诛锄，而其巍然可尊之价值，实常为高识之国民所推许，则其行动之审慎宜可知也。夫袁氏自取消国会议员之后，已全为民国之逆子，背叛行为俯拾即是，至今日已全现。其为酋长之形态，而非复总统之容仪，故无论何时，苟有颠覆之机会，则请诸黄祖，搏而去之，固无所用其踌躇。虽然，革命党员于此，有不可不知者四事：一、袁世凯者，以拥有北方军队为其势力之根据，且使用中央政府之大权为其势力之肥料，而北方军人者，固唯势利之是图，而未尝含有大群枯荣、国家盛衰之兴味与新强国之野心者也。二、袁世凯者，颇自知其政治能力之缺乏，不敢与国民相见以诚，且尤惧反对党之潜卧其肘腋，故采用深闭固拒之手腕，利用旧官僚之驯伏，把持于政界，以掩盖其自身之弱点，即以此权能与其军队之势力相辅，则尚足以控制全国者也。三、中国之地位，盖处于列强监视之下，海权尽失，陆军窳败，全无保守疆土之机能，乃因均势之局，以倖获其生存。而财政窘逼，滥借外债之结果，将受债权者之束缚，失其活动之能力。而国内之动乱，实授国家以最危害之机缘也。四、中国国情已不能为长久之蹉跌，尤不宜有分崩之动乱，故政局翻覆，宜求敏速之解决，尤贵有集中的行动，则革命党中于平日宜有光明之政略与强毅骏雄之人物，足以树内外之人望，得贤士之信仰，可与袁氏代兴而担负国家之危难者，而今尚无之也。如第一义，则普通人民无动乱之必要。如第二义，则南部诸省，除能以大群之行动外，无分崩之可言。如第三义，则变政之机会，宜求之至审，养之至熟，行之至宜扼要。如第四义，则革命党尚宜反求诸身，旁求诸民。呜呼！使余言果无大谬，则吾党诸子其重念之，否则袁氏虽恶，余等又恶能褫其魂魄而复告我黄祖也。

二、宜以共和政治之真义及民力进行时危解免诸要谊，滕以妙丽之辞，向国民为端详谨慎之陈说，以大启其途路之光明也。夫国弱之足以害民，专政之足以病民，乱法之足以妨民。国人今虽不必知之，使其知之，亦未尝不疾首相告，引为大慼者也。反之，如国民当出其武力以卫护国家，出其代表以监察国用，制定最良之宪法以保持国权之中正，最公之法律以互治官民，盛张人民参政之公权以兴盛地方，冲进国力，巩护人身之自由，以改良各种社会，发挥人民之事业，亦国人所大欲，乐共起而收复之、保有之者也。今无论入何乡村，执其父老而问之曰：兵役义务之体用若何，利害若何，国人皆不之知也；不出代议士不纳租税之本义若何，体用若何，国人皆不之知也；立法、行政、司法三机关对于国权上位置若何，关系若何，其体用又若何，国人皆不之知也；地方议会与国会之权能对于人民权利之关系若何，对于国家与地方盛衰强弱之关系又若何，其体用又若何，国人皆不之知也；言论、集会诸自由，对于人民自身之事业关系若何，对于各种社会之繁荣关系若何，社会之繁荣与人民之事业关系又若何，国人皆不之知也。欲使国家之改进，则上列诸种与普通人民之常识有至切之关系，必条举其义，使国之人人皆各有所知、各有所守而后可。世固有良法美意，为饥渴之民所急欲得之，而苦于不知其道之所由，或稍知之而苦于求之而不得其术，或得之而不知其用，终为黠者所惑，弃其宝而他适，吾国今日之现状何以异是？革命党持此至公至正之义，奋然以先觉之任务执而还诸国民，顾不为多数人民所欢迎，反因此以自败。何哉？亦陈说之未至，而时会之未可，与孤往之不宜耳。若持此说以往，则余且断之以科学进化之公例，谓民义之必达，而官僚政治之终黜也。

三、宜使用正当之手腕，牖导各种社会，使采用最宜之方法，自集其能力，发达其事业，握民力之中枢，为振起国家之预备也。近世国家之盛强，形式上势虽集于政府，而实质上则经济社会操其源，精神上则学界豪雄握其键。欲明此义，则如下所述。第一，因国群竞逐之关系，其对外之能力在平时当有巨大之储蓄，在战时当有无量之增加。第二，欲达前项之目的，则政府对于人民常有三种之要求：一为巨额之赋税，二为多数之兵役，三为情感之合一。第三，非经济社会之繁荣与学界豪雄之赞许，则财赋有时而涸，民志有时而乖，而政府之目的遂不可达，国力因以不振，今吾国之大病亦正坐此。袁氏之大谬，吾人可因此而证明之者，一即专以集权政府为言，重视奴隶之官僚，斥逐豪健之志士，与輘践各种议会之权能，将使政府与人民情感难于合一，对外无一致之厚力也。二即专以北方武人之势力防制南方之盛强，将大阻碍各种社会之进步与民业之昌盛也。夫中国全境，社会势力较为发达，民人稍有新知，足以经营各种事业者皆在南省。欲从根本上凭借人民之实力，以振起中国，非先利用南方之兴盛不可。此稍有时局观察者所能知也。袁氏以嫉忌民党之故，乃视南人若大慼，利用旧官僚与北方武人镇压之。彼獠何知徒事摧抑，故近日南方社会活动之概，远不如昔。然时势之逆潮，非世界英雄所能阏，袁氏何人，顾欲奋其爪牙强力遮阻。诚能以正当之手腕，应自然之趋势，利用生业竞争与科学勃兴之时会，牖导各种社会，以发达其教养诸事业，使多数人民能以其世界之眼光、经济之势力，操国家盛强之左券，以扼制政府之权能，则国民权利相引而俱进，以于排斥强权，建立良宪，虽极袁氏之暴横，无如何也。虽然国力邅屯，外忧煎逼，风云播迁，瞬息千变，欲进不能，不进不可。若如熊内阁之大政方针，则不敢以求进为言，是中华民国将终止于弱亡也。若如袁氏之武断政治，借债度日，则适足以迎合经济侵略之时病，引外力以自缚，是饮鸩以自毙也。匪曰善之，将益毁之；匪曰维之，将益斩之。譬彼中流，摇摇坏舟。时乎时乎，余对于我亲爱之国民不能不更有所言。

第七章　国民之自宅

余固言之，中国之地位，盖深陷于世界潮流之漩涡，而能力复不足以自存者，为日已久，欲求解免，非先致力于国民经济能力之发展，与陆地之交通与海权之恢复不可。盖以物质文明之发达，而有世界大通之结果，国民生活之度与国家岁出之需，皆涨为至高之率，而经济界之一种势力遂握有世界生灭之权，有国之民，所宜惴惴也。然国民经济能力，固当求之国民自身。不宁唯是，凡陆地交通与海权恢复，虽为政府专责，然当诉之于巨额之负担与经济之集合，非求之国民，亦无能为力。二十世纪之世界，国民之任务固若是，其巨且重也。易词言之，则二十世纪之国家，唯以国民之能力能兴起之，盛强之。若政府与其他则虽有其重要之职守，而实无此根本之势力也。然则中华民国之国民，其自视当何如耶；其视此飘摇之祖国与迷谬昏横之现政府，则又何如耶。夫不忍其国土之沦没，则群起而救护之，决不能委其责于政府而坐视其国家之微弱。此今世国民之天职，征诸并世诸强国而皆然也。今本其义，窃为我国民陈兹二说。

一、当以社会的能力从事于商农工矿、内外交通诸事业，标准于世界诸强国，而涨大其经济上之势力也。中国，大国也。世界列名之国为数三十有四，以中国比视其间，人口之众，位居其一，土地之广，位居其四，而国民经济之窘逼，国家岁计之困穷，海陆军之颓败，盖侪于下国而无足比数焉。则国民之自弃与政府之失职为何如也。今试列举诸强国最近之贸易额与国家岁计视之，以示其得失之概焉。

一 各国之贸易额（依1913年英国刊行之政家岁志所揭示）

国别	输入额（镑）	输出额（镑）
英吉利	744896514	599271907
德意志	506028000	437022000
美利坚	378778000	492228000
法兰西	318034000	265454000
俄罗斯	109197000	150631000
支那	62231472	51273654
日本	46423380	45842899

二 各国岁出入总数（同前）

国别	岁入额（镑）	岁出额（镑）
俄罗斯	280507761	259666023
英吉利	205606509	171995667
法兰西	175467624	175458487
德意志	146239505	146239505
美利坚	140274475	130827599
日本	54727426	54727426
支那	43130042	42635480

观上列二表，知吾国民业之衰与国计之蹙，比之诸国，不逮远甚。且日本国土小于吾国几十七倍，乃贸易之额几与相等，而国家岁计且不逮焉。国本之虚，概可知也。

夫因国民经济之窘逼而有国家岁计之困穷，海陆军之颓败，察其原因，则以政府之不良，屡为之梗者居其半；国民缺于新知而放弃其商农工矿、内外交通诸事业，不能标准于近世诸强国以求其发达者居其半。夫商农工矿、内外交通诸事业，固当求之国民自身，而不能委之于政府，而其盛衰之关系，则不特政府被其影响，而国家与国民自身实皆受其最后之酬报，则所以求其新知、利其推行者，宜若何重视之，而奋发之，握经济之势力，以增高其生活之度，而兼以救其国耶。

二、宜以世界之眼光监察政府之行为，合各种社团之势力，以维持其真正之国是，毋使国家政治陷于昏迷，而阻碍民群之进步也。自前清以来，政府之失职与现政府之迷谬，足以误国妨民。如前所述，详可睹矣。然政府者，依民情为生活者也，而利害之关连相待亦至切逼。政府之不良，其势直足以害民。民情之不洽，其势亦足以颠覆政府之运命。吾国人民以放弃其参政权利之结果，国家政治常委之政界之一种人物，政府与人民常为隔绝的行动而不相为谋。凡国利民福之必待政府与人民相需而后进者，皆无能为役。国势因以堕废，积为小弱，近世诸强国无此现象也。夫唯放弃之故，民情乃至不足恃，浸演而为畏难苟安之习，全堕失其国民之气概，域内强人至能施以权诈，胁以武力，而劫取多数之人心，而其行事复不必遵守人民之公意。袁氏今日所为，能以共和国大总统之资格，施行武断政治于中国，蔑弃典章，私立法制，取消人民之代议机关，而全国方翕然也。然此非国家之福也。姑息适以养奸，畏乱不足以已乱，而政局之谬妄、国运之沉迷，抑又甚焉。欲消弭其祸害，非以国民之力维持此中华民国真正之国是，主张人民公意，谋政府与人民行动上之合一，则将无适而可。苟国民一旦奋然将有事夫此，则依文明国之先例，使用参政之热情与社团之联合，实其唯一之武力也。我国民其重识之。

刘符诚致陆征祥手札（上）

崔　彤　整理

编者按：本篇收录1936至1948年间刘符诚致陆征祥手札138通。陆征祥（1871—1949），字子欣、子兴，上海人。清末民初著名外交家，曾任民国北京政府外交总长、国务总理等职，1927年入天主教比利时布鲁日圣安德肋修道院隐修，1949年病逝。刘符诚（1881—?），字荩诚，号黼斋，系陆征祥结义兄弟。民国初年任北京政府外交部秘书、参事，后任中法工商银行中方董事。这些信函不仅具体记录了二人的交往、思想、信仰、生活等方面的情况，对于中法工商银行运营情况、民国驻外机构及外交界人员的活动也多有涉及，对于相关人物及民国史研究均颇有价值。受时代局限，行文背谬之处难免，望读者使用中自加鉴别。原件存比利时圣安德肋修道院。

一

（1936年1月6日）

子兴如兄手足：

昨在街遇一小贩，专售显微镜，其中有折把者，镜心尚宽大，故购一具，另行寄上，祈查收应用。石峪拓字至今未到，恐

整理者：崔彤，中国社会科学院近代史研究所博士研究生。

有遗失，未识能否向邮局追查？

颜大使[①]已离巴黎，赴西班牙游历，计需十余日，返法后再去英。骏公并约弟同往伦敦一游，借以参观中国美术展览。此次展览诚为世界空前之举，为吾国艺术上之一页光荣史。惜政事不修，外患日迫，政治未能与美术媲美耳。刘子楷[②]公使游行至Cannes[③]，因其女公子忽染疾，致稽留旅舍中，未能到巴，殊属憾事。

自本月一日起，内子同小女及少川[④]女公子同去瑞士休假，驻地名□。据小女来函言，天气寒暖无常，雨雪不定，颇为扫兴。弟已去函慰藉之。该地本为冬季日光最多之地，今忽阴雨，是为天意不可测之处。专上。敬颂道安。

如小弟　符诚叩

廿五年一月六日

二

（1936 年 1 月 13 日）

子兴如兄手足：

自去年年底三十日起，直至今日，半月以来，无日不在酬应中。先是王亮畴[⑤]与颜大使，颜行后数日，胡公使味道[⑥]来此。前日刘子楷公使偕其子女三人亦来此。其女公子病已痊可，在巴

---

① 颜惠庆（1877—1950），字骏人、骏仁。曾任民国北京政府外交部次长、外交总长、内务总长、国务总理，先后任国民政府驻英大使、驻苏大使、出席国际联盟大会首席代表。

② 刘崇杰，字子楷。时任驻奥地利公使。

③ Cannes，戛纳。

④ 顾维钧（1888—1985），字少川。1936 年 2 月任驻法大使。

⑤ 王宠惠（1881—1958），字亮畴。曾任民国北京政府司法总长，海牙国际法庭法官，南京政府司法部长、外交部长等。

⑥ 原文如此，似指驻瑞士公使胡世泽。

小住二日，于昨晚回柏林，稍事结束，即于十七日赴奥京新任。今早王、胡二公亦去伦敦。胡去伦敦专为参观博览会，王公另有事务。

近与亮畴谈及国事，不甚愧愤。蒋近主政，颇思联胡（汉民）合作，而胡亦坚约亮畴舍其国际上之地位而为国努力，王亦首肯，故有辞却国际法庭判事之势，且事在必行，是不可不谓王公为国牺牲其个人之利益。王公拟于二月七号乘法船回国，虽尚未确定，谅不致有大变更。骏仁大使拟于十七日早车由西班牙回法京，即换车去英伦，并约弟同往。弟本有去英参观国艺博览会之意，今既有同伴，当提前去英。吾兄前有爱铎神父[①]有去英二星期参观博览会之言，祈将其居英之期间及住址早日示知，如得便，可图一良聚也。

牙膏又购就白皮者（粉膏）一种两筒，另邮寄上，祈查收。弟所用者为黄皮（白膏）之一种，白膏沫多不伤齿，牙医曾嘱用此类。吾兄如将来不喜粉膏之时，可换用此种。

兹收到乡仙一函，嘱寄吾兄一阅，特附上。函中“为而”系赵之别号，“而为”系弟之别名，均为二人通信随意拾用之字，对外不用者也。“进斋”亦系赵之斋名，其他“游子”指其于赵武而言，“人媒”指弟言，“吉期已过”云云，系指赵武在沪结婚事。缘去年弟在沪时，因曾受乡仙之托，为其子武觅一终身伴侣。弟识王稚虹（名守善，前驻朝鲜总领事）兄之长女，人甚勤仆，通英法文，在沪一公司做事。稚虹为曹润田[②]兄之妹丈，曹、王二宅均托弟为王大小姐物色佳婿，故弟于离沪返法前一日匆匆为赵、王两家介绍。今居然成事实，是诚弟初意不料。

---

① 或写“艾铎”，即圣安德肋修道院爱德华神父，担任陆征祥的秘书。

② 曹汝霖（1877—1966），字润田。曾任清政府外务部副大臣，民国北京政府外交次长、交通总长、财政总长等。

赵武于成婚后即偕新娘返法省亲，谅月底月初可到。明乎此，可以了然乡仙信中初段所言之事实矣。

内子与小女及顾小姐[①]均于前晚由瑞士返法，居瑞十日，雨雪皆有，日光亦时一见，不如往年之晴冷也。近来欧洲雨水之多为未常有，谅比境亦不能独免。尊体有无感觉不便之处，望珍摄为是。专上。敬颂道安。

如小弟　符诚叩

廿五年一月十三日

三

（1936 年 1 月 16 日）

子兴如兄手足：

十一、十二、十五三函及联额拓本三张均收到，谢谢。

兄之睡时，延至二时即醒一次，是虚弱之征，然此点可以休养补之。忆弟前四年由华返法途中，在船上病卧十余日，到巴后赴名医处诊视，言无大症，且无病症可言，只须将养二月，若能在山上休息更佳。故弟去山上半月后，已觉精神恢复，但较之已往总觉不如，弟亦以为老之将至，无可如何矣。延至前冬受洗前，陡觉精力增加，凡饮食、睡眠、运动、劳碌均与前不同。去春在华半载以及今日，均觉无劳动之可畏，是不止恢复，且较前为胜。以弟之年，稍患眚疾，尚须二年之休养而得复健康，足见吾兄须于休养上，应有较长久之时期也。弟意若于明春或明夏，觅一山上或海边空气佳胜之地点，静息一二月，或不无小补，未识兄意云何？兄如有意，先须与医士商量，以昭慎重。

承询棉袍一事，弟无此物。因弟喜行动，觉短衣利于行，即

① 顾维钧之女顾菊珍。

居家亦着一厚呢 Veste d'appartement[1]，至腿部虽冷，弟亦不感觉痛苦。但吾兄既须着教衣，内加棉袍，实属便当。尚不知目前吾兄所着者为棉袍抑绵袍？必须系绵，方能制寒也。如兄需此物，弟可函锡之[2]兄代办一件，何如？

嘱面交颜大使之书与函均收到，晤时即代交。弟亦收到《宗教与文化》一书，谢谢。《生辰书》到英后，当择数种寄上，以便选择。爱铎神父去英在廿七日，与弟相差十日（弟准明早日同颜大使赴英），恐未能住英如是之久。弟意只有一星期，多则不能矣。失之交臂，可惜可惜。顷接韩生儒林来片，言于二月底可回比，并趋谒台端，想兄处亦当有伊之消息也。专上。敬颂道安。

如小弟　符诚叩

廿五年一月十六日

四

（1936 年 1 月 31 日）

子兴如兄手足：

奉昨日手书，敬悉锡兄处存款除买棉袍等物外，结存暂存弟处，留在国内不外汇。弟思此款若留在锡之手中，存放中国银行生息，可得七八厘，若存在敝银行储蓄账上，只有三厘半之年息，且此款久存锡之手，若无急用而转移弟处，易生误会。弟意最好由锡兄向中国方面之坚实银行处存，存期少则六个月，多则一年，即使有用款之时，亦可候到期取息后再行提用。设兄必以暂存弟处为便，即请锡兄将此款交上海中法银行陆兴记（Lou sin kee）账上收存为是（可由北平中法银行转交），统祈酌之。

弟在英所购赠之明信片及后来写信所用者，系择其最精美者

---

① 居家外套。

② 李殿璋，字锡之。早年毕业于同文馆，后在民国北京政府外交部任职。

用之，未将全部购买，是寄兄之种类至此已告竭，此外所有均系重复者，奈何奈何。专上。敬颂道安。

如小弟　符诚叩

廿五年一月卅一日

五

（1936年2月4日）

子兴如兄手足：

顷接二日华笺，欣悉展会信片得受道院内外人士之欢迎，兹将弟手存六张寄上，分送何人，祈兄支配为是。坚振礼节，既蒙兄赞同，当便中直告爱铎神父。弟对刚主教[①]感情素洽，在平时彼此多有来往，将来若由彼手行坚振之礼，亦可谓一奇缘也。

款项事当照尊嘱存储蓄账上，由弟手经理，日内函锡之时，弟亦告知之。承示南院长[②]近不用咖啡而用茶，甚幸。不知南院长所嗜者为何种茶叶，红茶、绿茶，抑香片茶？弟甚愿一闻之。

关于个人卫生一节，由仆服侍之习惯最不适宜。若常居中国，或居外国而富于财，可不改此习惯，否则时感不便。弟近日亦将受人服侍之习惯大加删减，因家中妻女事事均躬亲，弟亦遂不得不有时自尽其力，工作后并不感何苦处，而颇得乐处，想兄亦同有此感想也。专上。敬颂道安。

如小弟　符诚叩

廿五、二、四

---

① 刚恒毅（1876—1958），罗马天主教宗座首任驻华代表，主徒会创办人，传信部次长。

② 圣安德肋修道院院长南文。

冈主教已否升受红衣主教之职，请便中示悉。

再，近由锡兄寄来照片三张，弟自留其二，兹寄上一张，不知兄处已有此否？祈查收。附信片六张。

六

（1936年2月5日）

子兴如兄手足：

顷奉十二日赐书，承谅解目前不能离法情势，并兄代为函告南文院长，至为欣感。日前与王亮畴博士谈及英伦美术展览，并在弟宅看及出版各种信片。王博士当言在英虽参观展会，未曾顾及购买纪念片，应再托人代买，弟即托其就便代买两套。嗣王博士知此两套中有一套系拟赠吾兄者，王博士表示云，托买之两套明信片不必付价，价均由其一人出。

即将工作中承示南京购得地段之事，因弟未得暇与陆伯鸿[①]君接头，且手中无照相机，复加以目前每去南京一次，较在沪尤忙，故未去查勘。如不急急，准于回法前一往。夏间妻女来华，可将照相机带来，将来即一同到南京游览，并看地照相，均有余暇矣，未识太迟否？

弟到沪后，曾具简短之函二件寄上，未知收到否？弟近发见饭店中最新式之信箱，由十八层楼上可直送至下层，已不灵便。弟到沪后，每有信件即付此箱内，以后得知其不灵，遗失信件多封，而退还者亦有数封。前曾附上一封，谅已收到矣。

上海目前阴多雨少且不太热，真湿和适宜。据云，不日黄梅将临，谈之令人生畏。但弟意测之，吾人旧式居房狭隘卑污，一遇连绵多日之雨，霉气自生，故人人畏之，若外人所筑之高厦，

---

① 陆伯鸿（1875—1937），近代实业家、慈善家、天主教人士，上海法租界首位华人公董。1937年12月30日，在上海遇刺身亡。

即雨多亦无若大之霉矣。日来事虽纷忙，而身体殊佳，祈释注。专上。敬颂道安。

如小弟　符诚叩

廿五年二月五日

右章“黼斋启事”，黼斋为弟最近之斋名。黼与斧同，黄帝十二之章内有黼，取其黑白分明有决断之意，且与弟名音相近，故取之。

七

（1936年2月11日）

子兴如兄手足：

顷奉十日惠书，敬悉南文院长日内有赴罗马之行，并蒙允为介绍晋谒宗座及请刚主教赐予坚振典礼。吾兄筹画周密，至为铭感。惟目前机缘不巧，无法利用之。因李石曾[①]先生于上月三十日到巴黎，对银行方面接洽之事既繁且要。银行本为中法教育文化事业之来源，而石曾复为中法各事之第一要人。伊对行内事完全委托，当伊居法期间，弟实有不能稍离之必要，是赴罗马之期只可俟诸异日，未知吾兄允我否？弟意拟不直接向南文院长声明，拟请吾兄便中代为告知，似较为不露痕迹，诸希鉴谅。

日前收到五日来函，亦因匆忙未复为歉。承示利用英伦赛品，藉作宣传，请郭大使[②]斟酌采纳一节，弟意此事若能实行，定得好评。因以美术品赠人，无论其人懂否爱否，决不至得反感。惟郭大使个人决不愿为此事出力出资，而政府方面之拮据，较诸个人

① 李煜瀛（1881—1973），字石曾。著名社会活动家、国民党元老。早年曾发起和组织赴法勤工俭学运动，创办中法大学、国立北平研究院等。

② 郭泰祺（1889—1952），字复初。时任国民政府驻英国大使。

更为穷困。以弟测之，此意虽佳而巨款难筹，成功之希望甚少。

关于绿茶一事，弟处存一二盒，拟便中赠与南文院长饮用。将来或得便带去（或托人，或自已），或寄与朱使转交，稍暇即办。专此。敬颂道安。

如小弟　符诚叩

廿五年二月十一日

八

（1936 年 2 月 14 日）

（前缺）一份送赠吾兄，一份送赠小弟，小弟当向王博士代为致谢。兹随函将此英展纪念片五十七张挂号寄上，祈查收。王君已于昨晚由法去西班牙之巴色漏那海口，搭乘法船回国，吾兄可不急急致谢矣。此次所得纪念片，有着色者数张，均为弟前所未见，今共得之，共赏之，当亦有同乐也。专上。敬颂道安。

如小弟　符诚叩

廿五年二月十四日

九

（1936 年 2 月 17 日）

子兴如兄手足：

昨日奉到赐下之《晋铎纪念专刊》，并另赠石曾一册，晤时当代递交，谢谢。刊中所印各照均清晰可爱，其文字之特点，为对于中国之屏联匾帐等之专名词，均为之大批输入法文中，并加以解释。此后用识法文之人民，当得许多新名词。

英伦艺展明信片一包收到否？前函中之五十七张，实系五十三张之误。专上。敬颂道安。

如小弟　符诚叩

廿五年二月十七日

十

（1936年2月22日）

子兴如兄手足：

奉十五日、十八日两笺，读悉已收到英展画片，其数目确为五三抑为五四，弟实记忆不清矣。石曾兄亦有去英之意，惟此公在法事业太多，终日四处奔走，能否成行，尚须俟诸异日。朱凤千[①]公使若能赴英一行，定当获益不少。

盖今冬宴会间《中国美术之评论》定为最时髦之资料，弟以为即无此谈料，关系吾国外交人员，均当对于祖国之物质国粹有相当之认识，且在外研求中国美术，有时且较国内为便。盖各国博物院中亟多中国古物，即私人之收藏亦至丰富，尤以英法各大国为最。近日萧亮功代办对于中国古瓷虽无认识，已能注意，尝谓中国古物他国使馆均有佳品陈设，惟中国使馆无之，殊觉赧颜云云，是亦足见认识与收藏为一必须之事矣。

日前，萧代办云，接部令，驻法国大使馆之参事派郭则范充任，亮功调驻土耳其大使馆之参事。亮功对此事颇形失望。盖年来伊对于馆务之维持颇费心思，公私（颜）方面亟尽调和，结果不得大使之谅解，殊为忠于事、忠于人者所寒心也。弟视宦海无是非、无赏罚，是中国沦亡之大病。

南文院长三月二日到法后，弟当约与一晤。爱铎神父在英能居三星期之久，眼福不浅，羡甚羡甚。祈代致敬意。专上。敬颂道安。

如小弟　符诚叩

廿五年二月廿二日

---

① 朱鹤翔（1888—?），字凤千。1935—1937年任国民政府驻比利时公使。

眼眠二字相仿佛，有时将眼福书成眠福，是又多一种福气矣。一笑。

十一

（1936年2月28日）

子兴如兄手足：

奉廿四日手书及腿套、膝套，拟日内稍暇即为购办作货样寄上，迟迟之处，尚希毋责。承示斋期内作补赎工夫，经与内子商酌，均尚感俗务太多，心意未十分坚定，不敢作虚与委蛇之应允，俟精神纯洁时再谈。惟星五不用肉食之规，前在国内及现居法时均常行之，但不坚准耳。今当遵守明示，按期实行，以表示微意。

亮功处已将尊意代达。伊云对于赴土之事并不反对，惟盼先能准假三月，返国料理私事，然后再赴新任云云。

日前接韩君一长函，对于比校秘书大不满意。兹将原函附上一览，以资接洽。弟对此长函已有复信寄出，大概意思为告以：秘书为按照章程奉行公事之人，章程中给兄者为学费，并非旅费，秘书请向学校接洽可否移用，是正当办法。至博士论文之提出，亦系前者陆神父代为请求允许吾兄赴法时，其函中曾声明，将来在法所得之成绩，即提出比大学，作为比大学之成绩。其成绩谓何？即博士论文也。秘书现提此事，亦系根据从前成案，是秘书向兄所要求之二点，均为照章办事，并无吹毛求疵之处。惟今应采之办法，尊夫人函中既有任兄赴瑞士工作之议，兄当应允。到瑞士之后，一面工作，一面写论文，一年之后，两事均可作完矣。但学校方面，总以先行当面接洽一明白办法为是。设兄定不欲提出论文，学校亦无可如何，不过将来留比官费生或稍受影响。陆神父对学校方面再有请托时，或失其信用而已，诸希酌之云云。

此乃复函中大概意思，谅兄看毕原函，当更容易明了弟函之意。未识吾兄对弟复函意见如何？

弟总觉吾国少年遇事只知有己，不知有人，不管章程及一切约信，凡有不便于己者，即视为不对，以韩君之明白，亦不能免当局者迷之讥。弟直言之旨，一则为“是非”主持公道，再则为韩君谋利益，其听否，任之可也。

近来石曾兄因接洽之事甚多，要求在行中得一办公室。行中一时无闲地，故弟暂将其安置在弟办公室中，同桌办公。有此便利，而弟之工夫，大半均用之于应付一人。好在此为短期，以后当有闲隙之时也。匆上。敬颂道安。

如小弟　符诚叩

廿五年二月廿八日

十二

（1936 年 3 月 5 日）

子兴如兄手足：

《言论集》一册已收到，昨晚当即遵嘱将长函之原稿及印稿对照详读一遍。读后综计文字之错落颠倒及句读行款之乱点割裂，共约百处之多，致此一篇呕心吐血之文，真意不彰，精神不贯，局外人诵读之定有格格不入、莫名所以之苦处。最可惜者，为尊函中伸说孝字之一段，计有四页之多，而竟割舍未刊。弟读后详索错舛之由来，已得其原委，特为我兄详言之。

当弟在平接此长函后，复接吾兄一函，嘱将长函中言孝之一段，设法于晋铎之日发表于报端，以告国人，藉示提倡。弟遂根据此意，向于斌神父[1]说明，请其指示以登何报为宜，伊当允交《益世报》照登。弟遂将此函中言孝之数页，交其抄录一份送诸

① 于斌（1902—1978），时任天主教南京教区主教。

报馆，届期果然登出。嗣后于斌神父复言，此项长函，陆公之心血不少，可否见示全豹，以快眼福，并拟录一全稿存诸案牍，以备后来参考之用。弟以此函文字无秘密不可告人之处，且于神父热心兄事（有时太热），至可钦佩，断无拒绝其请之理。弟是时已将兄之长函及屏文装订成册，故将此函送交于神父照抄，此乃于神父得以不怪我二人预先闻问，而能公布我二人来往间一长函之原由也。至其割舍孝字一段之理由，亦系因其第一次抄此函时，已将此段抄下，至第二次抄全部时，抄者为省力计，即不再重抄此孝字一段之文。及至付印时，或者原经手人未细心查看，或者已交换新手，无人记忆已往之事，对此长函更无一人有耐心再细为研究核校一下，是以印出后错谬百出，是主持者、抄写者、印字者均犯粗心怠事之毛病，然遗误读者非浅鲜也。弟之揣测原委如此。

为今之计，惟有速函于斌神父，请其停止发售此集，并于函中说明集中错误太多之话，随即将弟校正之本寄出，请其照本改正，并应告其乘机将其他文字再切实校正一次。（古之校书者，名为校雠，其勘一错字，如杀一雠敌，可见做此事者之认真。今之校书者，只可称为校友。一笑。）然后再出版问世，未知兄意云何？至嘱查“有无失言之处”，弟觉并无失言处，尚祈释念。原册俟再校一次后即行寄上，盼此册将来仍归于弟方好。专上。敬颂道安。

如小弟　符诚叩

廿五年三月五日

十三

（1936年3月9日）

子兴如兄手足：

七日赐函及魏、袁两君与南文院长三函均阅，悉吾兄已函于斌神父，并只请加表更正，甚是。《言论集》改正之本已随函后寄上，想今已蒙查收。弟所改正者，均照尊函原文校核，冀以保存原函词气与意义，且因此函之规局为我二人闲谈，并非问世之文，似不宜再加修饰润色，只求不为蛇添足已可矣。未知兄意云何？或将弟寄上校对之本先交汪使一阅亦可，祈酌。

三函附还。《益世报》因集已寄上，弟处无用，特另封寄还。或孝字一段，未登在天津之《益世报》，而登在北平之《益世报》或《晨报》，亦未可知。弟虽剪下，可惜未带来，但确记其曾登于报端也。可再专函于斌神父，特提此孝字一节，务请其添入。未知兄意云何？

南文院长允于明日来舍用午饭，余容另陈。专肃。敬颂道安。

如小弟 符诚叩

廿五年三月九日

十四

（1936 年 3 月 14 日）

子兴如兄手足：

日来稍忙，未得作书，读八日华笺及剪报，敬悉种种。“今人失望于将来的主人翁，办事粗心忽略如是”，弟对此言实表同情。弟视吾国今日之国事民情，均在恍惚飘摇之境，事无大小，先无预备，后无研究，有时且不问是非，颠倒黑白，处之粗心大意，无尺寸之远见，只顾目前得过，口头得快，至其结果如何险恶危殆，不暇虑及，是于粗章中又加以苟安之性。闲中尝思国人之性，就其短处言之，可以五字括之，即“穷滑贪小诈”。社会之基础立于此等质料上，故一遇狂风暴雨，感有崩溃之势。一国之兴亡，岂一朝一夕之故哉？独惜吾公教中人，有时亦犯些小毛病，奈何奈何？

尊函言“孝之四页，容日抄出一份寄上，至将来应否印行文肃[①]'孝字'一字诀之小册子，容详思后再谈。至云言论集，题目太大……七零八落，无言论集之可称"云云，虽不尽然，究其中有非自己之言论，且亦有数文无须刊行。吾兄明于自察，弟亦不敢一意恭维，是彼此所见相同。不过于神父此举亦系染有时髦病。伊见党中要人刻印《言论集》者甚多，故亦欲于公教中择一人，专以刊其言论。此种好强之心，甚可钦佩。但要人之《言论集》，多空无一物，人多以"纸灾"讥之，是《言论集》其名虽新，而其味甚臭。今吾人窃附于纸灾之后，已属不幸，而内容姑不问其优劣，即此满篇讹错读之不解之文，其何以问世乎？是弟对于设法延宕，使之不得问世更赞同矣。顾弟仍有再进一步之办法，即请兄函知于神父，将已意明白宣布，言此次出版之《言论集》，若无刷印之错，事已办成，当不敢过问；现查得其错如此之多，若竟令其流传人间，与公教及个人之名誉均有关系，势须收回改正。既须收回，不妨乘机暂缓出版，俾得多搜材料，改良内容，是为一全两得之办法云云。兄意云何？专上。敬颂道安。

如小弟 符诚叩

廿五年三月十四日

十五

(1936 年 3 月 18 日)

子兴如兄手足：

兹送上孝字函稿一段，又剪报一份，祈查收。石曾兄不日离法，事稍忙，容再详函。今日惟望兄于斋期内毋过严厉遵守，致

① 许景澄（1845—1900），字竹筠。清末外交家，曾任驻法、德、意、荷、奥五国公使和驻俄、德、奥、荷四国公使。1900 年被清廷处死，次年平反昭雪，谥文肃。

耐健康，是祝是嘱。专上。敬颂道安。

如小弟　符诚叩

廿五年三月十八日

附二件。

十六

（1936 年 3 月 19 日）

子兴如兄手足：

昨上一函及抄件，谅均蒙收到。今早行中会议席上讨论行务时，大家以为弟有回国之必要。因在国内谈判事体进行不大顺利，故有此提议，行期且急促。三月三十一日为本行开股东会之期，开会后即须成行。是于此二星期内，须将诸事料理就绪，以便起身，是亦可谓仓卒矣。吾兄对国内有何应办事体，祈早之思及告知。

弟亟欲于行前晋谒握别，惟是否有暇往比一行，现尚难定。倘于尊处无碍，弟拟乘本月廿八、廿九星期六、日之便，抽暇前往。目前亦只可视此意见为希望，不能即定，诸凡须视公事上能否接洽妥协为定。

前接艾铎神父一函，约弟等赴道院迎耶稣难日大节。弟正拟发函答复辞谢（信稿昨日起书），今日忽发生回国之事，弟拟不发此函，请兄代达一切为感。

再，弟此行须经美国，因在纽约尚有事体办理。匆上。敬颂道安。

如小弟　符诚叩

廿五年三月十九日

十七

（1936年3月24日）

子兴如兄手足：

接奉本月十九日、廿日及廿一日三函，聆悉种切（三函均于月之廿二日同时收到）。吾兄爱我之深，忧喜与共，故彼此所见默多相合之点，尤以行中见委办事一层，尊论深为恰切。弟向来即主张遇事应精诚以赴，成败不必预计，个人利益尤不可参合其间。大凡能利人之事，必能利己，大处有利，小处亦必有利。且弟对于国界一点，亦不主张太分晰。无论何国外交，能得两利之法最妙，否则终不能久维和平。弟之主见如斯，行中同仁对弟亦以恳挚之态度出之，是以八年以来信用日增，此点堪为我兄告慰者。

此次回国之举突如其来，实弟初料所不及，且期限迫切，而应行商讨之事件及研究之案卷亦至繁杂，每日孜孜无稍闲暇。此外加以私人酬酢及通询，亦须顾及，并且有意外之意外。昨日赴牙医处检视，盖弟一生最感麻烦费钱者为牙痛，每年必须补治二三次不等。昨日牙医新发现坏牙，须补者三处，其一处尤须施大工作，以便保全之。弟现订行期为四月四日中午离巴黎，连星期合计之不过十日，须日日修治一次方可，否则二三日后恐生毛病。有此公私交迫之情形，弟意拟于行前不去比国晋谒，未识我兄能允我否？俟将来回法时再行晋谒，并可从容多住数日，以便倾谈。至兄处所有委办事件均祈函告。若必须面谈，弟可觅一妥速行程，俾一日间可以来回，不在道院过夜。弟现处之境如是，不敢不据实以告，尚望示悉，俾得遵循，并望恕我率真。

弟前接锡之兄来函，言在平闲居无事，生活无着（此节如锡兄未言及，即作为不知），拟去沪，在交通银行方面觅一事体，未曾言及已否成功，不知兄处有何消息否？关于吾兄所言，欲行刊印孝字小册以诱掖青年一节。弟拜思之后，亟以为是，亟佩吾兄奖掖后进之努力。惟如何进行，弟一时尚未筹及，或此后函商办理亦可，统祈详酌。

廿一日尊函中所言家人分别苦痛一节，至为真确，尤以内子处境为然。内子每次对弟一人回国深感痛苦，盖欲阻止，而有以私害公之诮；欲同行，而妨碍小女学业进行。无两全之策，而只有自己悲痛。此境惟我兄能了解也。文肃《时文册》随函另寄。专肃。敬颂道安。

如弟　符诚叩

廿五年三月廿四日

十八

（1936 年 3 月 28 日）

子兴如兄手足：

回国之事，近因筹备上未能妥洽，致行期亦不能大定。前谈四月四日离法之期，不能十分作准，大约下星期一二可以拟定。然事机多变，实不敢多为预言。现可为上告者，为行期不定，而弟终须一行，一俟订有准期时，当即函达。匆上。敬颂道安。

如小弟　符诚叩

廿五年三月廿八日

十九

（1936 年 3 月 29 日）

子兴如兄手足：

廿五六八日三函均收到，除作货样寄下之小书匣及石戳等件尚未收到外，余如孝字摄影四份、孝字章三枚、一字诀、二字诀小册各一件及黑皮记事簿一册，亦均收到，弟及甥等当分为享受，特此谢谢。

孝字小册应如何印刷，俟到沪与友人商酌后再定。所嘱刻各印章，亦须与刻家商办，既须将十字及 pox 字加入章内，亦须不伤大雅，请释念。匆复。敬颂道安。

如小弟　符诚叩

廿五、三、廿九

前寄文肃公《时文册》收到否？

二十

(1936 年 3 月 31 日)

子兴如兄手足：

印章二块及小书盒均收到。弟之行期现复形急转，若非四月四日由美转，即四月九日乘义船过红海返沪，一俟订准，再将船名、日期等奉闻。先此布复。敬颂道安。

如小弟　符诚叩

廿五年三月卅一日

二十一

(1936 年 4 月 17 日)

子兴如兄手足：

在米朗参观圣堂，叹未曾有。购圣堂图画一册寄上，谅已蒙收到。此堂建筑，远观体透玲珑，似甚孱弱，然一经登临，逐处详视，方知其坚固非常。每层均有梯缘，全工完全以石与铁为之，即房顶亦以方石铺砌。攀缘而升，直至最高之圣母像下，计石像之数，大小有三千三百，而筹锋有百数。凡有雕刻之处，有花样均不同。据云，此堂宏敞，较罗马之圣伯禄教堂为逊，但华丽过之。弟等在堂内既得享眼福，亦得虔心作祈祷，诚欣幸也。

此外，尚参观其他教堂三处。又米朗之博物院名 Palazzo di Brera[1] 者，亦甚富丽，其亦画之史事，均为教中圣迹。中有一像为弟等所不解。按画中人物有三，中立者为圣伯禄，其两旁二人未注明为谁，而圣伯禄之头上有似中国厨刀一柄，入头少许，其面色不现有何惊恐之色，究不知其意云何。此外又参观公墓，亦为各国所不经见，盖花岗石之建筑大小千百计。又星期六之晚，曾赴□大戏院观剧，其音乐及戏剧，与巴黎相较互有短长，而建筑之宏丽，似远不及法京者，但其座位之整列，秩序之齐肃，又较巴黎者为优。

意国自墨首相[2]执政以来，不啻予意人一新灵魂、新精神。人人奋发，事事整饬，真是复兴气象。米朗之博物院亦为弟等所称赏，其可宝贵之名画固多，而其院址之富，布置之优，均较英法者为优。在米朗所得印象甚佳，但至□时大雨不止，随将物事安顿妥帖后，即伴送妻女至车站。伊等拟先至 Sainte-Marguerite[3] 海边小住，然后再去 Lugano[4] 湖边，以俟学期到时再行回法。弟在船上甚适意，祈勿念。余另谈。敬颂道安。

如小弟　符诚叩

廿五、四、十七寄自波赛义

二十二

（1936 年 5 月 7 日）

子兴如兄手足：

自离义登轮后曾上一片，谅蒙入收。嗣以途中平静，无可记

① 意大利布雷拉美术馆。

② 贝尼托·墨索里尼（1883—1945），1922 年至 1943 年期间任意大利王国首相。

③ 法国圣玛格丽特岛。

④ 瑞士卢加诺。

述，故未续寄函片。且因在船上时，日常生活每日照行，无特别事，故是亦使我懒于握管之理由。

现以明日到沪，追思以往，尚有可告慰者一事，即此次在船遇一同国人名凌宪扬者，系一留美生，现有特别公干赴德，公毕回国，故得相遇。此公年岁尚轻，而性情亟敦厚老成，且喜运动，对于船上游戏事均能之。弟亦素嗜此，惟久不弹此调矣，今以凌君之耸容，故与之联合对西人比赛，其中最难而最劳之一戏，为船上网球 Desk Tennis。弟等以一星期之奋斗，结果居然得列第一，弟且得一奖品。其英德之少年均以此游戏为苦，战后每汗流夹背，多时不已，而弟于战后居然不觉其太劳，是以弟对于素日锻炼身体之工作，尚不为无效。此为弟所自豪，而堪为吾兄告慰者也。弟过新加坡时，曾晤刁公使成章兄①，伊之打球习惯仍不少懈，每日非网球即哥而夫球，故伊之身体虽瘦小而健强实甚。

弟在船上看一书名 L'Homme cet inconnu②，著作者名 Carrel，系一法籍科学家，专在美国工作，其一生工作为在化验室试验种种关于人之生理及性理之研究，其所言人身之构造，较之世界尤复杂而尤具条理。伊对老年人亟重视，并云：少不如老，故老年人不应具有退休享福之心理；君本有多年之经验学识，毅然前进，其成效必较少年人为优。至其他发他人未发之言论甚多。即据此一点观之，不啻予弟一新法，以渡此老境。弟之肯以努力打球者，此书亦大有功焉。

承赐《一字诀》等之小册子及蒋院长③之新生活小册子，均

---

① 刁作谦（1880—1972），字成章。时任驻新加坡总领事。

② 《陌生的人》，1935 年出版的畅销书，作者亚历克西斯·卡雷尔（Alexis Carrel）。

③ 蒋介石，时任国民政府行政院长。

详阅矣。《一字诀》等俟到沪晤徐神父[1]，再商谈如何即行。其蒋之新生活演说虽然明澈有理，可惜实行太迟。若在四十年前许文肃提倡时即大家做起，定有以应付今日之日本压迫。

船已到到吴淞，不能再书，祈谅此拉杂文字。敬颂道安。

如小弟　符诚叩

廿五年五月七日，船上

二十三

（1936 年 5 月 27 日）

子兴如兄手足：

十八日去南京以前，曾寄一信与兄，店中有自备信箱，系一长筒，由二十二层楼直通至下层，每层客人均可直接寄信。弟住在八层，写完信后，即扔在长筒内不再过问矣。但弟寄与林季璋[2]兄两次信，均未蒙其收到，弟始向店中质问长筒信箱有无不灵之时。经店人查考，始知其不通，储信多件无法拽出，乃以锤捣之，以钩钩之，致将弟寄兄之信弄得破碎不堪。兹原封寄上，以博一粲。

弟自到沪即忙，尚须忙至夏天。承寄之与陆伯鸿兄来往信均阅悉，一俟抽暇往谒，询明南京新购地之住址，得便即去代为查看，尚望假以时日为盼。徐神父亦尚未往谒。

承寄之生辰簿三册赠与外甥及甥女者，亦已收到，先代一谢。吾兄对伊等如此鼓励，真感同身受也。弟在沪起居饮食均甚合宜，身体亦不感何不便，祈释念。专上。敬颂道安。

如小弟　符诚叩

廿五年五月廿七日

---

① 徐宗泽（1886—1947），字润农。《圣教杂志》主编，徐家汇教堂藏书楼主持人。

② 林驺，字季璋。

二十四

（1936 年 6 月 30 日）

子兴如兄手足：

久未作书，至以为念，遥惟康强逢吉，为颂为祷。前接尊函，知南京地方已经陆伯鸿君之努力，觅有地段为筑本笃道院之用。嗣遇陆隐耕[①]谈及此事，知杨安然神父[②]已到南京办理新院一切进行事宜。惜陆隐耕君未将杨神父之住址告知，恐此次未能乘便往访。弟此次来京仍系因公事，且有法同事同来，大约住一二日，即行返沪。至在沪住至何时，现亦不知。

近接金龄[③]小女来函，言考试已毕，并均已考取，大约七月中可以乘船回国，到沪当在八月中。彼时看弟之事体如何，若能同眷一同回平小住，实所欣盼，惟须视公事如何耳。锡之兄至今未见面，弟到沪时，值其有四川之行。近接来信，有不日回沪之言，谅不久可在沪聚首。

上海天气日益暑热及潮湿，且弟之牙痛不时发作，故无事时不喜多出，见人绝少，消息自亦不多，再加以私争日烈，国亡在即，同仁谈略殊少乐欢之事。即以此次骏仁大使回国之事论，弟以为其病由于精神上之痛苦而来占多成分。当今年初在欧晤面时，其精力强旺，毫无病态，但自游历西班牙后，即感有不适。及至本月中在沪晤面，见其形容憔悴，夜不能眠，饮食步履均感不便，是以过沪并未进京，只遣秘书晋谒外部告病假，现已去青岛休养矣。外人论之，定以劳碌等等为理由。但弟以为，骏仁为

---

① 陆隐耕，陆伯鸿之子，时任圣心医院院务主任。

② 杨安然，印尼华裔，参与创建西山本笃院，参加国民党中央宣传部海外通讯社，创办《法文周刊》。

③ 刘符诚之女。

争中日事，在国际大卖气力，而所争之成绩为国亡日速，有心人岂堪座睹此破碎山河？其日不能食，夜不成寐，岂有他故哉？弟之所以不愿谈国事者，实亦感精神上之痛苦太大。

今日在京候见张铁道部长，抽暇与我兄作片刻谈，以慰人怀惓念之意，望恕我懒惰为盼。刻章尚未竣事，因甫家所出之样不合，故又托季璋兄代撰字体后，再找人照刻，再有数日可以竣工矣。专上，不尽一一。敬颂道安。

如小弟　符诚叩

廿五年六月三十日

二十五

（1936 年 7 月 10 日）

子兴如兄手足：

正驰想间，奉六月二十三日惠书及介绍施格来博士与南洋侨胞之函。弟闻施博士来平教授印度史，亟表赞同。盖吾东中国、南印度两古而且大之文明国家，实彼此不相认识。中国虽自晋唐以来即接受佛教，亦只就宗教一门稍加攻读，而对于印度之文化、习俗、政治、性格等多所迷蒙。今得施博士主讲此课，可谓为中印精神上之沟通使者，深盼其过沪时得倾谈也。

今日复接金龄函，此为伊考试后第一次得暇写信，信长有八页之多，详述考试东方语言学校时之严重局面及试题之困难，读之令弟叹息今昔之不同，其难处殊出弟意料之外。幸而考取，实不能不归功于此女之苦干也。

关于图章一事，尚未完全竣功。弟因季璋兄近来目力锐退，写画均大吃力，而刻章尤甚，故弟将兄等各章托其觅人代刻，酌为出资。及至交样时，弟嫌其字体太俗，未为采用。复恳季璋只为篆字，交由刻章者代刻。前者刻就拿来时，见施格来博士章内亦加一十字及 pox 字，现复令其修正。兹将南文院长、爱德华印及陆征祥印，均带十字及 pox 字之三章样本附上一阅，以快先睹，俟施章改正后，再同时去做盒配印泥，以完其事。再，施博士现即来华，应否将此章面代吾兄送上，抑须一仝他章均带至比国，祈便时示知。

弟在沪应办之事一时尚难结束，故眷属亦有来华之意，惟行期尚不得知，回法时恐须在秋冬之间。行中所派同仁确系预定计画，前函匆促，忘却注明。承示曾文正[①]克金陵之往事，弟到平时，定将文正家书取出一读之，是亦日后面谈之一资料。日来上海天气炎热异常，弟亟盼眷属早到，得以同去休夏。至上海霉气一节，弟尚不感此痛苦，因细思之，觉洋楼建设既高且爽，较之吾人旧式建筑自易加防，是亦为西人"以人力胜天然"之处，兄意为然否？专复。敬颂道安。

如小弟　符诚叩

廿五年七月十日

爱铎神父前祈代致候。

二十六

（1936 年 8 月 9 日）

子兴如兄手足：

接奉六月十五日及七月十七日两次惠书，及七月十一日惠书与圣本笃圣牌三副及其说明，铭感无似。圣本礼瞻祈日，承献弥撒一台于先父母，实令生者、亡者同深感激。圣牌自当遵嘱交家人，设法嵌入平宅各门，以资得受保佑。

内子与小女因弟住华之期无定，不欲稍住即回，所以末后决定不来华，下次得机再回来。弟对此决议颇感怏怏，然弟实不敢

① 曾国藩（1811—1872），字伯函，号涤生，谥文正。

预定时间也。骏使到沪住十余日，弟只晤一面，现居青岛。昨遇其侄女，云骏老之病已痊，嘱为探视，为国□为家之病实无从入手，至嘱毋以有用之精神、宝贵之时光，贡献于盗跖之邻邦一层，请释怀。以弟之粗识大义、薄于名利之人，决不至出此。日来经手事，甚感棘手，而天气又溽热难堪，吾兄之不悦此土，良有以也，而弟之潦草一书，亦可归罪于仝节矣。敬颂道安。

如小弟　符诚叩

廿五年八月九日

二十七

（1936 年 8 月 30 日）

子兴如兄手足：

接奉七月廿六八两次惠书及孝子救亲扩大像片等八件，又哭亲及南海墓铭二件，均经一一拜领拜读。吾兄谆谆以孝忠相劝勉，直欲以文肃衣钵加赐于微渺。惟弟驽骀，对于前贤懿行，心多向往而力行之功不著。今兄教以哭亲修墓之美德，弟亦惟有遵嘱力行而已，其成功之程度，当不能与兄所期者副万一也。

弟此次归国，因行务棘手，滞留在沪，倏已四月，此后尚须多住一二月。将来事毕，定当北去，扫墓时定代致敬。至墓地上之树木，至今未栽，一因地土新填，不宜栽植；二因水源稀少，灌溉不易；三因土匪未绝，偷伐堪虞。去年合葬时，地方上警局曾派八名警察驰往照料，而弟之车上亦加警跟随。弟向不惯此威仪，拒之不果，挥之不去，屡听其言危险危险而已，故后遂听之。

今日不知天津之西郊犹似去年之不安否也。当此七、八两月溽暑中，居沪实感熏蒸，月中时曾奉友约，赴莫干山小住四日。为时虽短而跑路至多，并换得大量新鲜空气，深感兴趣，特寄上二片，以［与］公同乐。在山时日日外出，无暇作书，延至今日始得报告，祈谅之。内子近来电，因不知弟在华勾留之日期长短，已决定不返国矣。弟对于南京亦未暇一游。匆上，余另谈。敬颂道安。

如小弟　符诚叩

廿五年八月三十日

再，前承寄赠小册子四种，原拟印出后分赠青年，嗣经查明各件有不能付印者，故只择要，将论孝一字诀之小册子付诸石印。复以此册系由兄用洋墨水所书，石印不能，必须用中国墨描过后方能印出。此项描墨工作由林季璋兄担任，故得印行此册，然字迹间脱离本相不少矣。印成千册，托徐神父分送。特另邮寄上十册作念。子兴如兄。

弟　诚又及

廿五、八、卅

二十八①

（1936年9月9日）

子兴如兄手足：

接奉八月十七日赐书及此前后纪念片十份，谢谢。俟当陆续分赠同仁。承嘱刻各章均已办讫，盒亦做成，统俟返法后面交。前寄样本只有印章一方，且系椭圆形，现又添刻方印二方，一与院长，一与爱铎神父。另将作样之象牙章刻上四字，以为吾兄盖用，其文为“真主无元”，是亦季璋兄拟文撰书交人照刻者，附呈一样，以飨先睹之快。施君印章当随带来比面交。

弟返法之期至今言之尚为未定。因此次职务重要，接洽需

---

① 旁注：九月廿二日到院。

时，而中国及欧洲之政局如炎夏天气，晴雨无常，是以办事间常常发生变动，初则本以为九月可以回法者，今则恐十月中矣，然准期实不能知也。今夏在沪过活，七、八两暑热之月，亦无甚不便处。惟暑气至今未退，且因事未完，南京亦未去，陆伯鸿君处亦未往访，盖弟曾许陆隐耕君，事完后往访一谈也。

国内政局，两广合作可望办到，惟前途之光明，完全在中央处置如何。国人厌于内争而悚于外侮，处处盼望能独立，实为公众所同。外交方面，英美各强均愿协助中国建设，惟日军阀横行无忌，国人恨之刺骨，故四川之祸外，又有北海殴死日人之传闻。常此骚扰，前途堪忧虑。近闻沪与巴黎间航空邮递十日可达，兹特试之，望将收到此函之日期记下并示知为盼。专上。敬颂道安。

如小弟　符诚叩

廿五年九月九日午后三点

二十九

（1936 年 9 月 27 日）

子兴如兄手足：

前于奉到比后纪念片后，复接慕庐横匾缩影十幅，谢谢。施格来博士已于上星期六到沪，在弟处便饭，并面将刻章交其收存，并向其声明此乃吾兄赠送之物，今代送上，并未先得同意，不过为免邮寄麻烦计，故强自作主云云，祈兄谅之。

弟近数日来为磋商成渝铁路向法借款事奔走之，忙得未曾有【暇】，幸于昨日下午七钟诸事说妥，成立协定，弟来华四个月又十八日之工作告一段落。日内尚有与法大使接洽之事，须回北平面商。在平小住三四日即须回沪，大约在十月十五日。在沪诸事即办竣矣，是十月底或十一月初即可回法。在此候船期间，拟再往北平一行，休息十日，再返沪登轮。日来忙碌异常，无暇作长谈，把晤匪遥，不尽一一，祈谅之。敬颂道安。

如小弟　符诚叩

廿五年九月廿七日

三十

（1936年11月4日）

子兴如兄手足：

不作书已近月余，而想念之忱，实无日或已。承惠之画片、祷启、慕庐横额以及各书皆如期收到，即四月中寄于义地支内瓦之函亦收到矣。弟以事忙及奔走之故，致未按期答复，罪我谅我，均听大裁。

弟自夏间与施格来博士在沪聚首后，时有南京之行，每次均偕同同事前往，既有伴人，复有事办，直无暇顾及他事。俟又去北平一次，其情势亦相同，故除与一二至友晤谈，及料理公事外，亦匆促中即行返沪，教中各友好均未往访。锡之兄曾晤及，并蒙告以为兄代做之棉袍等件已做好，嘱弟带比。但行时匆匆，未蒙交下，谅于弟离沪返法前必能收到也。今承来函提及，当再与之函商，将应须各件均备齐带比为是。徐神父处所印之比前王函亦已印齐（云一千份）交到，并将款付清，当一并带比，祈释念。

上月中曾去四川一次，虽为拜谒当局，亦势所必须之事，同行者有同事法人两名及中国建设银公司代表一人。成都仅住二日，重庆亦住二日，而沿路耽搁近三日。弟未到成都前，即任人打听西山本笃会分院住址，不意到后询之中法人，均无知者，且云重庆只有南山，并无西山之名称。直至第二日午饭时，始有一人知此住址，名为唐家坨观音山修道院，若欲往谒，非尽一日之长不能往返。弟闻之，惟有惋惜而已。此机一失，不知何日能再到重庆。川省外表虽云平静，而旅行者仍以在日中为便，无人敢冒险夜行，至其人民苦状，实为他处所无。附呈小照二页，以供同乐。

由川归来，忙碌为向来所未有，成立一路约，其事务之难、文字之繁，为他约所不轻见，再加以当事者双方皆锱铢必较，谨小慎微，致一月以来同仁均染小疾，其疲惫可想而见矣。自昨日起，文字均已理清，二三日后又须赴南京一行。至此约何时签定，非俟行政会议通过不可。

弟在沪稽留日久，归心如箭，现已觅得三船以便速归。第一船为□，德船，即弟乘此来沪者，离沪期为本月十八日；第二船义籍 Conte Rosso①，本月廿八日离沪；第三为法船，十二月十二日离沪。公事何时了结，即乘其最近之船起身。

至到平之事，或须再去一次，惟时间上长短不知，未卜能否有暇与施博士一会。至开茶会为之介绍友人一节，一则须弟居平之时间稍久，二则须有友人可介绍。以弟上次（即十月三日至十日之间）居平时观察之，平地已大不如去岁，同仁均离平他徙，留者有限，因政局变迁之故也。是介绍友人一层只可相机办理。至应交胡太太之短笺，当亲自送呈，如有不便或不遇时，再托锡之代交亦可。南京修道院事，弟以为已无问题，今读惠书，知杨安然神父已返重庆，殊深诧异。容当走访陆伯鸿先生一谈。于斌主教尚未晤及，下次到京若稍得暇，亦当走访晋贺。今日为西比利亚邮递期，不再多赘，以便寄发。诸俟续陈或面罄。匆复。敬颂道安。

如小弟　符诚叩

廿五年十一月四日，灯下

① 红色伯爵号。

三十一

（1936 年 11 月 9 日）

子兴如兄手足：

段执政[①]逝世约有五六日矣。彼时弟终日忙碌，今日午后始得抽暇往吊，并代兄吊唁，书名于册。弟拟于日后托林季璋兄代为撰书挽联二副，为吾二人各送一份之用。弟知吾兄对段执政感情素洽，对弟之越俎当不致见责也。经手之事复杂已亟，一时尚不能结束，明日又须赴南京与铁道部磋商，一切大约须有四五日工作。同行者有法籍同事二人，打字者一人，恐到京后无多余暇料理弟之私事。

弟前订有本月十八日开往欧洲德船上之舱位，现已取消，因知决赶不及。廿八日尚有往欧之义船，能否赶上，须视政府方面对于合同通过之早晚。若赶不上义船，则须候至十二月十二日，方有合式之法船。奈何奈何。承寄嘱修理之细珠宝针一支，已收到，当为觅人修整，带回无误。专上。敬颂道安。

如小弟　符诚叩

廿五年十一月九日，灯下

三十二

（1936 年 11 月 17 日）

子兴如兄手足：

段执政逝世，因事忙，未暇报告（前函略已言及），想已在电中得悉矣。日前弟往吊唁时，曾为签名并代表吊唁，现与林季璋兄商订，拟为吾兄撰一挽联送去，以志兄与执政之关系。前者晋铎时，执政且有亲书屏条送上，今报以联，亦礼尚往来之意。

---

① 段祺瑞（1865—1936），字芝泉。曾任民国临时执政府执政。

此事本应先得同意再办，惟道路阻长，势难循常轨，祈谅之。联文俟送到后，再行抄录奉阅。

弟事繁杂已亟，至今尚无签约准期，弟之返法期已改为十二月十二日，乘由沪开行法船，名杜美总统号者，起行到法当在明年一月十三日矣。前日由南京返沪，在京住约一星期，每日除与铁道部部长及司员开会外，亦无暇顾及他事，会后赶即回沪。今明日拟抽空赴平一行，大约只能住二三日，料理私事毕，即行返沪，以便再从事工作，结束一切。

昨徐神父处交来《新时代百科全书》二厚册，又《新时代常识文典》一册，统当带法奉上。近接小女来函，言内子患风湿，颇感痛苦。内子在家勤于操作，不辞劳苦，此病或亦因劳所致，故拟带一女仆去法，现在物色中，能否觅得一合式者，实不敢必。匆匆。不尽一一。敬颂道安。

如小弟　符诚叩

廿五年十一月十七日

再，前接一来函，言及棉衣等事，弟当函询锡之兄已否备妥，现得回信云，均已照函备齐。此处所指之函，乃吾兄之函，若得暇到平，当可一并带来奉上。知注特闻。再颂道安。

如小弟　符诚再叩

仝日

三十三

（1936 年 12 月 4 日）

子兴如兄手足：

公事纠缠，行期一再展缓，且京沪之间奔走频仍，是均为初料所不及也。现希望能乘本月廿三日之德船或廿六日之法船，但无论如何，到法当在明年一二月中。

前日因公又赴南京一次，计住二日一夜。昨日午后抽出一点钟往谒于斌主教，其客室内满壁辉煌，均为庆祝晋级主教之文字。惜弟近在咫尺而四处奔驰，对于此种盛典，事前既无闻知，临时亦无表示，殊觉歉然。谈话中，于主教深以吾兄之健强为念，并询及归国日期。弟当将去年在道院与南文院长及兄谈话情形为之详述，并告以：目前所采之方式以应付各方者，为陆神父归国之事原则上无问题，惟以病体衰弱，不禁跋涉重洋之劳，何时归国，当以恢复健康为前提云云。于主教闻之亦以为然，并云：余等所希望者，为陆神父之健康，不必其身临京都而可望分院成立。余（于主教口谓）以南京主教之地位言之，当尽其全力以辅促本笃分院成立于南京。是时杨安然神父亦参加谈话，盖弟闻其在堂，故请其出见。于主教并云，前月因久盼吾兄归国而寂无消息，曾拟由教中同仁上书，想请吾兄回国，今得弟之解释，始了然一切，始幸前者未曾冒昧渎请为是。

至于目前买地建房成立分院一事，因有前购之地，既不得建房之许可，复不得注册归教堂执掌，只得弃置不用。约一月以前，陆伯鸿先生到南京时，曾商定一办法，拟委托一教外人出名购地，将来对于建房、注册等事可免去麻烦不少，并望诸事能于明春定夺。杨安然神父在京暂住，亦可得接洽之便，以备将来工作上无隔阂之弊。弟因昨晚须回沪，未能多谈，握别时约定下次到京时再往谒谈。弟前接兄函，似告知杨安然神父有回重庆之说，今在京晤谈，实深庆幸。

前上一函，曾告知由林季璋兄代撰挽联一副以挽段执政。今将联文录下及弟之挽联一并录呈一阅：

一别隔重瀛，我修行，公修行，肩袒顶削，各有夙缘，岂因晚年异道不相谋，遽舍我便幽冥永隔。芝泉先生千古。

八次同内阁，公总理，我总理，声应气求，无分彼此，同忆当日决心以参战，端赖公与世界大同。陆征祥敬挽。

不流血五族共和，有功清室，有功民国。芝泉执政千古。

忽回头三昧俱得，半生武穆，半生弥陀。刘符诚敬挽。

二联均为季璋手笔，言佛事虽有过夸处，但其对字之工，堪称绝妙，“隔”、“同”两字，两次对用而不见痕迹，可谓无缝天衣，详录以博吾兄一粲。弟回国事现又展至月底，俟确定后再行奉闻。附剪报一段，以代笔谈。匆上。敬颂道安。

如小弟　符诚叩

廿五年十二月四日

剪报：《驻波兰公使张歆海免职，内定魏宸组继任，章守默任驻南非总领》

【南京三日下午十一时发专电】驻波兰公使张歆海因故免职，馆务暂由谭葆瑜代理，外部并已内定魏宸组继任，俟波政府答复同意，即正式任命。

【南京三日中央社电】外部近派该部国际司帮办兼侨务科长章守默为驻南非约翰斯堡总领事，所遗国际司帮办职务，派该司护照科长凌其翰兼，侨务科长一职，派最近返国之驻英大使馆三等秘书李铁铮继任。

三十四

（1936 年 12 月 12 日）

子兴如兄手足：

接奉十一月廿二日赐书，欣悉康健日增，为祝为慰。日前由季璋兄传来消息，马老夫子[①]将于明日迁移南京居住。据知其内幕者言，此事发端于南京，某公以为得此奇货，可以联络政界，

① 马相伯（1840—1939），名良，江苏丹阳人。耶稣会教士。著名教育家，创办震旦大学、复旦大学、复旦中学等。

而主其事之成功者，实为相老之媳。弟初闻此信，大不以老人迁地为良，曾托季璋进言劝阻。惟此事之成，除相老不计外，有数人能得大利，故以老人为牺牲。此事与弟本为风马牛，但心之谓危，未敢默然。试问以九七大龄能否受此车马之劳、冬晨之寒，以及习惯之变更、饮食之改换？日后恐大家定有追悔不及之处。昨日报载于右任与之同居，是于亦为受人愚弄之一。于得其虚名，他人得实利，老叟遭其殃。弟思虑如是，但盼其不确也。

弟之行期，现可算定规矣，准乘本月廿三日由沪开行赴法之法船 d'artagnan①，约明年一月廿四日到巴黎，行期距今尚有十二日，而诸事之纷集益甚。十六七两日仍须赴南京一行，举行签约手续，结束一切。此后行期若无变更，当不再发信问候，统俟到法后，抽暇往谒面叙。专肃，不尽一一。敬颂道安。

如小弟　符诚叩

廿五年十二月十二日

三十五

(1936 年 12 月 17 日)

子兴如兄手足：

成渝路约明日可签字，如无阻碍，午后即可算成功，弟亦可返法矣。现已订妥法船 d'artagnan，准本月廿三日启程，约一月廿三四日可到马赛。同行者有锡之世兄李永福伯言。伊系北平剧曲学校副校长兼教务主任，该校系李石曾兄与程砚秋创办。明年巴黎赛会，程砚秋已被约率领校生来法表演。伯言先行来法，一则为预备明年之事，二则多习法文，以备应用。此外同行者尚有弟雇用之女仆一人。盖日来法国仆役问题复杂已甚，内子实有戒心，嘱为雇用华仆或较为得力。

① 达达尼昂号。

前日张学良拘蒋一事，想已于报章上见之。国民中对蒋大表好感，营救之电，纷向西安拍发，其结果如何，现尚难窥测。此事起因远在数月前，“赤匪”被围已有三月，而围“匪”之张军（即东北军）并不与“匪”交战，反与“匪”接近，是东北军之受俄诱，已无可讳言。此种情节当然有人报告与蒋，故前者国府有命，调东北军一部份赴闽防边。东北军知其见疑也，遂思行“要君”之政。张匪曾数电蒋，请其亲自来陕处理军务，伊之能力薄弱，无法辖制，迟恐生变。蒋为绥东北事，曾至山西、河南等处视察军队，张并飞至洛阳，亲邀蒋公赴陕。蒋至陕，先住西安近郊华清池温泉地方，订翌日召集军官训话。但事前张率多人谒蒋，言他们都来了，你对他们说罢。而所谓“他们”者，即将蒋之卫队缴械，拥蒋他去，而蒋之大小侍从将官，亦均被拘禁矣。昨晚消息最坏，有四川独立之谣，现已证明不确，并知各省均拥护中央。此为最近之消息及其内容，至将来此事发展至何地步，实难预言。草上，以代面谈。敬颂道安。

如小弟　符诚叩

廿五年十二月十七日，航空

三十六

（1938 年 1 月 26 日）

子兴如兄手足：

上年十二月到香港时，曾于是月五日寄上一笺，嗣以公务繁重，久未作书。至十二月廿九日即来越南河内地方，每遇一节，如圣诞节、元旦节，或移居，即思驰书奉告奉贺，终以时间难得，徒存此心，今到此将及月矣。日前奉到赐寄纪念照片多张及大札一通，诵览之下，如获拱璧。（此信系十一月十二日发，一月廿二日收，计期七十日，可谓长矣。）今日稍暇，特与我兄作一长谈，以罄积愫。

弟此次来河内，仍为中法合作事业，以种种需要，有即时沟通桂越交通之必要。国内敌踪遍地，直无一清净地可作谈话之用，是以同仁均来此。谈判已大见进步，不久即成立一合同，以为建筑由越南至南宁铁路之根据。条文拟妥后，弟尚拟随同铁道当局飞往桂林，与地方当局一谈，然后再回越南，由越仍回港，由港再回沪，由沪携同眷属回法。在回法之前，能否同去北平一览，有厚望焉，不敢必也。弟等若照此程单实行，到法之期，当在春节左右。

承奖小女，至为感激与慰藉。盖自平沪开战以来，两处战场均经身历，年幼心厚，其感愤之深，时露于外。其咏卢沟桥云："严城落日闭门，强敌深夜逞兵。翌晨桥芦染血，何时沟水还清。"（因记忆不清，故有涂改，祈谅之。）至沪战期间，金龄对其海外师友各致长信一封，以表示吾人之立场、日敌之强暴。其与宝来先生 Francis Bovey 之书长至廿余页，以其能在法国政界、报界宣传也。宝君答书亦有读其书不觉其泪流于面之语，是与吾兄所谓读之令人且噎且伤且哭，如出一辙。此女之天资既聪颖，复得严母名师以督责训导，是以年及成人而知识已立。有女如此，人皆爱之，以其为弟之女也，故弟爱之益深。每得其一信，有时长至十数页至廿页，上至国家大政，下至家务琐细，无不言之成理，读之至感兴趣，是即弟一生最心喜之事。今承兄言及，故弟亦乘机一罄衷曲，若非在知己如兄之前，弟决不敢有此自誉之论，谅兄亦当不我责。

凤千公使自返国后，迄无直接消息。日前接伊由沪寄下一函，言曾到国际饭店访晤，始悉弟在香港，约弟于返沪后一谈，以便将十字架交下。弟拟日后予一回信。今在河内谈路事，交通（铁道部已并于交通部）部长张公权先生亦来此，于谈话中探知伊已成立一湘桂铁路公司，并已派凤千为差事，将来在河内办理路事人中之一当为凤千兄，缘张、朱二人系至友也。前者弟本欲入外交界，现外交界之人反入铁路界，是又事由天定之一例乎。

驻河内之总领事为许君念曾[①]，弟到此始知许君为老同事许同范君之世兄。此次许总领事对弟等之招待颇为恳挚，惟人过忠实而已。刘士熙公使之第三公子名家驹者，为驻海防办事之副领事，一班后起之秀，海外遇之，实不胜愉快。令亲许秉臣先生，现既不能遵嘱当面接洽伊之外孙来比留学事，弟拟先将尊函代为寄沪，声明将来俟弟回沪时再行约谈，谅兄亦以为然。

自上海陷落，一切政府机关均行关闭，有裁撤者，有移动者。香港之地一变而为上海之尾闾，政财两界要人及机关均来港。每一出门，即有旧雨相遇，计外交方面所遇者，有陈任先[②]、刘子楷、王子琪、王麟阁诸同仁，是又避乱中之一慰情之事。

河内地方在越南为最热之地，惟冬季较冷，而且阴雨连绵。但弟等到此，虽值阴雨之节，而天气晴和，一反常例，为减去旅况苦处不少。至旅馆方面，设备亟腐旧，即与沪港比，亦难并列。纸罄矣，墨干矣，容再续谈。望诸多珍摄。敬颂道安。

如小弟　符诚叩

廿七年一月廿六日

洗凭照亦至为注意，实有保存及贻留之价值。此事虽早经忆及，迄未得面恳，现当成行之前，顾及后事之时，专函奉恳，谅吾兄与院长以及爱德华神父处，均愿予弟以满意也。无任翘企之

① 许念曾（1893—1965），时任驻河内总领事。

② 陈箓（1877—1939），字任先，号止室。曾任外交部政务司司长，驻墨西哥公使，外交部次长、总长，驻法国公使。抗战时期出任伪维新政府外交部长，1939年被刺身亡。

至。再颂子兴如兄手足大安。

爱德华神父前祈代候，想伊之汉文，定有大多进步，预贺预贺。

三十七

（1938年2月21日）

子兴如兄手足：

承寄去年除夕日之函，及本年一月十五、十七、十八寄与小女金龄之件，及义国账单二纸，以及照片一封（如天字、吃苦字、孝子图、松树中堂、篆文对联等），共三十件，约于寓居河内时收到。惟尊函中所云之贺年片，不知是否即指照片而言。分送人名单亦未收到，故至今各照犹存弟手中，以后当俟机分赠同仁。义国账单一二日内得便即汇款清还，祈勿念。抄与金龄之曹大家世系亦已寄沪，谅金龄拜读之下定有所感动，惟嫌比拟奖诱太过耳。

伯鸿公之遭难，弟早已闻之，惟以兄与之关念至切，故不欲早告以淆清梦。但今日文明飞进之世界，尚有何大事而可不令人知之者乎。以伯公素日之行为言之，此次之遭难可谓天理难测；但以沪地沦陷后之活动言之，又似多少有不知避乱之嫌。据沪友当时谈及，均以伯公本不欲在政治方面有所活动，徒以其子隐耕热心权势，拟乘他人袖手之顷，取得第一把交椅。虽依异族以为生，亦可以煊赫一时，且可以保持其素昔经营之公私事业。以前者言之似为权势，以后者言之似为公教，是非虽未可遽定，然出非其时，猛于进取，疏于防范，不顾一切，挺而走险，实有以招之。究其实际，确为公教中失一先锋健将，是乃最可痛惜之事也。

闻徐家汇某神父得伯公被难之消息，曾放声大哭，是又可见教中人倚赖之重矣，惟祝其早登天国而已。马老先生有移居重庆之传说，但尚无确实消息，容当续告。至西园寺①最后忠谏，于时局或有转机之希望，恐于事实上不若是之易之也。

盖今日之日本，完全在军人监视统制鞭挞之下，吾人不能称日本人为奴隶者，以其在其本国人指使之下而已。究其实，早有一般以不赞成侵掠中国之人，无处可发挥其政见，甚至于置之监狱之中。而报纸所载世人得知者，惟上下一致侵夺中国，而吾敢断其上自天皇下至民众，定有若干明达之士，而不以侵掠为然因而受累者。兹将今日港上英文报新闻二则剪下奉阅，于字里行间，定可得窥见日本军人跋扈之一班。新闻上既云天皇之病大痊矣，何以复须赴别宫静养，且此休养之事，不出于医士之提议，而出于海陆军参谋及首相之提议，是诚大惑不解者。吾人惟有静观后事，以证前因。

现沪上发现一种秘密组织，专以攻击附日之徒，自伯公后，被暗杀者已有五人之多。承询弟之行踪，现可报告者为回法尚无定期，缘广西铁路现虽议有大纲，而中法双方仍有数要点未能同意，必须此事签定合同完全成功，弟方有返法之可能。前在河内住居一月，现已返港，在此仍须继续函电商洽，俟诸事商定，似须赴汉口一行，以签合同。将来此事办完后，弟拟先回上海接眷。彼时是否即行返法，抑先去平，仍待与内子商酌也。凤千有信来，言黑十字架已存在伊之沪寓，俟弟到时即交出。弟到沪时必将此事一为料理。香港住址仍住半岛饭店，通信处仍以汇理银行为妥。匆上。敬颂道安。

如小弟　符诚叩

廿七年二月廿一日

① 西园寺公望（1849—1940），日本政治家，明治、大正、昭和三朝元老，曾任首相。晚年以元老地位有向天皇奏荐首相之权。

三十八

(1938年3月2日)

子兴如兄手足:

前承函委代付米朗雕刻商店账单二纸，计共六十六利耳，业经于日前买妥，汇票附函寄去意国。兹将去函抄件奉上一份，以资接洽。

弟事进行仍感迟缓，下星期内或须赴汉口一行，大约勾留不过二三日，以后仍返香港，以待巴黎消息。至于国内战事，报纸上尽多好消息，而实际上实不能乐观。失地日益加大，失业者日益加多，即各机关所遣散之人员，已不知凡几。香港日日所见之旧同僚甚【多】，苦乐均有。所谓乐者，亦不过比较稍好耳。港地尚安谧，日人尚稍知收敛其锋芒，后来之事实难预测，大概吃亏者惟吾骄弱之民族。匆上不一，余另陈。敬颂道安。

如小弟　诚叩

廿七年三月二日

三十九

(1938年3月27日)

子兴如兄手足:

自三月二日以后，即未与兄作书，计至今日已有廿五日之久，想吾兄一定等候消息不至而悬念，果尔，则弟之罪深矣。兹当具一详函，报告一切，以补前愆。

前自河内归后，初时稍闲，数日后复形忙碌。忽焉有汉口一行之议，遂订于三月九日乘飞机前往。港汉飞行仅需四点半钟之时间。若乘火车，须先乘港粤车，后换粤汉车，而需时或三五日或十七八日不等，全视乎敌机轰炸铁路之情形。若时运不佳，或须遇见敌机袭击，是乘飞机反变成必要之需。幸弟乘机尚不大晕，是亦聊足自慰。忆从前弟与内子约不单独乘飞机，彼时李石曾兄即曰，此约毫无价值，将来遇必需时，谁能守此乎？弟今日始信环境之主使力为大也。

本月九日之飞机因天气风寒不能飞，遂改为十日。计是日早五钟起床，六钟起行，七钟起飞，至十一钟有半时已到汉口矣。是日汉口大雪初停，阴云未散，地下雪深尺余，寒气侵肤，令人瑟缩，而弟将所有之绒衣、大氅均加于身上，尚不觉有温暖之气。言及客寓时，其上等者均经住满，仅得一次等者，屋中生一火炉，且只此一屋，须与法友分用。再加以店中无伙食，每日三餐均须赴外边饮食，即早点亦如是。幸弟素日生活虽以享用舒适为旨，然能受些苦处，而不以为苦，故居此避难之京都，不感何不便。每日工作颇多，以为三四日即可办结，不意一再展期，直住至半月之久，而日日开会、打电、译电、拜客、谈话、争论、等候，种种事项纠缠不清。来时本以小住为目的，所携用品自感不齐，客店即属因陋就简，可谓要什么无什么，故对于写信一事，直不敢想。晚间有时九时即睡。如是者十五日。日前即廿五日始乘机飞回香港。诸事虽未告竣，大致已无问题。在港专候巴黎电示签约，大概四月内总可了结一切矣。

弟回港第一快事，即接得各方来信，盖弟在汉口不只不能写信，且不能收信，是以所有信件均在香港候我。所得吾兄之信，计共十四封，中有去年十二月三十日所发贺年片六张，今年之函十三封，计一月廿一、廿四、廿六、廿九等日者四封，二月二日、三日、十日、十一日、十二三四六七等日共九封。尊函中所告各事，弟最所感激者，为劝阻去平之一事。吾兄所见，亟为有理，虎口之内，实属凶多吉少，故弟决不去平，请兄放心可也。顺便即将弟新得平中消息与弟有关者，为兄一言。

现时上海敝行行长巴尔君亦在香港，前日弟到港，伊曾去接，并转交一电与弟。此电系北平敝行行长发与弟者，电中言：

“日昨有王曾思君（即吾人之老友）询问史家胡同君之住宅。余当告以以刘君之在敝行职责言，余有责保护该宅。王君言，新任北京市市长余晋和君，愿出资二百元一月租赁该房，请电询刘君是否愿租。将来刘君无论何时需用，准如期交还。现时北京日人到处搜寻空房，君意云何，请速电复。”弟接此电后，反复寻思，夜不成寐，若不允出租，定有意外之事发生；若允出租，该屋亦恐无收回之望。且宅中一生纪念，均集于此，何堪任此辈蹂躏。而居中奔走，成全其事以邀功卖好于此辈者，即为吾之同学、同僚三十年之老友，思之思之，而终不得一美策。翌早即廿六日到公事房时，巴尔君即询弟应如何答复该电，答言未出，伊继云：愿否由吾出名复电。弟当答云：是即余之要求，请君出名，予以保障。巴君当拟一电文与北平行长云：“刘君为本行董事，在沪行尚有透支，以其房产为抵押。该员史家胡同之房，本行有权保管，无论何人，不能租用。请于必需时，贵行长移居该房之内为是。”弟见此电文，心中甚快，电末复加入一句：“如有意外，请挽大使馆出而维持。”弟向不主张外人出为保护，但今日为对付日人计，又何所疑焉。现弟已决定不去平，静观数年再作计议。

尊函中第二点弟所感激者，为吾兄之鼓励小女金龄，为之抄书，为之择读，弟之感激，有同身受。但此项工作，弟以为太苦我兄，太劳我兄，最好吾兄欲其读何书，予一书名，弟即为之备置何书。将来总有读此书之机会，而每一读及，当然纪念指教读此书之人，如是可免吾兄抄写之劳。盼兄容纳此请，弟与金龄均心安矣。

再，尊函中有一段言抄书译书容易，作书甚苦之话，弟对此亦有意见。译书之难，严又陵[①]先生已言过，必须作到切、达、

① 严复（1854—1921），字又陵。近代著名的翻译家、教育家。翻译《天演论》，创办《国闻报》。

雅三字，方能谓之译书。弟对此一者亦未能，遑论三者哉；至抄书之事，更觉拘束；惟有作书反觉自由。至文笔畅涩，是习惯上问题，能多写自然能快能通。但作书有一要点，必须作者对于题中有全豹在胸，方能层出不穷，否则枝之、节之、断之、续之，则不得谓为作书矣。

弟自接吾兄若干信件后，深感吾兄愿作日日谈心之快事。本此意旨，弟有一建议，此后既不必抄书，亦不必作书，凡此拘束心神之工作皆抛开，取一活泼精神之工作，且亦不必拘定，每日兴致到来，即握管一挥。弟在外闻见较多，写挥当然容易，吾兄深居道院，何以得挥写之材料乎？弟之建议，即为请写纪念，如吾兄喜谈许文肃，即将文肃之事言现于眼前者，书出以示弟；如兄喜谈袁项城①，即将项城之言行现于笔下者书出。如是则有感即书，无感即止，书出之文字如何，亦不必计较，好在此为吾二人之事，非对外之事。今弟先将愿告吾兄之事，拉杂一书，以为跳加官。（跳加官，中国剧场习惯，角色愈好，出演愈迟，其最先出演者，即为亟坏之脚色。）中国人国可亡而面子不可不要，剧团主人为顾全穷戏子之面子计，而想出跳加官之一幕。此幕用一老角色，穿一红袍，带一天官面具，手持笏板，在台上漫舞回旋三匝后，对于挂出之“指日高升”之立匾，指而笑之以收场，随即去其面具，出而谢赏。盖此“指日高升”四字，乃祝主人升官之意，故主人喜而赏之。若无主人，即无赏可谢。若在剧园演唱，即为恭祝大家。总之，此剧真意为双管齐下，一方既为祝贺他方，又为第一幕，以下接演之角色，不至取得演头戏之名而作最坏之角色矣。其实演加官者，而非演头戏乎。弟今以演跳加官自比，即先演者为坏角色而已。是亦一谦逊之词也，一笑。

---

① 袁世凯（1859—1916），字慰亭，号容庵，河南项城人。

弟在汉口借得一书，名《近世人物志》，中有一段，叙述陆润庠凤石太保[①]命名之义。缘凤公之父曾为学官，其所居之官舍中有一石，其形如凤，陆在官学得一子，故名润庠，庠即学官也。凤石者，有石似凤也。凡在该地当学官者，无论前后任，得子女者，必以凤字为名，是亦一习俗也。

居汉口时，公事虽忙，私事乐事亦不少。弟之乐事，并非跳舞看戏，乃寻找古物、书画、瓷、铜等物。一日，居然为弟寻得古玩甫［铺］一家，其字画亦不少，且铺中人四出搜罗，以供识者。弟店中每早八点，铺中人持画三五张来看，合则讲价，不合则不留。弟购品中最得意者有三件：（一）为何绍基子贞[②]所书汉隶屏四条。何子贞之书法，据南通张季直[③]先生言，为唐以前之妙品，唐以后无人能及。此言乃指其所书隶字而言，今弟得其隶书四条，可谓大幸。（二）为梁鼎芬[④]所书册页十二开。梁之字体，据人言乃脱胎于黄鲁直[⑤]之菊花诗体，而弟以为颇似宋徽宗之书法，是梁之书法可谓学黄体。今弟得其册页，亦一幸事。（三）为铁保[⑥]尚书之手卷。铁为满洲正黄旗人，中乾隆（壬辰?）进士，工书法。此卷所书，为十七帖之派之体，是又一幸事。弟近来对中国书法颇感兴趣，记得幼时在学房，先生教写颜柳等字，颇懵懂，后遇陈蔗国教写唐碑，罗瘿公[⑦]教写魏

---

① 陆润庠（1841—1915），字凤石，江苏元和人。同治十三年状元。曾任工部尚书、吏部尚书、太子太保、东阁大学士、弼德院院长等，为溥仪师傅。

② 何绍基（1799—1873），字子贞，号东洲。晚清诗人、画家、书法家。

③ 张謇（1853—1926），字季直，号啬庵，江苏南通人。著名实业家、教育家。

④ 梁鼎芬（1859—1919），字星海，号节庵，广东番禺人。晚清学者，主讲广雅书院、两湖书院、钟山书院，《昌言报》主笔。

⑤ 黄庭坚（1045—1105），字鲁直，号山谷道人。北宋著名文学家、书法家。

⑥ 铁保（1752—1824），字冶亭，号梅庵，满洲正黄旗人。清代著名书法家。曾任两江总督。

⑦ 罗瘿公（1872—1924），名敦曧，字掞东，号瘿公。近代诗人、剧作家。

碑，始感写字之美。然根抵已坏，终不能写成一字，惟对于看字之眼力尚有把握。弟书至此，已不能多书，因此次航空信甚多，尚有其他公事待书待发，以便早日到达欧洲。专上。敬颂道安。

如小弟 符诚叩

廿七年三月廿七日书，廿九日发航空

再，接沪信云，周赞尧兄在沪中疯，七日不起，（三月六七日故去?）已作古矣。身后亟其萧条。可叹！

四十

（1938 年 3 月 31 日）

子兴如兄手足：

在汉口时，阅《近世人物史【志】》，中有一段言《翁文恭（同龢）公[①]日记》中有言及，当时朝野反对同文馆者甚多，曾有人拟数联以调之，特录左以供一粲：

（一）鬼计本多端，使小朝廷设同文之馆；军机无远略，诱佳子弟拜异教为师。

（二）未同而言，斯文将丧。

（三）孔门弟子，鬼谷先生。

五十年间时局变至如此地步，可见从前守旧者之愚钝，更足知今日之守旧者之昏愦更甚。专此。颂道安。

如小弟 符诚叩

廿七年三月卅一日，灯下

兹有一惨事报告：周赞尧兄于二月廿六日早间尚如常，忽然

① 翁同龢（1830—1904），字叔平，号松禅。咸丰六年状元。历任户部、工部尚书、军机大臣兼总理衙门大臣等。谥文恭。

中疯，移送医院，医治无效，延至三月六日逝世。身后亟其萧条，所有医药及衣衾棺椁等费，暂由心畬[①]与伯文两兄帮同担任。现拟向同仁募捐数千元，以为养生送死之费。吁，惨矣！其北平之房，亦拟托锡之兄为之出卖。赞尧近数年来亟其窘困，一反其从前北京外交部时代之舒适"怡然"，至中日开战时起，处境更恶劣，不意遽遭此变，同仁均为之惋惜。特此报告子兴如兄。

如小弟　符诚再叩

廿七年三月卅一日，灯下

四十一

（1938 年 4 月 21 日）

子兴如兄手足：

自上月卅一日奉上一函后，在此四月中接到尊函不少，计有二月十九至廿六日共七函。致陆隐耕之唁函亦已收到，当暂留弟手，一俟回沪，再行捡同黑石十字架代为送去。惟弟事麻烦处太多，因之拖延不定者累月，作书之暇亦颇不易得，望兄谅我迟复之处。但今日有一好消息见告，即广西铁路合同已于昨日议妥签订。此种借款购料合同，完全为营业性质，决无政治意味，有之亦为中越合作防备第三者侵略，然此亦精神上之谅解，而无文字之表示。故弟目前专事收束一切，现订之计画为：拟乘本月廿七日法船赴沪料理公私各事，事竣后即携眷来港，北平之行决计取消，请纾廑念。返港当在五月十日左右，彼时弟仍不能返法，因银行中尚有一要事委办。此乃银行本身添招新股之事，宋子文先生关切此事，且亦坚留弟居中完成之。是弟之回法全视乎行事了结之迟速，大约至多不出两个月也。惟内子与小女候弟返法之心

① 唐在复（1878—1962），字心畬。曾任驻荷兰、意大利公使。

甚切，而又不愿单独成行，是为可惜耳。

兹将吾兄各函所提各事有可答之点者，分答如下：

熊秉三[①]先生之死猝然发生，至为可怜，然是亦死中之一好事，无疾病之纠缠与痛苦，为人生最后之一快事。弟与熊秉老亦有相知之缘。当弟留学归国时，承兄调入外交部，彼时弟识一法友，为组织中法实业银行之中坚人物，弟亦躬与其事。事成后弟未得分文报酬，而法友亦被挤于外，于是法友约弟帮同组织一中法农业地产银行。事已成矣，草约已签矣，欧战亦正大兴。法友不畏战事，决然返国召集资本，不幸中途被德之潜水艇炸轰，船沉人亡。得丧法友名 Bouchard。当在一九十二年谈商中法实业银行事时，弟曾与秉老晤谈数次。弟彼时与王鸿猷[②]君交善，王在熊前竭力为弟表扬，熊秉老遂在袁项城面前保荐经济人才二人：一王鸿猷，二刘〇〇。一日忽蒙大总统传见，弟即按时随班进见。同时被召者有四人，项城出时五人围坐一桌，逐一问话。弟最末，其余三人议论滔滔，大夸其已往之事功。弟乃初出茅庐之士，既无事功，亦无议论，只有问必答而已。其结果为交财政部任用，嘱弟往财政部晤周学熙[③]总长。而弟对周处，亦未央人先容，只到财政部递一名片，此后亦无下文。是此一段保案，即此烟消。弟彼时对此种种莫名其妙，心中惟想仍在外交部为得，至少大家谈话可以明白，无须奔走钻营，官之大小，听之可也。事后思之，此事予吾一大认识：（一）俗云：朝里有人好作官，弟出身平常，家无读书作官之人，致有此好机会白白错过；（二）生性不喜逢迎奔走，只将直道而行，实事求是，一生虽无大发展，而

① 熊希龄（1870—1937），字秉三。曾任民国北京政府国务总理。

② 王鸿猷（1878—1916），字子匡，湖北咸宁人。清末留学比利时，加入同盟会。曾任南京临时政府财政部次长。1916 年被害身亡。

③ 周学熙（1866—1947），字缉之，号止庵。著名实业家。曾任民国北京政府财政总长。

亦不至困顿无聊，足见奔走者不尽成功。弟每忆及此事，必追念熊秉老之善意，今为吾兄言之，愿兄为其灵魂予以祈祷。

华南北成立伪政府，大肆招揽人才。伪人偏重资格，尤以南京政府及国民党之资格为超等。唐少川①先生之资格当然合此条件，而究其实际，亦系伪人传出伪消息，唐少老决不愿为其傀儡。至润田方面，亦为伪方最希望之人才。据可靠消息，北方初退时，日人迫之再三而不得其允许，日人遂云："吾人均为老年人，当能谅解君之苦心，惟少年派恐不能了之，将来若有误会，殊为可惜。"润田兄当答云："吾之身披卖国贼之名已有年矣，百计而不得自白，设一旦被日人暗杀，则此卖国贼之名不洗而自去，是为馨香祝祷之事。"日人此后遂不复来言。

陈任先为南京伪外交部长已千真万真矣。伊托人挽锡之出任参事、司长，任择一缺，锡之以老辞。伊挽子琪出任交际司长，子琪要求次长，贱于此者不干。此批生意亦未谈妥。传云外交部长乃一美缺，每月薪水一千二百元，交际津贴二千日元。部中组织一仿从前北京外交部之模范，惟既无人员，又无事务，部署亦无定址。现任先住上海新亚饭店，侍卫环立，日以麻雀为消遣，仅此即可月得三千六百元之报酬。吁，汉奸大可为也！

闻萧亮功兄在土耳其时与同仁不合，经同仁控其账目不清，而部中遂不满意。但弟以为亮功之短处在其小，至言其账目不清，弟不敢信也。是亦宦海中之冤缘也！

此次台儿湾［庄］战事之胜利，闻有德顾问从中设计布置。弟对此消息颇明德人作事上下呼应灵通为当。希特拉大与日"满"要好时，德顾问亦出全力以助中国，如此则双方皆收良

① 唐绍仪（1862—1938），字少川。清末民初政治活动家、外交家，民国初年任内阁总理。1938 年被刺身亡。

果，中日均不致对德不满意，是真可羡之外交。

承嘱以复活节能作休祷 retraite 功为善，弟认为应当之事。但弟此次复活节正在终日工作之际，计四日假期，同仁均无休息。弟只于复活星期之早去教堂一次而已。由今日起作结束工作，大小事纷集，恕不多陈。敬颂道安。

如小弟　符诚叩

廿七年四月廿一日

四十二

（1938 年 6 月 26 日）

子兴如兄手足：

不通音问倏已二月矣。维起居益吉，为颂为祷。弟于五月初间事毕，曾去沪上接眷，到港后即继以办理银行改组事二月有余，又已事竣。现拟于七月七日乘 Athos Ⅱ 法船返法，约八月三日到马赛。

此次来华有十五个月之久，内子之身体大受病缠，而国家之命运，尤为亘古以来未有之艰绝。惟弟一身在此患难中，既感拙拙，又多“侥幸”、幸运，是不得不谓得主之厚，惟工作较前加多，责任加重，是不无惴惴者。盖经此改组后，华方推弟任总经理一职，将来须在中法双方办事奔走，将益见频矣。种种当面罄。兹附照片五张，在弟之窗中拍取者，香港之风景真感美丽之至。匆上不尽。敬颂道安。

如小弟　符诚叩

廿七、六、廿六，航空

内子、小女均此嘱书代候。

四十三

(1938 年 8 月 15 日)

子兴如兄手足:

六月廿六日曾上航空函一件，告知七月七日携眷返法各节，谅均邀鉴及。但此项计画仍未能实行。缘自六月下旬起，在华各事务已告一段落，本可回法，不意子文部长有聘访越南之计画，嘱弟展缓返法，陪伊先行聘越。弟对此职务当然无词可以拒绝，遂与内子约，请其携同小女先行返法，而弟何时聘越毕，即何时返法。经商讨再三，始行确定。现内子、小女已于本月四日抵巴黎矣。

弟等访越之期，原定乘船于七月廿九日到西贡，由西贡再赴越督休夏处达拉山 Dalat 访问。此山为越南名胜之地，但越督以出巡在即，不能久候，故弟等提前来越，且改乘欧亚飞机一架，以利遄行。计所定行程如下：七月廿四日由香港乘早六点之飞机飞昆明，下午二点到。昆明政府招待午宴。即日下午四点飞河内，到时六点，下榻旅馆。河内中国总领事许念曾招待晚饭。翌早廿五日七点半，乘原机由河内飞西贡，下午二点到。由西贡巡抚□招待午宴。宴罢，换乘汽车六辆赴达拉山，即日下午九点到。计同行者原九人，居达拉山四日，会晤总督三次，一切招待均由越督担任。廿九日早始乘汽车返西贡，在西贡住总督府。子文部长于三十日携同一行人等赴 angkor[①] 游览。弟一人在督署，住至卅一日晚始行上船。是此次返法，方为确定。

弟此次在国内勾留，计有十四个月久，对于个人经手事件，可称一切顺利，惟国事日非，奈何奈何。弟乘□□，准八月廿四日到马赛，后直赴巴黎，余事当于到巴后函告。专上。敬颂

---

① 吴哥窟。

道安。

爱德华神父得此敬候。

如小弟　符诚叩

廿七年八月十五日，航空信寄日支十地

四十四

（1938 年 8 月 28 日）

子兴如兄手足：

归途中曾上航空函一件，谅蒙收到。弟于廿四日到巴，承寄马赛二信及纪念牌，均收到，谢谢。

昨日复接一函，足见关念。弟现订于下星期六日即九月三日早，乘车赴比晋谒，星期日返法，在道院勾留一日夜。公务聚集，势难久留。如彼此在期前无改约之函电，即算作准。敬颂道安。

如小弟　符诚叩

廿七、八、廿八，巴黎

四十五

（1938 年 9 月 17 日）

子兴如兄手足：

道院归来，快慰无似。惟终日埋头书案，虽得余暇，既未函谢招待，复感迟复大札，尚希鉴原。金龄小女接到惠赐之书后，一二小时即行阅毕，可羡。返法后初次握管，专候起居，余容另肃。敬颂道安。

如小弟　符诚叩

廿七年九月十七日

四十六

（1938年10月1日）

子兴如兄手足：

顷奉廿八日惠书，拜读之下，感荷无似。我兄关怀之切，筹虑之周，真无以逾矣。幸时局好转，至少数月内或不至再生问题。

承赐介绍维希地方之店主及医士之片当保留，以备不虞。当紧张之日，弟亦虑及巴黎不能视为安居之所，惟苦思而不得一合宜之避难所。末后，弟想及赵颂南兄之乡村，距离法京只有卅五公里，既无工厂，亦无官署，有小客店一家，足可栖止。但内子始终未予同意，幸现时已不需用矣。

日前接李伯言来函，言注东公使[①]奉调回国，石荪[②]调波兰，在征求同意中。波馆同仁均知石公不能共事，均思他调，就中尤以王念祖及一曾姓者，为势在必走之列。伯言亦惶惶不自安。弟当告以千万不可回国，人不逐我，我不必求走。如万不得已而须离职，第一须将回国川资领到，领后可赴贵道院暂居，食住费应照单缴纳。但居院时必须埋头苦干，将法文弄明白，藉以等待时机。将来一二月内，弟须返国，明夏或可回法。彼时若无地位，弟可约伯言在弟处帮忙。是为代筹之大要，不识兄意云何？闻注使景况亦不甚佳，缘多年坐耗之故。承赐《泛美维持和平条约》一册已收到，谢谢，当备暇时流览。

季璋兄来函，言代译之《教廷公约》已译有百页，再有数月可以竣事。届时当先呈我兄一阅，并祈予序言。驻节教廷之计画虽变更，而此译事必须照原意作成也。爱德华神父所赠之照片

① 魏宸组，字注东。时任驻波兰公使。

② 王景岐，字石荪。1938年接任驻波兰公使。

四纸，感谢万分，弟视之如亲道范。艺术家之技能，真非吾俗人所能料及。专复。敬颂道安。

如小弟　符诚叩

廿七年十月一日

爱德华神父处，祈代谢代候。接津行通知，比工程司之十二元已代付讫矣。

四十七

（1938年10月8日）

子兴如兄手足：

伯言之事，本属为之预备之一法，今承函示道院只可暂居，以资休息。当谨记忆并已转告伯言矣，望其能以永留波馆，不致生何意外事是幸。

注使调回，闻与波兰承认“满洲国”不无因果。诚哉，中国官场之难处也。弟现准备下月初旬或下月内回中国，日期下星期内可定。欧洲大局幸目前稍安，奔走虽不能免，而内顾之忧可减少万千。余容另肃。专此。敬颂道安。

如小弟　符诚叩

廿七年十月八日

四十八

（1938年10月16日）

子兴如兄手足：

十三日尊函及《本笃传》[①] 一册均已收到，弟抵港时当代为送交前途执收。宋公无子，有小女三人，并闻承委购买法文

① 指陆征祥编著的《本笃会史略》。

《长生秘诀》一书，自愿尊办。当于行前办妥，携至香港再寄，以作我两人之祝品，请即先行具函告知。兹附还信一件，剪报一纸，海外记者诸事不求甚解，记载多似是而非，好在对兄表示同情，可感可感。

弟此次返港，又当约有六个月之勾留，如读《唐人诗话》得一联云："中郎有女堪传业（蔡邕之女文姬博学善音乐），伯道无儿能保家。"此联弟不敢比拟，然实获我心，录呈知己，以为谈助。

如小弟　诚再颂道安

附二件。

廿七、十、十六

四十九

（1938年11月15日）

子兴如兄手足：

行前在巴黎奉到八日灯下赐书，知汇款以［已］寄到，而吾兄之感谢及无厌等语，使弟益感不安，望勿介介为盼。且此次汇款实出弟之本意。在未接吾兄函告以前，弟曾对内子云：拟于行前寄比千方，以为邮资，否则余不在法时，若陆神父有所需用，恐无处可告，内子亦以为然。主意虽定，因事忙，且距行期尚有时间，故未即办。不意在此待办期间，吾兄之函已到，与弟意正相吻合，此正所谓两地有同心也。

此次旅行途中，天气异常晴和，波浪不兴，水平如镜，惟日趋暑热云。船中旅客以法人为多，其中亦有一二相识，就中尤有不少神父与道姑。且有主教一人，惜其名不在旅客名单中，但接谈后，知其为坎拿大人，现回奉天原任。其人颇爽直，颇有美国人之气概。

行前在法京曾接林季璋兄一函，言伊今年六十寿辰，受同仁谆劝，曾为作寿之举。教中人送寿屏二画，徐神父曾代兄送一份礼，弟亦有人代送一份礼，均系张充仁[①]所作之□。季璋兄若果以作寿为一乐事，亦是可羡之至。盖弟目下实不知有何事可以为乐也。无已，惟有驱逐倭寇于境外，是真为乐事矣。专上。敬颂道安。

弟　诚叩

廿七年十一月十五日，发自波萨义

爱德华神父前祈代候。

五十

（1938 年 11 月 26 日）

子兴如兄阁下：

本月十一日由马萨起身后，至今已过三埠，沿路风平浪静，天气和暖，即过红海时，亦无大热，再过二星期，即可到香港，旅行终止矣。弟虽久历征途，对此欧亚旅行，虽不感痛苦，终觉费时太长，尤其是一人旅行。加以时局关系，同行人中尤不敢多攀谈，是以有时稍感寂寞，幸携带书籍不少，终日以读书为课。

自小女欲行撰一汉文题目之“论文”后，弟对于汉文亦不能不有相当之预备，以为之助。现所拟定之题目为王维，故弟对于唐朝事故多所流览。今日读史，与童年所读之史，真有天渊之别，非史事不同，实吾人之心理、眼光，随经历时事而改变。觉今日吾人所处之境遇，所缺之工能，盖自千百年来已昭示于吾人矣，已成为一种司空见惯之事。殊不知今日所遇之敌，已非千百年前之民族。吾人以千年前之手段，以应付今日之进化，其不亡何待。弟虽有此感想，对于小女尚不敢公然发表。然小女每对其

---

① 张充仁（1907—1998），著名艺术家，擅长雕塑、绘画。1935 年毕业于比利时皇家美术学院。

母言中国之学问，听之虽似有可观，而实际上殊不如人言之甚，目前对此事大有进退维谷之势。弟以赴华公干为急，对此论文事尚无何确定之主张，将来公毕回法再说。盖小女对于西洋文明史稍有研究，如希腊、罗马各名家之学说尚知一二，其对于汉学亦有所研究，比拟之下，当然有所可否。目前仍嘱其继续前进，以待弟回法决定。海行多暇，敢布区区，未知吾兄有何指示。敬颂道安。

如弟　符诚叩

廿七年十一月廿六日，哥伦布发

再次过波萨义时，未知曾否将寄赵颂南君之信，误封入尊函中。如有之，请费神将赵颂南信直接寄法为盼，颂南之住址列于后面。此谢。

五十一

（1938 年 12 月 8 日）

子兴如兄手足：

八日早安抵香港，即行奉到十一月廿二惠赐航空大札，读之感愧。感兄为我全家祈福之恳挚，愧者因千方琐事，累劳齿及，似觉闻之不安。望兄以后对此类事，勿介丁怀是盼。

承示婚洗凭证，因生辰月日有笔误之处，复嘱为订正。弟以 date officielle① 为误，仍应照弟所开列华文之纸为正。盖弟家中沿旧习惯，每年均以生辰为庆祝之日，其他如婚期等，均不重视，且弟生辰为光绪辛巳年八月三十日丑时，以中西合历考之，即为一八八一年十月十三日。故弟自婚后，即以阳历十月十三日为准，而不用阴历之八月三十日矣，是此日为弟之生辰毫无疑

① 正式时期。

义。其错误之处，定在从前记录时偶有笔误，又可断言者也。祈照弟之汉文单内年月日填写婚洗证为是。兹将二条原本寄还，以备应用。

刘子凯［楷］兄处已由电话询问，伊已代订《大公报》半年，弟已声明代付报资，俟晤面时再清算，祈勿念。行装甫卸，恕不一一，余当另陈。专上。敬颂道安。

如小弟　符诚叩

廿七、十二、八，灯下

航空函寄自香港半岛饭店

爱德华神父处祈代候。

五十二

（1939 年 1 月 5 日）

子兴如兄手足：

十二月六日赐书早收到矣。承示尊函中并无赵颂南之函，至感。弟发信后恐有误封之事，故一询及，幸未误封。昨日颂南兄亦有函，告收到弟之信矣。弟于短期旅沪后复回港，现拟于后日，即本月七日赴河内，现法国飞机每星期飞行于河内香港之间一次。由河内弟即飞昆明。在彼小住一日，再飞重庆，晋谒交通当局，商谈铁路事项，并谒财政当局，报告银行事项。在渝拟不多住，少则三四日，多则一星期即行返港，盖一切工作仍须在香港预备也。弟之回港期约在十九、廿日左右。弟在港寓居半岛饭店，在短期旅行时间，亦保留房间，因系包月制，较比按日计算实省费也。

近来世界政局日趋新途，英美对日有放弃含忍主义，而为抗争政策，而日本更于近卫辞职组织新阁，更欲积极排除欧美在华利益，如是颇于中国前途发生大变化，恐中国惟一希望或即在此。汪精卫之倒戈，受尽国人唾骂而一无利益，可为立足不稳者戒。汪氏以革命元勋而作此媚日举动，可见其素日之东倒西歪已成习惯。古人云“文人无行”，汪氏亦一会作文章而不会作事之人也。其亲信类皆鸡鸣狗盗之徒，是以其常受肖小之包围。区区私意，敢贡诸兄前，是为吾二人之私言。匆上不尽。敬颂道安。

如小弟　诚叩

廿八年一月五日

五十三

（1939 年 2 月 15 日）

子兴如兄手足：

自上月十九日飞回香港后，百事匆忙，更觉时光倏逝，急如流水。一月以来，未能握管，至以为念。吾兄得主特宠，定能康健日增也，祝甚祷甚。

弟在渝时间仅有四日，其中开会酬酢，日有数起，且有一日（十五日），为避日机之轰炸而消耗大半。在港友人谈及是日轰炸情形，真有色变之象，而身当其冲者，因逃避及时，反不觉其危险之大，但事后思之，不禁惴惴也。弟在港应办之事已告一段落，但距结束之期尚远。

弟拟于三月一日赴沪一行，视查沪行业务，在沪勾留久暂，尚不敢定。吾兄如有函件，请寄香港法国银行大楼二楼十二号。此乃弟之办公处，有常人住此，殊便于转递函件。

日来中日战事无何变动，海南岛之失守，亦早在意料中。汪精卫闻现尚在河内，本拟出洋，先伊要求外交护照，政府只允予以游历护照，稽延至今。恐此游历护照亦未能到手，想政府不欲其远离，致生枝节。

日前突来惊人之消息，为圣父升天之事，助华之人又弱一个，是真吾人之大不幸也。明日此地天主堂予一特别弥撒，专为圣父祈祷，当前往参加。委交宋子文先生之英文书早已面交。宋公嘱为代谢，并询问吾兄之起居。弟亦收到此书一册，一并致谢。匆上，余不尽。敬颂道安。

如小弟　符诚叩

廿八年二月十五日

香港皇后道法国银行大楼十二号房 Franche Bank Building Room 12. queen's Road Hong Kong。此处为银行办公处，无论弟在港在沪，均有人居此，故请将尊件寄此处为便。要件不可寄沪，以免日人检查。

五十四

（1939 年 2 月 23 日）

子兴如兄手足：

顷奉一月十一日惠书暨证书二纸，铭感无似。内子得此证书，当能满意，定增感快。弟常思中西心理不同之处，半由于教育，半由于习俗。中国之所谓礼法者，即欧亚之民刑二法。惟中国之礼近于繁，法近于苛，均难于实行。故上下越犯，别寻自由（礼法与习俗不尽相合），及其亟也，一无轨道可寻。西人立法多由习俗染成，故法与俗合而为一，诸事皆在轨道中。由是可知，弟与内子有时意见纷歧，多由各人之生性 mentalité[①] 不同。以弟之久已从事欧西生活之人，而尚不能完全服化欧俗，可见中国采取新法之难也。即皮毛之事，亦作不到，遑论其精神。弟发此论，因内子视承赐下之证书，较弟为重也。

日来沪上暗杀之事屡发不已，就中要人为陈任先与李

---

① 心态。

伟侯。[1] 李之详情不知，陈之事报纸详载，兹将剪报附上，阅之可得其一二。似此结局，真真值不得，谓其自取其祸，不为过言。

日前伯言来函，告以石孙公使在波京种种不满意之处，如怕见友邦公使，怕与人来往，及取省钱主义等等。国难当前，外交正宜努力之秋，岂可专盈余计，以吾人认为学识高尚者犹若是。呜呼！中国外交之日趋下流。

弟在港诸事已办有头绪，三月一日拟去上海一月左右，仍回香港。如蒙赐函，请仍寄香港为便。专上，并谢。敬颂道安。

如小弟　符诚叩

廿八年二月二十三日

爱德华神父前祈代候并谢。

五十五

（1939 年 2 月 27 日）

子兴如兄手足：

今早晤颜骏老（来港参加红十字会，小住数日，云即回沪），谈及任先在沪被刺事，较各报登载者为确，特录出，以供一览。

当任先欲行返沪前，其家人去电，切嘱不可来沪。伊不听，带有保镖者十数人而回。其寓在愚园路，即越界筑路之区，门前素无警岗，伊恃有带来之卫队，及宅中原有保镖者三人，故竟无不安之象。是日适值新年，罗怡元夫妇往他处访友，路过其门，见室中灯光闪烁，疑及任先或已归乎，遂扣门入室。果见任先一

① 李国杰（1881—1939），字伟侯。李鸿章长孙。民国北京政府时期曾任参政院参政、安福国会参议院议员。1939 年 2 月 21 日在上海被刺身亡。

人在室休息，躺于大椅之上，而怡元座于上首处，其夫人坐于下方，家中人等聚于傍室，为新年之嬉“赶老羊”。任先言，杭州市长何某（其人已被刺殒命）真愚笨之至，身为市长而无保镖者以为之护，故遭狙击，余此来带有十数人，可以安心出入。正言至此，忽屋门大开，见有二人，一人守门，一人向前，头带洋毡帽，身着长衫，其袖长而且肥。只见其向陈举手即开枪，声三响，放枪后安然而去。陈带来之保镖者既不在场，而原有之保镖三人亦只剩其二，且此二人亦于事后随此长衫者而去。彼时怡元夫妇惊恐无以言状，怡元且至因惊便血。被击者之死即在立刻，大殓之日无人临吊，出殡之日无人送丧，甚至报馆亦不为之登讣闻，是足可为当汉奸者戒矣。

明晚准去沪，草草上书，余容另叙。敬颂道安。

如小弟　诚叩

廿八年二月廿七日

五十六

（1939 年 3 月 29 日）

子兴如兄手足：

三月廿七日接奉三月十四日由航空惠寄之大札，敬悉起居安吉为慰。所需宣传之费，当日即由汇理汇上比币二千方。吾兄为国效忠，是亦弟应为协助者也。叨在知心，幸勿客气，愿谅弟之未早见及。此汇款系由航邮寄上，谅即可收到。

弟前去沪，本拟住至一个月再返港，不意半途中港中友人电催速返。现拟再行赴沪一次，今晚起身，拟于四月十日赶回香港。在港住至五月十一日，搭乘法船 Relin Rind 返法。行色匆匆，恕不一一。敬颂道安。

如小弟　符诚叩

廿八年三月廿九日书，留卅一日发

五十七

（1939 年 5 月 7 日）

子兴如兄手足：

由沪返港后，得读四月十日、十四日及十七日三次惠书，快何如之。寄款已蒙收到，至慰。委购预言书五六册，当照办无误。惟《木兰从军》一剧既为电影，不知有无剧本，如有之，定当照购带上。

弟之回法期本属千准万准，中国同仁方面早已同意，不料本月三日由沪回港后，即接有同事电报，伊本拟五月二日回法，其电云不止不能回法，且须返港公干。弟阅此电，知与弟之返回法国事不无关系。果于五日收到巴黎总行一函，表示希望弟能将返法之期展缓，以便帮助同事傅君办理未了事宜。弟知事关紧要，不能不应允展缓，故只得电复认可。是弟之回法期恐尚须有一二月之耽搁也。弟在行身任要职，且得同仁信仰，遇有要事时，不能不捐私顾公，谅此当为我兄鉴及者也。惟觉妻女处未免多加忧虑耳。幸欧陆风云变幻虽速，尚不至即行爆发，盼我主默佑，为世界生民免此涂炭，弟亦得沾余润焉。

同事傅君约于本月十日到港，晤谈后可得窥事之性质及回法之约略期，然目前殊不敢遽言迟速也。余容另陈。专复。敬颂道安。

如小弟　符诚叩

廿八、五、七，灯下

承抄示新经保禄致格林多教友书，谢谢。

五十八

（1939 年 5 月 12 日）

子兴如兄手足：

日前上一函，报告受巴黎通知展缓启程回法一节，谅邀鉴及。现法同事傅君已到香港，接洽之后，知此次展期系为磋商一重要问题，恐非二三月之时间不能竣事，是一时遽难订定回法之期也。事关公务，自无他话可说，想妻女等亦当谅此地位而少安毋躁。知关远注，特再申述。

承委代购各书，计《预言》一书已购妥五册，《木兰从军》剧本并无单行本，只附刊于《文艺》期刊内，而该期所刊各册均已售罄，蒙友人赠送一册，特转以奉赠吾兄，以快先睹。兹将以上所述之书六册专包邮上，至祈赏收。盖弟之成行既无定期，自以早日寄上为是。余不一一。香港通信处仍照旧。敬颂道安。

如小弟　符诚叩

廿八年五月十二日

五十九

（1939 年 5 月 22 日）

子兴如兄手足：

日前奉上一函，报告五月十一日未能成行之故。日昨复接总行来信云，同仁均希望弟之延长居港期不至太久。弟得此机会，遂向各方要求，准许即行返法，已得同意。惟尚须于月底飞赴河内，二三日后即回港。现订乘六月六日由港开行之法船名□者返法，舱位虽尚未觅得，船公司先为设法，谅此次计画不至有变更矣。

弟此次回法，拟携锡龄甥女一同起身，内子亟赞成锡甥到巴黎居住。缘自去冬锡龄在南开大学毕业、桂龄在清华大学毕业后，二人均无所事事，找事、配人均非易易。且桂龄一向学校成绩亟佳，攻读化学颇有心得，然在国内大学肄业，终不能谓为深造，且有友人劝弟出资送其赴美留学，将来或可成为有用之材。弟对此议视为有理，内子虽觉费重，然为青年之前途计，亦不加反对。弟是以决定派桂龄赴美，继续攻习实用化学一门，大约二年可以在大学毕业。伊现正预备出洋入学一切手续，今夏可以成行。

桂龄既有二年或三年之计画，锡龄亦不能不为之设法。锡龄所习为财政方面之事，如银行、保险、会计、簿记、英文、打字（华英均行）等科，亦均为实用之学。弟在法汉文之事，亦有需人佐理处，故拟先为试用，是亦为一暂时之计画。且锡龄在家中，亦可为内子与小女多一侣伴，是又为两便之事。惟弟之担负稍觉加重耳。弟以为帮助青年求学，为吾中国人应尽之责任，何幸而得聪明好学之子女，虽有费用，尚不至虚靡。一视浪费子孙因嫖赌而丧身倾家者，弟之花用实高出百倍也。是虽自慰之语，亦系实情，谅兄亦表同情。

杨峻林外甥因年事已长，且订婚已久，弟已允其回津成亲，女家为段香岩①将军第二女，何日成礼尚无消息。内子对此婚事亟不赞成，因恐女家出身高贵，难以俭朴持家，而峻林又非富有之人，恐其无以为善后也。然弟对少年婚事问题，如果当事之二人同意，傍人以不参加意见为是。至今弟等未能同意此一事，是又无可奈何之一事。

弟此次返国，便中得将三甥事办一段落，结果如何，尚待异日。过此之希望，为返法后能帮助小女金龄将王维之论文纂成，则弟之幸慰无似矣。余另谈。敬颂道安。

如小弟　符诚叩

廿八年五月廿二日

---

① 段芝贵（1869—1925），字香岩。民国时期皖系军阀将领，曾任察哈尔都统、湖北都督、陆军总长等。

前日由邮寄上《清算日本》一册。

六十

（1939年6月6日）

子兴如兄手足：

前定回法之期，忽因事展缓，弟已不作早早赴欧之妄想矣。忽于上月下旬，接巴黎同仁来信，言法方仍盼弟早回，不愿在港多作勾留。此种消息，实欢迎之不暇，遂赶向中国方面接洽回法一切事体。同仁见巴黎既坚决欲弟返法，亦只有任弟而去。但五月廿七日，经已与交通部长约定在河内晤谈，势难在此期前返法。河内之行依然照约进行，廿七日去，三十一日回，来回飞行，颇称便利。现正预备返法一切事宜，后日即六月八日当可乘法船□成行。此种意外之收获，定皆吾兄为我祷告之力也。

弟此行偕锡龄同行，此事已定。锡龄已于今日由沪起身，八日到港，即与弟同行。桂龄赴美之事预备已有端倪，大约八月中可以成行，九十月可以入美国大学。伊拟在美留学二年，专攻化学，二年后可得学位，可以深造，盼其能为中国作些事体，至少亦能协助社会事业。峻林之婚事，闻已在津举行，桂龄曾有信来报告，而峻林尚无只字。弟于此三甥之中，所期望于两甥女者甚低，而所得成绩实远出预料之上；而期望于峻林者甚高，而所得适远出预料之下。可见诸事自己安排，究不能有何把握。峻林人非恶劣，然胆小性懒，能力薄弱，是其短处，若论谨慎明理，亦不无可取处。其如不能成事，何形色匆匆。不尽欲言，余容面罄。专上。敬颂道安。

如小弟　符诚叩

廿八年六月六日

六十一

（1939 年 7 月 12 日）

子兴如兄手足：

承惠寄马赛之函，因到达稍迟，复转至巴黎，谢谢。此次到法国，因与行中接洽事体较多，是以稍觉忙碌，故迟至今日，始得握管。且当此暑假之内，弟一时亦不能远离，拟于八月初间再行携眷，赴一静地稍息，目前尚无具体计画。

至晋谒吾兄一事，现亦不敢遽定日期，拟稍过数日再订，盼于暑假前能抽暇前往也。欧洲局面自前日英首相表示态度后，似稍趋和缓，深祝其能日进平和之途，则受赐者真不知有几千万人矣。匆复，不尽一一，余容面罄。敬颂道安。

如小弟　符诚叩

廿八年七月十二日

爱铎神父祈先代候。

六十二

（1939 年 7 月 19 日）

子兴如兄手足：

现订于本月廿二日乘早车赴比晋谒道座，在院拟住一日，星期日午后即行乘车返法，缘星期一日尚有他约。而过此以后，即预备出外休息数星期，弟亟愿于夏假之前与兄一握手也。匆匆先达。敬颂道安。

如小弟　符诚叩

廿八年七月十九日

六十三

（1939 年 7 月 28 日）

子兴如兄手足：

日前晋谒，快谈数次，诚如尊函所言，欣慰无可言喻者。但愿如兄言，晋谒一次增寿一年，如是，弟至少可活至九十，吾兄定能达到百岁，以与相老抗立也。

弟归后牙痛不止，终夜不安，幸得早归早憩，受益不浅，翌早脸颊均肿，此后痛止肿消，今日已觉大痊。兹送上小照一张，晋谒时忘为带去。此照系今春沪行移入新居时所照，房间即为弟在沪之办公室。弟曾令行中多印数张以赠友人，然此类照片，非知己者不能相赠也。

美国昨日声明，取消美日通商友好商约，实为中日战争期中一重大问题。中国能否收得美满效果，仍须有待日后之战事与外交之发展。敬颂道安。

如小弟　符诚叩

廿八年七月廿八日

六十四

（1939 年 8 月 2 日）

子兴如兄手足：

昨早同金龄小女来此海边，即在此客寓下榻，拟在此小住十日或十五日即返巴黎。此次内子未同来，因伊身体不佳，出外饮食不便之故。当弟离巴黎前一日，曾寄一函与兄，并有一 M 函另致爱德华神父，谅均蒙收到。

今日内子在电话中向弟言，弟所寄与爱德华神父函中所附之住址单发途，亟待寄回，请费神代达爱德华神父，将该单照弟函所叙之意，将该住址单即为寄回原借人为感。专上，敬颂道安。

如小弟 符诚叩

廿八、八、二

六十五

（1939 年 8 月 25 日）

子兴如兄手足：

夏假期间因内子身体多病，精神不佳，由海边归后，即陪同去罗桑就医。弟在该处小住一星期。医士亦诊断完毕，认为血压过高，神经过劳，宜从事休养，尚可恢复健康，若仍继续劳动，恐生意外云云。内子得此警告，且居客寓，不问家务，不多劳累，十余日来神色转佳。故弟先于上星期日返法，拟令内子、小女住至下月初再返法。不意国际大局陡变，瑞士虽较巴黎为安全，然两地分居，究属放心不下，昨今两次通电，仍以先行回法为上，是以今晚可到巴黎。

顷收到书两包三种，谢谢！实为旅行之流览之善本。承嘱译《木兰词》一节，当令金龄为之，伊对此类事亟感兴趣。昨日曾向便宜商店购买绒袜三双，照寄来之样办妥，当即交由该店邮上，并将应付比国方面之关税，亦已付讫。兄处只须收物，无何款项可付，祈注意，切勿重付。

前在院时，承面告代买《蒋主席传》一本，装订后备送宗座之用。此书早已购妥，惟装订店工人全在暑假间，九月初方有人工作，九月底可做成。此话当然指平时而言，若有战事，不知能否照办。明早拟去乡间物色房屋，以备战时避居。匆上。敬颂道安。

如小弟 符诚叩

廿八年八月廿五日，灯下，巴黎

六十六

（1939 年 8 月 28 日）

子兴如兄手足：

奉廿五日大函，敬悉吾兄为世界和平祈祷，购定比王等肖像三千份，分赠亲友加诚祈祷，足见仁心济众，钦佩无似。兹附上支票一纸，祈查收备用为荷。日来空气日趋恶劣，实有赖于多多祈祷也。专复。敬颂道安。

如小弟　符诚叩

廿八年八月廿八日，巴黎

六十七

（1939 年 9 月 2 日）

子兴如兄手足：

昨接寸笺及货单二纸，知已收到绒袜三双，慰甚。至和平之局，已被德人破坏。德所藉口者，为德提出条件，候波兰派使来德磋商，而波兰并未于限定之期内，即上月三十日派出使命，且向德开火攻击，是以德人亦以武力抗之。此种理由，德人于三十一日声明后，外边始知悉，事前无论英、法、波兰，均无人闻知。是德人之无诚意，逞暴力以威胁世界，实为天下之罪人矣。英法动员令亦已颁行，巴黎亦入戒严期内，惟尚未向德宣战耳，谅此亦时间问题。幸波兰抵御极强，德人尚未冲入波境，而义人表示不以武力助德，且愿尽斡旋之力。此皆今日午时之消息也。

至弟个人，因职务关系，不能离巴，内子与小女亦暂与弟留此。惟内子坚决愿留巴黎，是诚非弟所愿也。敬颂道安。

如小弟　符诚叩

廿八年九月二日，巴黎

再，承示院中修士改装赴后方救护工作一节。弟想此事或与Liigl之意外祸事有关，而与目前之战事无关。据日前报载Liigl地方雨水亟猛，且有雷电交作，适落于铁桥上。此桥为通德要道，桥下已埋有炸药，以防外患。因雷击引起炸药爆发，此时又适有火车通过，故桥毁车翻，伤人五六十名，且有数人丧命者，是诚比国一意外大灾也。

弟　诚又及

九月二日

六十八①

（1939年9月16日）

子兴如兄手足：

连日奉到各明信片、五号函二封、小册子三本，拜读之下，无任感谢。一谢吾兄惦念之殷，再谢为弟等祷告之勤，三谢给予消息之多，在此患难之中，真足以鼓励我也。

弟等生活，除战事初起时稍受激刺不安外，实未改常态。弟每日仍到行视事，金龄已开始用功写其论文，内子与锡龄亦各有其日常工作。夜间有警号时，赶紧穿衣入窖，警过再睡。所不便者，为出入携带防毒面具，人人有之，可谓为最流行之饰品。至弟宅中所有之书画古玩，均未移动，多半仅装箱而已，过堂中箱箧堆积，直无插足地，欲移实无处可移。由此种种观之，弟等实仗兄之祈祷、天主之默佑也。

今日消息益增恶劣，报载俄国有出兵百万之说，惟其目的何在，不少揣测之处。有云俄德将分割波兰，此说若属实，则战事之延长可断言也。而受其影响者，中国亦居其一。试推测之，俄

① 旁注：十一日赐函，十五日收到，较其他明信片快递，谅近日检查法比邮件较宽乎。

德携手，则与英法成对敌，英法在远东之势利将受其威胁，英法既注全力于欧洲，未必分其力及于远东。日本适于是时倡外交独立，联络英、美、法之说，或者英法即利用日本监视俄国，藉保其远东之利益，其结果或恐以中国为报酬之礼物。然乎？否乎？是不能预定，而大局之趋势不能不设此想。未知吾国当局有何应付之策，是吾国之前途不容有乐观，即以弟个人之事言之，亦不容有乐观。银行经世界经济恐慌后大伤元气，幸改组适宜，可望复元。当此勇往前进之时，忽有战事降临，一切事项不容不取收缩政策，以期迎合战时状况。是此停顿之期，为时久暂，大有关系。惟有仰仗吾兄祈祷渡此难关也。素叨错爱，聊示衷曲，余另肃。敬颂道安。

如小弟　符诚叩

廿八年九月十六日，巴黎

六十九

（1939 年 10 月 9 日）

子兴如兄手足：

承寄之明信片接至第十号，《爱国画报》接至十月一日之号，至《晚画报》所登英前王情史，前数号请不必补寄，已有之部份尚未看毕。弟等三人均有买书之癖，然小说极少，三人均不喜看此类之书。日前寄上国画明信片一张，如蒙收到，请示知，以便继续写寄。

近接李伯言来信，言其逃出华沙之狼狈，衣物尽失，仅得性命一条，现居丹马京城，进退不知何向。王公使电保其在南北美使馆中予以位置，尚无下文。又云，王公使曾到柏林，被留学生驱逐出境，详情未言，究不知内容若何。弟曾劝伯言来法小住，再定行止。当此时局，欲易得一馆员位置，恐非易易。

当德波战事初起时，弟曾为驻波同仁担心，早知其结局有同归于尽之险，且忆及注东公使因罣误撤任，而石孙遂得一地位，彼时之一忧一喜，变而为今日之一忧一喜，惟人地不同耳。古语云：塞翁失马，安知非福，是又验于注使矣。吾兄得有伯言之直接消息否？弟想不日当有较详之情报，容另奉闻。

巴黎市面日趋活动，除夜间熄火外，几如平常之生活，毫不感战事之痛苦，不知此境能维持几许时日。诸承代祷，特以全家名义致谢。敬颂道安。

如小弟　符诚叩

廿八年十月九日，巴黎

七十

(1939 年 10 月 12 日)

子兴如兄手足：

今有一重大问题，思索再三而不能决，敢告我神明之兄，为我一筹。缘小女自幼读书，即长于希腊、拉丁两文，每一考试，均得列上选。其希腊教习尤赏识之，常劝其入法国教育界服务。但入法教界有二前提，一则须考取 Agrégation①，二则须入法籍。对于第一项考取特科一事，教习言小女甚有把握，再用功一年，即可投考。然外籍人不能，若欲投考，必须先有法籍。而吾人熟思而不决者，即此入法籍问题。小女对 Titre d'agrégé② 亟所愿得，且云入法籍乃取得方便之门，而其心仍属乎中国。以弟个人观之，当此中国不宁，横受日本摧残之时，小女得一法籍，亦是其终身之保障。加以世界不安，战祸横流，身外财产均不足靠，惟有知识可能自保。若得考取特科，即有在教界得一教习之权，致富虽然不足，养身自觉尚可，是实际上亦有可靠之优点。

---

① 教师资格。

② 居留证。

惟弟所踌躇者，是精神上之问题，物议对此举动是否谅解。为出乎学问，于个人及国家均有好名誉，而决无背叛祖国之行为与心理参乎其间。至于手续上，小女连续居法已有十二年之久，照法律可以适用无阻，若再加以有力者之介绍，则政府之允许可无问题。不知吾兄看法如何？望本正大光明之途指我一路，是盼是祷。专上。敬颂道安。

如小弟　符诚叩

廿八年十月十二日，灯下

七十一[1]

（1939年10月17日）

前上一函，对于入法籍事请代为筹画。现思此事在小女虽为求学及立身计，在外恐意种种误会，反为不利，故以作罢为上。未知兄意云何？专上。敬颂子兴如兄道安。

弟　诚再叩

廿八、十、十七，巴黎

七十二

（1939年10月17日）

子兴如兄手足：

寄片已收到第十二号，英皇情史《晚画报》亦收到后补寄之二份，谢谢。承示爱德华神父赴华服务，闻之为爱神父欣幸，尤为中国教务前途庆贺。盼爱神父过巴黎时移至舍下午饭，以便畅谈，敢请代为约定为感。专此。敬颂道安。

如弟　符诚叩

廿八、十、十七，巴黎

① 此函与下函写于明信片上。

七十三

（1939 年 10 月 22 日）

子兴如兄手足：

一星期内收到尊函二封，明信片一张第十二号，画报数份，并悉贵体感冒，感念之至。想吉人天相，定卜勿药。金龄之事，承指示明路，至感。兹事关系一生，有慎重考虑之必要。尊见已能助我详思，尚不愿遽为酌定。弟第二次所发关于此事之函，系恐我兄为难作复，故追加一字，无他意也。

伯言近又来函，言伊已奉到部令调土耳其，弟闻信甚为之喜。而伯言视现在在使馆任事无异为一听差头，长官多取不问事、不应酬、省公费、入私囊、关门睡觉主义，有另觅新路之意。弟曾答以此种见解不幸而为驻外多数使馆之通病，但吾人既入外交界，有知而改之之责，无退而避之之地，并举吾兄当年在俄办事之琐碎，及长外交时待遇同仁之平正，坚劝其接受新任。部中亦有电令石孙与念祖同赴巴黎，弟以为部中此种处置亟是。王使本为驻波兰，而波兰政府已在法京成立，此种顺理成章之事，石使当早见及，驻波使馆得此安插，实为正当办法。

承赐寄之画报，尤以《晚画报》为佳。弟等虽不爱看小说，然对其像片颇感兴趣。直言之处，尚祈谅之。

自开战后，弟曾备无线电机一小架，以便听取各处新闻。令人哭笑不得者，为德国之宣传，其对英也攻击备至，政府要人非疯即颠；而对于法人景仰亟高，兵士之忠勇，人民之好和惧战，直不似敌人口吻。究其实际，德人是何居心，尚无人能下一肯定之断语。而英法之倒德政策绝无二致，是为最明着之事。吾兄近日来信，对弟之奖劝似过为“扩大宣传”，弟对吾兄之一切襄助均出至诚，毫无他意参杂其间，望兄亦安然受之，无稍介意为是。

日来法京天气亦日日必雨，虽无大寒，而阴冷难禁。吾人自卫之法，惟有添衣加火。尊体之不适，盼加意调摄，至念至嘱。爱德华神父之行期定否？何日到法，能否来弟处午饭？盼其勿却也。专上。敬颂道安。

如小弟　符诚叩

廿八年十月廿二日，巴黎

七十四

（1939年10月29日）

子兴如兄手足：

上星期日曾上一函，谅蒙入收。每星期早偕同小女去教堂做弥撒。内子因治理家政，同去之时甚少，常独自前往。由教堂回寓后，即为弟答复来往私札之时。盖平日每日公毕返舍，忙于阅报。当此战期，报纸上之议论及新闻，均为必要之课，否则真无所适从。然在此战事现状下，吾人无论如何检阅报纸，终不能得一确实方向。德人究欲如何，现实无人知之。所可知者为英法之壁垒亟坚决，非德人之宣传可以离间。在此依犹不定之局面下，吾人实得其惠。巴黎生活上日见其改善，各商店及娱乐场所、博物院等亦逐渐开门，除夜间稍感黑暗外，日间直不知有战事当前。

伯言已否去土耳其，石孙何时来法及是否来法，均尚未得确信。昨得峻林甥由沪来函，言天津宅中水深有三四尺，交通工具只有小舟，然有舟者亟少，甚至有人出大价以佣之。百物昂贵，出人理想，大米五十元一包，煤价近百元一吨，是虽为灾殃所使，亦纸币跌价有以助成之，观此可知津人之痛苦矣。桂龄甥女亦经到美入学读书矣。日来天气寒冷，加以阴雨，谅尊处潮湿更甚，盼格外珍摄。拉杂不尽。敬颂道安。

如小弟　符诚叩

廿八年十月廿九日，巴黎

画报二种均收到，谢谢。

七十五

（1939年11月6日）

子兴如兄手足：

前昨两日星六、星期日，因郭大使复初、钱大使阶平[①]来访少川，经少川约往乡间避炸别墅小住。弟亦在被约之列，是以昨日星期未得与兄函谈。昨晚归来，又陪郭、钱二公招待孙科全家之宴，至今始得握管。

承赐之函已收到，又接《外交纲要》一册，《曾慧敏[②]集》四册，《公法会通》一册，《中外新旧条约》二册，均经暂为保存，一俟确知伯言行踪有定时，再代为寄去，盖久未收伯言之音信也。

顷检阅《曾惠敏文集》，见中有“伦敦复李香严”一函，注有甲申二月廿三日。考甲申为光绪十年，惠敏尚在驻英使节之任，惟李香严为何人，弟亟欲知之。此公既与惠敏有书札之往来，且与之谈法越一案，是其人定于外交方面有关。未稔吾兄闻其名，知其人否，如知之，望详告为感。至关于弟之查考此人之意，因弟得文正公所书楹联一副，上款为香严，且题款语气并不客气，知定为与其子侄辈有来往之人。吾兄去惠敏驻英之时虽稍远，或可闻而知之。又，筠篔二字皆可读“云”音，惠敏公于甲申九月廿一日有“伦敦再复许竹筠星使”一书，谅此竹筠即文肃公竹篔也。然乎？亦望有以教我。弟无事时将为此文艺上之

---

① 钱泰（1886—1962），字阶平。时任国民政府驻比利时公使。

② 曾纪泽（1839—1890），字劼刚，号梦瞻。曾国藩之子，著名外交家。谥慧敏。

考据，然颇以玩物丧志为戒。敬颂道安。

如小弟　符诚叩

廿八年十一月六日，灯下，巴黎

附小照八张。

七十六

（1939 年 11 月 10 日）

子兴如兄手足：

日前寄上一函八照，谅邀惠览。近数日来，报纸对于德人进攻策略，恒以攻取和兰为说，果尔，则比国之中立亦将感不利。不识吾兄有所闻否？贵院有何筹备否？如果不幸之事发生，道院能否照旧维持其日常生活？凡此种种，不胜恳系，望有以教我。附上同仁小照一张，祈查收作念。专肃。敬颂道安。

如小弟　符诚叩

廿八年十一月十日，巴黎

七十七

（1939 年 11 月 19 日）

子兴如兄手足：

十五日惠书，十八日即行收到。法比邮递之速，几复平时状况，可惜其他各事，尚不能不受战事之影响。即如汇款一层，法国自九月九日公布取缔资金外溢之法律后，凡有由法国汇出款项于外国者，均须经财政机关核准，不论款项多少，银行无自由外汇之权，而核准手续，必须在请求书内加以证明必须向外汇款之文件。今承吾兄告知葛诺发之千方无望一节，弟自愿补足此数，以应要需。惟当此禁止汇款出境之时，自不能循平常手续随时可汇，请予稍缓数日，俟弟觅得妥当办法后，即遵嘱照寄。

爱德华神父中止去华一事，为爱神父个人计，不无可惜。若为道院计，为吾兄计，究以留此为便。盖吾兄左右无此忠实能干之友，实无以辅盛德。即以弟一身计，亦感日后到院少一知己也。今幸主上安排于吾人均过得去矣，幸甚幸甚。相老作古，举国同悼，幸已过百龄，是又为可贺，兄我所见相同。专复。敬颂道安。

如小弟　符诚叩

廿八年十一月十九日，巴黎

七十八

（1939 年 11 月 26 日）

子兴如兄手足：

近一星期中，收到本月十七日大札二函，《曾文正公集》十七册，相老纪念片五张，《大公报》订报住址一条，至益智园之书及片均早收到，谢谢。委订《大公报》一年事，已函托香港友人代办，言明系续订，应赓续前订日期，使无间断，不知前订者何时为止。《曾文正全集》弟亟爱读，加以吾兄之惠赠，益增趣味。

承示曾、李、陈三人在外之名望，真为吾国生色。惟陈季桐［同］之为人及所作为，弟未知其详，似其人于一九〇八年故于法国。缘是时弟初到法仅有一年上下，每日早晚两餐，均在一小饭甫［铺］用膳。一日甫［铺］中仆役持一报纸出示，云陈季桐［同］死矣，连呼不已。弟询其陈为何许人，伊答以陈为中国人骗去法国之银钱不少，并加以许多怨言。弟想恐是关于借款一类之事，可见尧舜桀纣同可扬名不朽也。

日来接李伯言由匈京来函，言赴土途中路过匈京，勾留数日再前进，对石孙公使亟形不满，言其吞公款入私囊情形，愤恨中国外交之落伍，弟甚盼其在上位时有以革除此弊。前谈千方事不知吾兄是否急需，如急需，当恳阶平先为弟垫付，后再由弟拨还，盖目前由法汇出必须经一繁杂之手续也。专上。敬颂道安。

如小弟　符诚叩

廿八年十一月廿六日，巴黎

七十九

（1939 年 12 月 4 日）

子兴如兄手足：

日前函达阶平兄，请其暂为垫借一千比币交 Salu 君，收入吾兄账内，以免稽延误用，望于收到后示知。日来国内战事，南宁颇受威胁，一地之得失虽与抗战全局无关，而此地实与中法合作上有公同利益，盼吾人能以始终保持此交通要点。

小女金龄自上月大学开课后，已在科学系报名听讲，其择定数门为动物、植物、生理，每日做试验及听讲，颇形忙碌。此外，经伊之教习介绍，授课拉丁文于一法国学生，每月且有八十五个佛郎之收入。弟对此琐事亟感荣幸，以吾东方子弟，亦能为西人西学之教授，是亦非经常之事，故为我兄一罄欣悦之忱，以享同乐可乎？余事如恒，无可特陈者。专此。敬颂道安。

如小弟　符诚叩

廿八年十二月四日，巴黎

八十

（1939 年 12 月 12 日）

子兴如兄手足：

日前阶平来巴黎，告以已将比币千方送交 Salu 君处，收入吾兄之账矣，想兄已接得收款之通告。伯言来信，已到土京使馆任职，兄［弟］当将吾兄赠与之条约、宪法等书四种为之寄去。相老后事，战事结束再办，确为应时办法。

日前季璋兄来函言，已代吾等作挽联，以备举事时吊唁。承示陈季桐［同］之被参，可谓不幸之至。中国从前许多事体，多误在“才子”之身上。以弟今日之眼光，视之才子实即疯子之别名。惠敏公亦系自命为才子之一类人，想陈君被参后感觉无聊，故写此数种法文书，以自遣然乎？金龄为了解其《王维集》中之佛事起见，已从今日起读梵文。专上，余另谈。敬颂道安。

如小弟　符诚叩

廿八年十二月十二日，巴黎

八十一

（1939 年 12 月 16 日）

子兴如兄手足：

兹送上收据二纸，一系《大公报》，一系比京存款处，祈查收。现因中国方面行务，弟拟于明年一二月中赴华一行，但尚未大定。当此战时，留眷独居巴黎，颇不放心。然鉴于目前之战情，似又不至有意外发生于法京。余情容再陈。专上。敬颂道安。

如小弟　符诚叩

廿八年十二月十六日，巴黎

附收据二纸。

八十二

（1939 年 12 月 24 日）

子兴如兄手足：

连奉惠书两函、蒋公夫妇像片各廿份，及四人名下各二份以为冬至纪念者，均经照收，感荷无似。承委影印相老函件，加封刷印各五百份一事，自当携带赴沪。在沪办理较在港办理为便，在港实无人可托也。此事谅吾兄不急急需要，否则当另设法，惟总以亲自经手办理为善。卫生书籍十七种均早收到，弟拟得暇翻阅后，送日内瓦中国国际图书馆收存，以备人流览借用。吾兄若以为然，亦可将其他欲行摆脱之书直接寄去，或由弟代寄均可，祈酌。

此次圣诞佳节，弟得与家人共同参加各礼，实为数年未见之乐事，精神上无限快慰。回忆一九三四年十二月廿四日早间在道院受洗后，晚间复得参与盛大之弥撒。此种隆重之礼节，加以钧天之乐、过云之歌，实为我生最荣幸愉快之纪念，永远留印于脑海而不能忘者也。今日又值圣诞之辰，以战事关系，难以再得从前之典礼，只可追忆以为乐。特此恭祝诞喜，并颂新祺。

如小弟　符诚叩

廿八年十二月廿四日，灯下，巴黎

东北之行忆记

张海涛 著 张海鹏 整理

说明：张海涛（1927—2019），湖北汉川人，中国社会科学院荣誉学部委员，世界历史研究所研究员。1927 年 9 月出生于湖北汉川县张家大嘴。在家乡读过六年私塾。1945 年 5 月参加新四军第五师，进入中原襄南敌后抗日根据地，任税务征收员。抗战胜利前参加过与日伪军的几场小规模战斗。日本投降后，行军途中任司务主任。1946 年 1 月 10 日停战令下，新四军第五师与以王震将军率领的 359 旅会师，任宣化店区委秘书。1946 年 2 月至 4 月，在中原民主建国大学学习，同年 3 月在该校加入中国共产党。1946 年 6 月中原突围前，奉命化装前往东北。1946 年 8 月至 1949 年 3 月，先后任《吉林日报》经理部代理经理兼印刷厂厂长、发行科科长、特派记者和吉林书店经理。1949 年 5 月随军南下，任《江西日报》和新华社江西分社记者。新中国成立后，先后任新华社江西分社社长、卡拉奇分社首席记者、国际部东方组组长、雅加达分社社长，新华社文革小组组长、党组成员，国际部东方组组长、国际部领导小组副组长、联合国分社第一任社长、中国常驻联合国代表团党委委员。1979 年 1 月至 1983 年 6 月，在新华社国际部工作。1983 年 7 月调入中国社会科学院世界历史研究所。1988—

整理者：张海鹏，中国社会科学院学部委员、近代史研究所研究员。

1989 年，在美国乔治·华盛顿大学历史系和得克萨斯大学研究生院作访问学者。1991—1997 年，为全国哲学社会科学规划评审会议国际问题学科组成员。1995—2000 年，任北京市委决策研究顾问。2010 年当选中国社会科学院荣誉学部委员。主要著述有：《美国走马观花记》《我说美国》《再说美国》《三说美国》《何处是“美利坚帝国”的边界—1946 年以来美国对华战略策略史》《论美国“赌博资本主义”》，以及《吉米·卡特在白宫》《尼克松在白宫》《第三次白色恐怖》等多篇重要的学术论文。

日记作者已于 2019 年 1 月去世。这段日记，是他去世后，家嫂从他的遗物中找到的。日记记录了他 1946 年 5 月 8 日离开中原局驻地湖北省大悟县宣化店，辗转到东北吉林解放区任职的经历。这段时间差不多正好五个月。总的背景是党中央做出了开辟东北根据地的决策，决定从各地派遣 10 万干部去东北。毛主席在 1945 年 12 月 28 日代表中央给东北局发出了《建立巩固的东北根据地》的指示。看起来，中原局积极落实了中央的指示，派出了一批干部通过各种方式进入东北。当时去东北，经山东去朝鲜平壤再转吉林是一条捷径。我的朋友朱佳木同志的父亲朱理治受党中央委托在平壤设了接待站，接待经平壤转吉林的各地干部。作者离开宣化店时还不满 19 岁，到吉林时，正好满 19 岁。他在记录中，对中原解放区充满了革命的激情，对经过国民党统治区，来到苏皖解放区充满了愉悦。对国民党统治区的各种社会现象充满了鞭挞。他观察了汉口选举市参议员的所谓“宪政民主”，通过他的现场观察和细节描写，充分揭露了国民党统治区的政治黑暗和所谓民主宪政的虚伪，对国民党统治区的新闻媒体、中学教育、社会现象等，都进行了有力的抨击。所有这些，对于了解和研究 1946 年那个特殊历史时期的民国历史，是有帮助的。在五个月的征途中，日记作者所经之处没有停止买书、读书，阅读范围很广泛。他读的书，包括《共产党宣言》、毛主席的书、刘少奇的《论共产党员的修养》、《西行漫记》以及各种中外小说，求知欲极为旺盛。读者从这段记录中可以发现，这个年轻的日记作者，不仅是一个刚加入中国共产党的年轻党员，还是一个马克思主义者了。

日记是手写，很潦草，可以看出来，有些是在路途中匆忙写作的。大多用钢笔，也有铅笔。日记无标点。日记原稿的录入是家嫂江红和侄女小军，我做了校核整理和少量的注释，我的注释主要是我所知道的人名、地名。整理稿忠实于原文。发现的原稿中错漏衍文以及个别看不清的字，都作了标识。不妥之处，请读者指正。

张海鹏

2020 年 2 月 2 日于北京东厂胡同一号

由于局势的紧张，我开始离开民大①而调到救济分署了。这一调动的意义，是准备借救济分署职员之名而埋藏在这地方的。可是，时局的转变是太快了。国民党的包围、“清剿”迫在眉睫，整个边区的军民都动摇［员］起来。由于局势演变过剧，争取合法的时机是已经不够而且也不可能了，于是上级乃有叫我化装转移的决定。行时龚依群同志对我说：“我离开延安南下时，毛主席这样对我们说，一个革命者要像柳树和松树一样，柳树到处生殖繁盛，松树挺秀直梗。我们随到什么地方，要随即在

① 民大，指中原民主建国大学，1946 年 3 月中共中央中原局所办，校长为中原局书记郑位三。

群众中生长，像柳树一样随处都可以生根繁殖，进一步地我们要领导群众像松树般地挺秀。我希望你也能够如此，就以此作为我的临别赠言。”这句话和毛主席一样将永远在脑海中留恋［连］。

在五月八号的早晨我走了，我开始离开了奋斗在一起的同志们，我离开了这块可爱的乐土——革命的根据地，我离开了痛痒相关的故乡和群众而走了。走了，我怀着无穷的留恋的悲伤，我怀着浓厚的重来的希望。我想留，我不舍，然而我终于是走了。我终于是离开了，唉……

当天晚上我在汪洋店歇了。今天我走了九十里路的样子。当我宿在汪洋店上的一个小栈房里面的时候，周恩来同志——三人小组，已经到了军区司令部的所在地——宣化店，局势有暂时缓和的象征。

翌晨起来，天气不好，阴雨密布，狂风怒号。行至距阳平口约十余里之山脚下碰着宋凯。他背着一杆秤在山坡下坐着。自民大一别后，他现在依旧在搞救济工作。他看见我甚为惊异，因为我全身都是穿的新服装。“张同志你到哪里去?”“再会了宋凯同志。我准备到苏北去。”“好吧，我们到别个解放区再见吧。”根据中原局既定方针，他们虽不化装，他走，也是要武装转移的。他的到别个解放区再见就是这个意思。两人紧紧地握了手，分别了。各人都怀着留恋的心情。

从汪洋店到阳平口，路虽只有三十里，但是很难走，翻山越岭，颇费气力。幸好我在山丛中锻炼出了两条腿行走，还不大吃力，所为难的就是，山溪在这三十里路中最少也有二十八条河，平均差不多每里一道河。河本来是一道，但是由于山形的蜿蜒而致河形成曲线。水虽窄且浅，但是你非脱鞋卷裤不可，因为溪中原来的桥都是一块一块的石头，约一尺远一个的搭着。现在因大雨之后山洪陡下，以至形成了水涨，石头桥都淹没了。用木头搭桥吧，需数太多，且不可必其不再雨，而且当地的人们都是赤脚走惯了的，故不觉其烦与难。我以前亦然，不过这次就不同了。为了“混过昭关”起见，我穿了一身新哔叽呢的中山服，新的袜子和新的回力鞋，扮成了一个资产阶级的模样。这就麻烦了，过一道河，要脱一次鞋，卷一次裤。一次又一次，非常可厌。以后决定索性不穿了，就打着赤脚，走出这节［截］路。可是经过了水冲过了的山地，都是铺满了细而尖且利的石子。刚脱了鞋子的脚在这路上走着，非常疼痛不惯，脚一放下就要很迅速地拿起来。在石子路不敢也不能不踩，于是就形成了一个猴儿蹦的形态，心中恼且笑。最后一次过河，水中的石桥非常滑，然而又非走石桥不可，因为不走石桥，水太深了，只有裸体以上岸，当然又不肯，因为去来的人尤其是妇女都比男的多，脱净太难以为情。水【中】的石头又是有距离的，只有慢慢的摸索而行，偶一不慎的话就有坠入水中的危险。以前都是小心翼翼地渡过的，这次是最后一道了，心中抱着一种不在乎的心情。你不在乎吗？它就偏偏要你在乎，脚一滑，扑通一声失足落水了，爬起来全身都打湿了，新衣服、新鞋子、新电筒、牙刷、牙膏都打湿了，带的几万块钱的路费也打湿了。旁边一个人站着望着我笑。我心中非常焦，怎办呢？独一套衣服又没有换，即或有，也要在包袱中打湿了。无法，只得将包袱打开，把些零东西盘出来吹。又没有日头晒。天气是非常冷。昨天热，今天冷，两天的天气就好像夏与冬的天气一样。衣服脱下来晒吧，冷；不脱吧，更冷，而且不晒干的话会使人们惊异，碰着法西斯的走狗们更难得过关。无法，只得偕［还］是采取了脱晒的办法，身上穿着一件湿衬衫与一件湿半头裤，坐在沙滩边守着衣服干。狂风一阵一阵地号着，冷气一阵一阵地逼着，身上不觉而起战战兢兢，好像脾寒来了的一种状态。“天哪，为什么不出太阳呢？”心中像这样祈祷着。昨天想阴和风，今天想日头，矛盾的要求，自己也觉好笑。在不同的环境里人们的需要与要求亦各不同，人们的意志是受着环境支配的。

衣服半干了，天气［色］已经不早了，而且今天一定要赶到铁路上，走过交界线，不然的话惊慌是吃不消的，只得将半湿半干穿起。幸而制服是青的，虽有点湿，偕［还］不大现。至于鞋子则纯粹是湿的，一走脚底下一响，颇饶风趣。

走出了阳平口，走出了山路，而踏上平原了。回头瞻顾大悟山，峰峦挺秀，上入云霄，不觉起怀恋之思。可爱的大悟山，革命的发源地，民主的根据地和保证［卫］者，于今我要离开了，怎能不令人怀恋呢？它帮助我们发展了力量，完成了抗战的任务，建立起民主堡垒，做了革命成功的桥梁。这，这我们怎能不怀恋它呢？

走，走，快走到邓店了。邓店是我们中原军区路东地区的西边门户。过了邓店便是国民党统治区了。离邓店约里许的地方，遇着我们前面探听情况的武装同志。他们看了一下我的样子。他们要检查，我又不好说我是XX，只得任他们检查，过了，最后他们了解了我，并且偕［还］告诉了我些前面的情况，指引了我所走的道路与所不应走的地方。我最后一次地离别了我们中原的武装同志。

走到邓店。在邓店街上，我找一个穿便衣的三十余岁的个人，问他走武汉的道路，因为我预定的路线是非经过武汉不可的。他告诉我笔直向西南走。到王家店旁边，也是一个穿便衣的人把我一拍，我跟着他走。他背后背着枪，我知道他是我们的同志。走到一个屋角里，他用着很小的声气跟我说：“你莫听他的话，他是国民党乡公所的人，是最坏的。他指引你往他的陷阱中走，你若照着他的话走，那么你一定要被他捉着，因为他晓得你是从解放区出去的。那条路上的坏蛋最多。”我捏了一把汗。我们的地区有国民党的人公开活动，这是出乎我的意料之外的。“你应当笔直向西走，直到铁路上，然后再向南走，因为这条路是我们部队过路时必经之路，坏蛋们不敢去的。而且你到铁路上再往南走，即或碰到他们，也可以有所借口了，最少你可以说你不是从解放区出去的。”这条路在行军的时候我曾经走过，而且与先前会着的武装同志所说的相符。我听了他的话，笔直向西走了。走到了平汉路边，我急急地踏上铁路的边缘，很迅速的面向南走了。在这些动作当中，我像是带着一种恐怖的心声，镇静也镇定不住。

走着，走着，在这被国民党占据了的铁路上走着。脚踏着国民党的统治区，东望大悟山，西望安应①，前望着黄色的法西斯走狗，后望着可敬可爱的同志们，这时候的心境是不可言喻的，这时候的心境是非笔墨所能形容的。

到了王家店了。王家店是个小车站，想搭车只得在这里歇下。想找个警察问一下，但是又有点怕，好像一说就会露出马脚似的，然而又不能不问，只得镇定心境，抑制面色，去问一个黄色警察。偕［还］好他对我偕［还］是一脸笑，因为我的样子不像个XXX。最后他同我说起家常来，问府上哪里，我说汉口。他又问汉口哪条街。可是这一来就难住我了，我从来没有到过汉口，怎么能说出哪条街呢？幸而我晓得有个中山路，因为曾经听人说过，随即说了“我住在中山路”。“哦，中山路，中山路现在改名中山大道了，你是在中山大道的哪一节［截］?”这一点可又为难我了。中山路改了名，我根本就不知道，又怎能说出哪一节［截］呢？幸而萧诗斌②曾经告诉我，吟秋③住在交通路，

---

① 安应，指湖北安陆县和应山县。

② 萧诗斌，化名朱冰，湖北汉阳人，中共党员，曾在汉川县农民中做过党的工作，我在儿童时代就知道他。上世纪60年代曾任江西九江地委书记，后调任北京。2014年10月在北京去世。

③ 吟秋，即张吟秋，湖北汉川张家大嘴人，大革命时期的中共党员，后脱党，在汉口等地从事商业活动，抗日战争和解放战争期间对新四军第五师有帮助，与李先念、刘子厚等有亲密联系。解放后曾任武汉市政协常委、武汉市商会会长等职。可能在上世纪80年代过世。

尽管听说交通路是在中山路旁，于是抱着靠不住的心情答复他：“交通路口。”交通路口四个字吐出了以后，又恨不得跟他声明：“说错了请你莫怪，恕不熟悉。”然而又不能说，岂不是自供漏洞吗？心中是鹿鹿地在跳，脸是尽量地保持常态，不使它发红或发白。幸而偕［还］好，不幸而言中了。“哦，交通路口，我回汉口时一定到府上去拜望。”“好说。如果能在汉见面的话，我一定请你到波茨坦去吃西餐。”波茨坦这个餐室的招牌也是萧诗斌同志说给我听的，我对不起就拿到这里来用了一下。他偕［还］想同我谈。“我想解个手，对不起。”“请便。”就是这样把话结束了。为了不使他怀疑，空空地跑到个厕所里去闻了半天臭气，观了半天的蛆斗。

为了等车，只得到一个民房里去歇下。老板是一个四十余岁的朴实老百姓，同他乱谈一顿家常。他家里人多，然而都是些老弱残兵，不能劳动，全靠他们两口儿过活，生活大概也很困难。他对我这样讲：“像我们这样人家怎么能生活？收入少支出多，而且税捐特多，怎能维持呢？以前出些苛捐杂税，说是为了要抗战，现在呢？鬼子投降了，为什么出这么多苛捐杂税呢？为什么偕［还］要养这些兵呢？为什么养着这些兵而不做事，专门找我们要钱吃饭呢？现在硬是要兴这规矩，不做事不吃饭，不然的话，玩的玩死，做的做死，要的要死，出的出死，这偕［还］了得吗？”“你幸而是搭下车，要是搭上车的话，算是你一辈子也搭不着。因为每天的上车都是载满了兵，你老百姓想搭车是难上难。现在和平了，为什么偕［还］要运兵呢？而且偕［还］好像有些日本人，把日本人运去搞么呢？运的去打中国人吗？唉！”这是国民党统治区人民大众的呼声。人民的眼睛是雪亮的，人民的主张是正确的，人民的力量是伟大的。高高的火炬现在是已经燃烧起来了，谁敢玩弄吗？谁就是在想自焚。

夜深了，半月高挂在天空，一颗一颗的星很规矩的摆着，微风慢慢地吹着，是一个五月初旬的夜景。

人们一个一个地在车站坐着，卧着，站着。“怎么十一点了，车偕［还］不来呢?”时常发出这样的说话声。

远远地一声叫，北边陡【地】发现一大火光，据有经验的人们说，这就是火车来了。来了，火车终于是来了。在红绿照光耀着的当中，我上了火车。这是我有生以来第一次搭火车。

火车在铁轨上疾驰着，四周的环境变化多端，一时为高山，一时为深水，一时又为平原，一时又变成沙滩，再就变成森林，再就变成城市和乡村。变化是迅速的，多端的，一切自然的秘密瞬时尽呈于人民的眼前。

同车的有很多人，说不定也有我们的同志，因为化装走这一路的是很多的。车上有年轻的少爷和小姐，有年老的农人和商人，有中年的黄色战士，也有装［着］青制服的青年学生。少爷和小姐在一堆谈爱情，“某甲和某乙结了婚，某丙和某丁在恋爱”。农人则在谈：“今年的年成有个七八成，只要政府少要点，我们几口便可以过活。”他们谈的是农事。“这一批货搬到汉口去大概可以赚点钱，杂粮价钱涨了，棉花办不得，现在唯一可办的是猪鬃。”这些是商人的讨论。“我从来没有看见日本人，我只打了几次新四军。他妈的新四军真有板眼①，几次我们都输了。倒让他抢走了几百支抢。”这是军人们的谈话。学生们就在说，“某生的成绩怎样好，某生怎样留了级，某先生教数学不行”。总而言之，他们都是各说各的话。他们谈话的界限是相当严的，从来没有少爷小姐说一句商人的话，学生说一句农人的话的。一片清谈声形成了车上的热闹，寂寞的就只有我一个。没有人同我谈话。他们不愿意和我说，我也不敢同他们说。我与他们当中形成了一道桥梁，他们不愿过这桥，我也不敢过这桥，以致

① 板眼，江汉平原一带流行的话，意为有办法、有能力。

虽然坐在一起，也弄到形成了隔河相望，“兄在河东岸，弟在河西坡”了。

火车有意识地很快地跑着，到了一个站就要停一下，不是下货就是上人。车一停，一些卖熟食的小贩便蜂拥而至，一片叫卖声：“咸鱼，大鸭蛋”，“香烟，水果，热包面”，便嘈杂起来。“招打!”“走开!”一片警察恶狠的打骂声也随之而至。警察老爷发脾气，打得些小贩爬的爬，滚的滚，原因是警察老爷下命令“走开”，而小贩们为了要讨口饭吃，苦【于】不能遵照警爷的命令。警察为了顾全自己的尊严与威风起见：“有令不遵，该当何罪?”“该打。”于是喳喳的声音便在小贩的肉体上发表出来。包面连汤带面的泼在地上，盐蛋满街滚，叫喊连天，哭声震地。这就是警爷“顾全虎威”和“维持秩序”的“良好”成果。小贩们，小贩们，你们何苦啊，你们为何要干警爷之怒而讨一口饭呢？你们难道连警察也不会当吗？你们当了警察不是一样的有了威风吗？有了威风不是一样地会打人吗？何必苦苦奈奈地在这里自讨打吃呢？呜呼，我想说，呜呼，我不想说。

汽笛是一声一声地叫着，车轮是一阵一阵地动荡着，天的寒气是一层一层地紧逼着。车厢是露天的，寒气紧逼在每个人的身上。身上不由得战栗起来。身上的战栗和车轮的动荡配合一致的行动，身上虽冷，但心中偕［还］颇觉有趣。

在朦胧的当中，在睡而未睡的当中，车是一次又一次的停，人们是一声又一声谈：“啊，孝感车站了。”“啊，滠口车站了。”“啊，谌家矶车站了。”“啊，江滨车站了。”前后约八小时的样子，就到了中国之心脏的武汉。这是五月十号。

大智门车站下车，脚踏上法西斯魔鬼们统治的地区，心中不禁鹿鹿地蹦。可是事实上法西斯走狗并不敢问我，因为他们的眼光只能看到一个表面，我的表面是装扮得非常阔绰的。内面的，究竟他们的“肉眼凡胎”是看不出来的，所以我一直是“气势凌人”的，在沿途是如此，在武汉也是如此。

为了表示我的阔绰，而且为补救我的不会走路起见，喊了一乘黄包车，一直拉到吟秋的住所。坐在车子上面，心中幻想着，会着了吟秋应该是如何如何的一种情境。可是幻想往往只能成为幻想。到了吟秋的家里，吟秋偏偏又不在家，他长期出门贸易了。这样于是乎就大失所望。怎办呢？走吗？川资怎够呢？住吗？吟秋的老婆又表现得非常困难，好像生怕我歇下了的样子，怎好意思住下去呢？他妈的，这可为难我了。在这里我才体验到陈守一、庄果等同志的老练以及自己的幼稚。——可是，终于是勉强的住下了。

晚上衲桥[①]来了，分别了大几个月，他好像偕［还］是依旧是那样子。我以前同他分别时，我曾经像这样说过：“请看他日之我是否依旧。”今天感觉到不是“吹嘘”。事实也经过了大几个月洗礼，之后的我已经是一个新的人了，已经不是大几个月以前的我在他的面前了。可是他是否能观察到，是否能体会到，尚不可必。

同衲桥一路去访仲骧。仲骧这个朋友也不知有多大的魔力，分别后的岁月中我未曾一天忘记过他，我总是在写信，我总是想宣传，总是想把这个朋友变成为一个同志。可是局势拘束了我，环境限制了我，信总是堆在皮包内不能寄出，话总是关在肚皮内不能达去，这该是多么着急哟？可是今天是到了他的住地来了，是快了走进他的住所了，这怎么能叫心中不愉快呢？

正走时，衲桥说：“到了。”抬头一看，门牌乃是慧和里九号，门上贴了一张白纸条，上面写着“联益商号驻汉办事处”。这是仲骧的父亲与人合伙开的商号，据衲桥说。

进门一个青年在那里洗发，姿态的熟悉与印象的深刻，我一

---

① 衲桥，张腊樵，张吟秋家人，另有一个兄弟名张春樵。

望便知那个青年不是别人，而正是我那最好的朋友仲骧。他低着头在脸盆内起劲地在洗，没有觉得到了我这不速之客。衲桥也故意不做声。我悄悄地走到他的身旁，用手把他那肩膀一拍，喊了一声“仲骧”。这一拍一喊引起了主人的注意。他抬起头来，眼边留［流］着水，遮了他的尖锐的目光。他望着我凝看了半天，他的脸上忽然涂上了一层惊诧的色彩，迅速而有力地说：“呀，海涛，你来了！”“我来了！”“你几时来的？”“我今天才来的。”他头发也不洗了，伴着我们到他们客房去坐了半天，靠在沙发上与他谈了几句离别后的情形。

他自从离别后在马口[①]读了一学期。鬼子投降，他父亲东下了，他的环境变好了，就到汉口读书。与以前我们在一起的时候的环境比较起来，他是非常引为满意的。不过这是从精神一方面说，因为他现在是脱掉了奴役的桎梏而得到了“独立”与自由。但从物资方面来说，当然现在的物资条件是要比以前学徒时期要充足得多。不过人对于物质的要求是随环境而并进的。一般的说，他的环境与他的享受是不相称的，大概他的父亲对他管束得很紧。

过去的一副正义感他偕［还］是保持着，不过没有被推广；过去的一副纯洁的头脑现在他偕［还］是保持着，不过没有被扩大。在那种环境当中——层层奴化思想和党化教育——而他能保持常态是颇不容易的事。不过环境对他偕［还］是起了一种消极的作用，他的思想仍旧是混沌的，朦胧的。虽不反动也不进步，但同时也含有很多反动的毒素，很有倾向颓废的可能。在将近一年的岁月中，我是看不出他的什么进步的。环境限制了他，阶层束缚了他，使他一切都处于不能前进，仅频频告退的状态中。缺乏自发性，又没有推动者时，他不能冲破环境的限制，不

① 马口，原名系马口，现为湖北省汉川市马口镇。

能解除阶层的束缚。这是很可惜的。他对我既不同意也不反对，但据他屡次对我的谈话中，同意还是要占大部分的。不过他的同意是一种盲目的，或者说是一种单纯的。他只把我孤立起来看，而不能把我与革命联系起来看。他对革命偕［还］是带着一种好奇心的，既不相信我们是奸和匪，也不相信我们是正确和进步。他说我是一种激进派。由此便可知他对我们的认识。这个朋友不能把他变成个同志，这是我的永远的遗憾和愧色。

衲桥现在是非常困难。吟秋的老婆也表现得非常穷困和不愿意的心情。仲骧现在也是受了家庭的严格管束。吟秋处是不可能再住下了。衲桥又没有单独的住处，而且很困难。仲骧当然是不可能住。怎办呢？住旅馆吧，手中钱不多，住不得两天。找社会关系吧，汉口的熟人也不过只这几个。找驻汉办事处吧，我根本就不认识他们，没有什么事而且没有介绍信，冒昧地去找，在这种国特严格统治的环境下是不许可我们这样做的。然则究竟怎办呢？

最后偕［还］是决定了到仲骧那里去住，在外面吃饭。因为在仲骧家吃饭，那么就要到仲骧的住家屋（仲骧另住），而仲骧的父母是认识我的，因为我有相片在他家，而且他父母是知道我的究竟的，这样就一定要引起许多不便，所以就决定只到仲骧的住所去住宿，不到他家里去吃饭。

天天到外面去买糖［馍］吃，不敢去吃饭。因为汉口的生活实在太昂贵，每天吃三顿饭大约总得五六千元左右，我手中的钱总共起来都吃不得几天。离开宣化店时本来带了七八万块钱。自宣化店到汉口路费用了一万儿。在汉时到书店去逛了几趟，本来是不准备买书的，因为我屡次总是因为喜买书而误事。这次是下了很大的抑制力的，因为这次路太远，钱太少，实在买不得。可是在交通路的两个书店里（联营及上海）摆着很多进步的书籍，看了一次又想去看，看了不够［过］瘾，于是又要买了。

短短的几天，“警袋”内堆满了约两尺厚的书籍，钱已经去了五万了。“总是不够的，索性用了，等吟秋回了再说。”由于这一心理的驱使，手中的钱就一天一天的少了。到仲骧那里去住的时候已经不够两万了。两万块，像这样渺小得可怜的数字，在那铜臭熏天的武汉都市里能用得几天呢？到发觉到自己手中只有两万块钱的时候，心中开始慌起来了，一天只吃二十个糖［馍］，得一千块钱，连其他的杂用，一天总需要一千四五百元。两万，可怜的两万，总起来也不过只用得十几天。十几天以后，要是吟秋偕［还］不回的话，那么那可糟糕了。整天的生活总是在惊慌中。

仲骧每天清晨五点钟上学，十一点回家吃饭，到我这里来一趟，稍说片时，再上学，下午五时再回。除了他每天来两三次以外的时间，总是一个人睡在他那清寂的楼上，看着自己买的些书，再就是抽烟，就是这两件事。如果勉强偕［还］要说有件事的话，那就是到了时候了吃糖［馍］。每天约看一百五十页书，约吃二十个糖［馍］，约抽两包烟。除了这几件事，每天晚上同仲骧一路去逛江边，看一看暮色的江景。

楼上是非常清寂的，又是非常嘈杂的。清寂的是，楼上除了我外没有一个第二人。嘈杂的是，隔壁的“小老板”的京戏声，对门少女的歌声，以及楼下留声机的唱声，再就是街上乞丐——没有饭吃的人们的叫苦声。声音是非常嘈杂的。苦与乐，阶级的划分是非常明显的，在劳动的人们的哼吟声与身拥妓女欢歌声的时候。

在楼上住了五天，看完了高尔基的《母》和A·托尔斯泰的《保卫察里津》与巴金的《爱情三部曲》，再就是鲁迅的《呐喊》《彷徨》。这次看书的方针是硬嚼整吞的。这几本文艺书籍给了我脑海中以深刻的印象，我认识了高尔基和A·托尔斯泰，认识了巴金，更进一步地认识了鲁迅。

一天，好像是五月十五号吧，在吟秋住所遇见了唐明，才知道李健是真的来了。

李健穿着一件宝蓝竹布长褂，一双青咟吱鞋子，样式很土，口圆而长底，既粗且厚，戴着一顶麦草帽，乡下人吧，不像，城市人吧，也不像。唐明穿着一件灰色的短褂，鞋子样式也不好，主妇吧，不像，“太太”吧，也不像。总之他们是没有城市化的。看着他们俩人的样子，总觉得好笑。但是照李健以前的样子看来，他现在实在是俏皮得多了。记得我第一次在襄南会着他的时候，他穿着一件白棉布褂子，好像妇女穿的那样的月蓝色的棉布裤子，一双四周都布满了窟洞的棉布鞋子。他这次为了化装潜移而穿着这套，在他以为很好而被人偕［还］看不起的服装，在他显然是有些不惯的。

偕［还］是和在襄南会着他一样，说话声总是滔滔不绝的。虽然在这如鲫的特务统治下，他的态度是不像以前那样的自然，声音是不像以前那样的响亮，可是他总是口似悬河地谈了国际的形势，又分析了国内的形势，最后的结论是，现在不是让步的时候，而是斗争的时候，是反动派一天一天的漏马脚于人民大众的面前，和民主力量一天一天高涨的时候，是我们同志们加油打气的时候。

最后李健决定我临时在汉工作一个时期，条件是我没有路费走路，而汉号①没有人工作。他为我介绍给张翼。这样十是生活问题是解决了，可是心中总有点不舒服。因为在白区工作，我的一切都是不相符的，尤其是那种生活过不惯。可是经过了数次的谈判，终于是留下了。

在工作当中随时观察了一下武汉的一般情形。

武汉的政治界现在实施“民主”。在“结束训政，实施宪

---

① 汉号，疑为新四军或者中原局在汉口的联络机构，伪装成商号。

政”的口号下，各大城市都在“民选”市参议员，号称中国之心脏的武汉当然是不能例外。在旧历端午节前后，武汉正掀起一阵粉饰民主的新浪潮，各个候选人都在显示着竞选的妙技。印履历、写宣传，上面都不过是些“我过去做了几次大官，我有本领，请大家投我一票”之类。家家送名片，满街贴标语。在竞选的这几天，比较大一点的馆子里“座上客总满”，比较好一点的电影院总是包演。对于竞选人不能起作用的人们，在这几天中想上好一点的馆，想看好一点的电影是不可能的事。有些“不知趣”的人也不免望洋而叹：酒馆、影院都成了竞选人“运动”的工具。此外偕［还］有什么印刷厂、银楼、绸缎店，一日到晚生意总是忙不开交。据有经验的人说，这些生意都是竞选人在光顾。据说邹协和银楼的老板为了竞选市参议员，所耗的费用达四十条金子以上，还有些用五六千万、三四千万、二三千万不等。总之，这次汉市竞选人所耗的费用，是要把它概括的统计起来，数字是相当惊人的。“去钓饵长沟的渔夫”，用这些钱去运动一个参议员，他就是预计着赚更多的利罢了。总是老百姓遭殃。呜呼！唉。汉正区一个竞选人在标语上像这样写着：“无钱运动请客，有胆为大家说话，请投我某某某一票。”这是一个无钱，然而又想当参议员的一种哀鸣。在这语句中，我们可以看出市参议员竞选的一般情形。

为了明其究竟，我亲自参观了一趟这次选举的盛况。我约了一个同伴——仲骧去参观三民区的选举。沿着中山大道走，随时听取了一些选举人的谈话。在我们一堆走的一群选民像这样说着：“这次选举可不好办，要是选张先生的话就得罪了李先生，要是选李先生的话就得罪了张先生。张、李二先生我们情感都很好，究竟是选张还是选李呢？以前不闹选举倒没有这些事，现在什么闹选举，倒闹出了些麻烦唉。搞去搞来，总不是那么一回事，倒不如不民主的好。”另一选民解释道：“像这样，你去投张先生的票，叫你少爷去投李先生的票，岂不是很好吗?”训政训了一二十年，老百姓对于民主根本就不习惯，凭感情用事，而不知道自己所要选与自己认为值得选的人。很显然的借训政之名行专制之实的人们的一种用心，是完全暴露无疑了。

走【到】将近市一中——三民区选举的场所了。距市一中大门约二十步之际，我们注目于门前贴的选举规则。忽然闪出了一位西装革履的大人先生走近我们的面前，很亲密地与我们握手言欢。我一方面与他握手周旋，另方面心中怀着无限的疑惑和惊讶，“我哪里有这样一位伟大的友人呢?”我估计仲骧他也是没有这样大人先生作朋友的。正准备问他个姓名与究竟，忽然在我们伟大的友人手中发现了一张名片似的柬子，遥遥的望中间的三个大字好像张宝生，旁边还有小字。哦，他大概是我的族人吧。可是我为什么不认识这位族人呢？而这位伟大的族人怎么不认识我呢？正疑惑间，伟大的朋友、伟大的族人，那位大人先生将那张名片似的柬子递给我们看，原来是“请投我张宝生一票”。闹了半天原来是这样的个玩意儿。我和仲骧的脸上不觉发出会心的一笑，原来这位老兄把我们当成选民了。

这一恶作剧的到来益发激起我们的好奇心，我们越发要往内走了。门外悬着选举规则，我们也无心去看。门内设一柜，仿佛电影院买票处的样子，各保的保长就是在这里领取公民证。公民证是投票人的证件，没有公民证就不能算是公民，就没有选举权。在这次选举中有很多人被取缔了公民的资格的，就是说有很多被剥夺了选举权。之所以然，不是这些没有公民证的公民犯了罪或通了匪，而是因为区乡保甲的老爷们“得人口软与人手软”，把这些公民证做了报酬他们主人的礼物，再就将它出卖。竞选者争先恐后地强买。听说一张公民证的价格曾经卖到一万元以上。这实在是保甲老爷们的一笔好生意。

选举场所摆好了一二十个方桌，桌上放的是笔和墨与纸，上面写着“代书处”，每代书处地方坐着一个代书人。这是替选民代写的。当局怕选民不会写字而特设此一机关，凡投票者均须经过此处。代书设备可谓周到了，可是就是有点未免太周到，使选民发生不自由之感。我们在中间一个代书处的旁边站了半天。一位公民拿着公民证走到代书处的旁边，代书人验了公民证就问：“你选谁?”“我选张某某先生。”“你为什么不选李某某先生而要选张某某呢?”“嗯，我要选张某某先生。”“不”，“好”，代笔人说了一声“好”就为他写上了。我前去看了一下，原来还是写的李某某。而那位选民（大概他不识字）冒冒然的以为是选到了他所想选的人。于是洋洋地将票投入了票箱。原来“代书”就是这么一个玩意儿。

投票箱是一个崭新的很漂亮的小方形箱子，上面有一个约五寸长一寸宽的口，那就是把票投进去的地方。中间一个锁锁着，钥匙不知是什么人管着。上面竖着扁形的方竿，上面写着投票处三个字。据说这个箱子是有很大的板眼的，可惜我当时没有发现出来。

选举场所的四周都是布满了红色的标语：“我们要选我们自己的人”，“我们要选我们想选的人”，真是五花八门。上面台上站着西装革履的“伟人”，可是这些“伟人”都没有在门外与我们握手的那位漂亮，都像些关帝面前的周将军，他们都在那里指手画地指挥着：“不要乱嚷!”维持秩序。他们的态度使人看了感到异常不舒服。他们的面像、他们的声音好像正是显示出他们的法西斯走狗和人民的刽子手的一种本来面目。

选举场所的上面挂着一幅孙中山先生的遗像。孙中山先生的脸上今天好像异常不快，大概孙先生对于这样选举总感觉到有些不如意吧。孙先生革命的三民主义的原意，现在完全被人搞成漫画了。今天搞出了这样的伪装的民主，却把他老人家搬出来看，孙先生要是有灵的话，吾知其悲愤填膺。

就在这天的晚上，我发现了两幅白纸标语：“三民区候选人余某会吹牛，曾在吹牛大学毕业，留学汉阳，曾任公共厕所所长、推粪车队队长，敬请投他一票”；“三民区候选人万人通会拍马，曾在拍马大学毕业，神通广大，会以大欺小，仗势凌人。警告诸公请投他一票。”可以说极滑稽之至，也可以说极真实之至了。第二天《大刚报》上发表了一篇新闻，标题是用方块字写的这样几个字：“市参议员争夺竞选未走先爬笑话百出”，内面发表二十几件笑得死人的故事。

这就是国民党喊入云霄的所谓宪政民主的真相和内幕。这就是今天的中国的心脏。

武汉的经济界是异常恐慌的。官僚资本排山倒海，民营企业奄奄待毙。过了一个五月节，关门倒闭者随目皆是，通货膨胀，物价奔腾。近来更是美国货充斥市场，本国货应声而倒。最近几家报纸的社论上，都在提倡爱用国货运动。这偕［还］是四口没有开放以前的事，现在四口开放，这种情形当更有“进展”了。

有一天晚上，一位熟识的主妇像这样对我说：“现在的生活程度真是不得了，像我们这样五六口的人家，一个月就得五六十万。从前日本人在这里的时候生意又容易做，生活又便宜。现在什么胜利了，蒋委员长来了，生意总是蚀本，生活又高，像这样怎么能生活下去？鬼呀，什么胜利，什么国军，简直是害死人。”这是一个当家的主妇的说话，这可以象征武汉的生活及一般情形。这是今天的东方芝加哥。

武汉的文化界更是“可观”的了。有三四家报纸，什么《新湖北日报》《武汉日报》《和平日报》《华中日报》。这都是统一的报纸，是清一色的货。外有两家《大刚报》《武汉时报》比较公正，不完全是法西斯的立场。但是在那种铁的统治下也压得不敢说话，经常标题与内容不相符。标题是比较公正的，但是一看内容便产生了矛盾，因为内容都是中央社的谣言。间空有些“本报讯”，可是又不敢不登中央社的消息。中央社是国民党的宣传机关，可是现在的声誉是一败涂地了。在上海杂志界中的中央社真是【被】骂得狗血淋头。报纸的公正不公正，进步不进步，以登不登中央社的消息为标准。上海偕［还］有两家专登“本报讯”，或间空由合众社而转载些新华社的消息的，至于汉口则没有了。汉口的统治是国民党统治最到家的地方。在这里有一点可以作为精神上的安慰的，就是每天都有一份上海的《文汇报》。这个报纸消息正确，言论公正。它是个登“本报讯”的，在它的篇幅中找不着一件中央社的报道，即使有一二，也不过是一些小事而已。这个报纸是很危险的，在广州等地都被封闭。书报批准风要是这阵到了上海的话，这个报纸是不可避免的。上海的几家杂志已经请了沈钧儒、闵刚候［侯］、沙千里等做律师。这正象征着狂风光临上海前夕的状态，进步的刊物是已经处在被判决的时候了。

一百余万人口的武汉市，中学只有几个。在这几个中学当中，一般的学生都是不过问学校以外的事的，他们的脑海根本是麻痹的。这是国民党奴化、党化教育的后果，是国民党教育政策施行得最满意的地方。我曾经观察过武汉第一个完备中学——市一中。这学校有壮丽阔绰的洋房子，有专教与社会脱节的东西的教员，有专说风花雪月的学生，有鸡奸学生的体育先生。你要是稍一询问学生以时事，则茫然不知所对，或许他们可以答复你：“我们现在是读书的时候，不是研究与过问时事的时候。我们校长、我们教员说我们没有过问与研究之必要，说不要因为搞那些板眼而耽误了课程。”这是我访问该校学生，而该校学生答复我的意见之总合。由此便可知，国民党的教育政策实行到家的程度。一个书店的老板像这样对我说：“照我的营业的销数，书额的多销与不销之比较，武汉文化界倒退了二十年。因为现在的各种书籍销额多少与二十年以前的差不多。”这是一个有经验的书店老板的谈话。他这话是对的。

书店就是交通路有几家，都是摆的《中国之命运》《风月传》《西游记》以及一些课本。有一家上海杂志社与一家联营书店，偕［还］摆着几本比较进步的书籍，根本就没有人敢买。你要是去买了一本《延安归来》或《新哲学大纲》的话，那就是你在想死，马上就送集中营，帽子是“共匪”。买［卖］的人极少，然而他又不敢买，这样就变成了书店的一种进步书籍束诸高阁，恋爱传奇四大皆空的畸型状态。

戏院电影院偕［还］很有几家，可是你要想看一看不是封建的或者不是外国的，那就很难。你要是喜欢考古的话，或者你懂外国文，喜欢看外国故事的话，那就得了。可是这种人又是很少的。你要是要看一看不是外国（美国）的而是中国的，不是封建的而是近代的戏剧的话，那就算你看不成。总而言之，统而言之，国民党的一切政策都是根据其总的方针而行的，就是坚持专制，反对民主，坚持倒退，反对进步，根既如此，其余当然是不能例外。其文化政策之如此是不足怪的。可惜的是，素为文化集中地的武汉，现在变成了文化沙漠和荒城。在国民党地区有一个特点，这个特点就是根据它的半封建半殖民地的社会而来的，就是一切不能自主，一切依靠其主子美国。国民党官员无一不是模仿美国，美国衣、美国帽、美国鞋、美国话，甚至染黑发为黄发，可惜的是他的父母没有把他们的眼睛做碧及鼻梁做高。这是一个天然的缺憾。索性歌美国、美国，既有美国，何必有中国。

在国民党的黑暗统治下，好的方面固然是日渐减少，但另方面好的反面却逐渐增多了。国民党本身的劣迹不胜枚举，在这里记下的就是受了国民党统治而发生的事件。概括地说起来武汉可以说有三多，一市刽多，二娼妓多，三乞丐多。

在这种通货膨胀、物价奔腾的状态下，投机取巧的商人是日渐多起来，尤其是便衣官僚、变相商人。无一个便衣官僚不是为了投机升官。发财是国民党的党训，是国民党官僚的唯一天职，没有一个升了官而不发财的。升官与发财是互相关联的。发财是国民党人做官的唯一目的，要是做官而不发财的话，他们一定不做官。而物价与投机也是互为因果的，投机的多，物价一定是飞涨，物价飞涨，投机的也就一定多。所以一方面是物价的飞涨，另一方面是投机商人的增多。现在武汉的物价飞涨达于极点，而投机商人的增多也就达于极点了。堂堂的武汉，搞成了个市侩的都市。

随着黑暗的统治与生活的高涨而来的，就是出卖肉体以营生活的妇女的增多。由于剥削者银钱的增多与被剥削者生活的无着，遂使武汉的妓女一天一天的多起来，全汉口市歌女妓女、明娼暗妓以及“马路天使”，一共不下三万人。这是汉口有把握的人的统计。若把汉口估为一百万人，则妇女有五十万，而五十万妇女当中娼妓约占十七分之一，就是说平均每十七个妇女中就有一个娼。这个比例是相当惊人的。随着这个统治的延长，这个数字是一天增加一天的，将来的武汉十分之五的妇女不为娼都是很好的事。

乞丐，提起乞丐真让人伤心。你要是偶一在马路上趟一趟，只要你的眼睛不瞎和耳朵不聋的话，你就会发现一群一群可怜的人们，扶老携幼地在美式西装的人群中踉跄着、爬滚着，在歌声管声的狂欢中喊叫着、哀嚎着，白天黑夜大街小巷无时无地没有他们的足迹，无时无地没有他们的哀声，同时也就无时无地没有怒骂鞭打他们的声音，无时无地没有奄奄待毙的他们的尸体。可怜的人们！他们被人们剥削了，现在沦为乞丐，却换不着剥削者的同情，徒博取了剥削者的讨厌。可怜的一群！在剥削者群集中的地方，是没有人把他们当人的。

如虎的苛政正在雷厉风行着，吮血吸膏的榨取正在变本加厉着。钱粮的预缴，军粮军米的迭缴，滥发钞票，无形的征收名目繁多，巧计百出。衮衮的灾黎正在日益增加着，千千万万人日频于死亡，千千万万人日频于破产。破产的农村——乞丐的泉源——日益增多着，而流入城市的乞丐也必然增多。国民党统治区的农村现在是成了乞丐的泉源，而城市也不得不成为乞丐的收容所了。

从五月十号到汉口，到六月二十五日离开，四十五天的生活过得我多不愉快。不自由的空气一阵一阵地压制着我的呼吸，真使我窒息欲碎。四十五天平常说来并不算什么长，可是在我看来真是像过了几年似的。总之，只过了四十五天，四十六天的早晨我就将它结束了。

在没有结束以前，偕［还］会着了一个同志，这个同志是直接帮助我结束这生活的一个人，他就是朱冰（萧诗斌）。这次在汉口会着他，心中是别具感觉的，因为这个环境的不同。离开汉口的前一天，偕［还］与他到中山公园去玩了一天。以后因为行期的紧迫，是再不可能去通知他了。原本拟同他一路走的，可是现在已不可能了。

离开汉口的前一天，写了一封家信，说明了两个事情。

离开汉口的前一天，急于要会一下仲骧，可是他偏偏不来。这两天是他的期考，大概他是去赶功课，我又不好到他家里去找他，也只好罢了。以后通信，决定暂不通信，这实出于无可奈何。对这个朋友的职责我是没有尽到的，这不得不成为我的遗憾。

总而言之，这次汉口之行对于我是无所收获，要是勉强要说一点的话，那就是对于国民党黑暗统治的认识的加深。

总之，这次行动是匆促的，预定行前要做的几桩事情是一点也没有做，甚至这次会了偕［还］不知几时才可会见的几个人是一个也没有会见。这次行动是太匆促了。

六月二十五日的早上，我坐在招商局江汉轮的上面了，票价是八万（四等）。本来正价是一万六千的，可是我的票乃是买的黑市，等于原价的五倍，他妈的真是划不来。别人坐在舱内，我站在舱外。

上午七时，船上的汽笛响了，船开始离开了招商局的码头而向东驶了。我开始离开了这逗留了四十五天的烦闷生活的中国之心脏——东方芝加哥，文化的沙漠，市刽的、娼妓的、乞丐的都市，而向东行了，而向着革命的根据地、民主的堡垒、可爱的乐园——苏中解放区进行了，心中怀着无限的愉快，同时也感到层层的恐怖。在这特务严密统治的地方，随时都有被捕、被送集中营或被杀掉的危险。纵然是这样危险，但是也不能不提着头颅“将一军”，好就好，万一不好的话，偕［还］不是只有“吾头可断”而已。

船是驶得非常快的。黄冈、鄂城的城垣，田家镇、武穴的市容，一个一个呈于我们的眼前。下午船泊九江了。不一时开船，彭泽、马当、小孤山呈现于我们眼帘了。连夜行至安庆，翌日停驶。第三天的早上，船已泊在南京的下关了。这些地方都停泊着有美国的船只。自从独裁的魔鬼为了取媚于他的洋爸爸而将四口开放，内河航权拱手送出以后，这条可爱的长江便不时有外轮出现。这是爱国的中国人士不能不引为叹息而愤恨的。

在下关一个旅社住下了，这一天大概是六月二十八吧。饭后散步于下关车站。这个车站就是马叙伦等——上海人民请愿代表团被所谓“苏北难民”所殴打的地方。我走着，我的心在痛，这就是人民为了请求和平而被打的地方，也就是和平被打的地方。中国反动派是死心塌地的不要和平的，这已经是全国人民所认识到了。人民为了和平不知付出了多少血和汗，过去在付，现在在付，将来也偕［还］准备继续再接再厉地付下去。中国人民是珍惜和平的，和平不来，人民就一定要斗争，和平不至，斗争不止。

想看报，可是满街都是《中央日报》，想看一份比较消息正确一点的报纸是不可能的。在汉口偕［还］可以看一看上海到的《文汇报》，所以在汉口还有这一份进步的报纸，以为精神上的安慰。一离开汉口后就没有了。沿九江、安庆、芜湖都只有些什么《型报》《新闻报》《南昌日报》《新民报》等等，一直到南京就没有看见《文汇报》。为什么越走近上海而越看不着上海的报纸呢？此中究竟不难了解。这就说明南京比武汉统治得更到家的缘故。南京本来有一份《大刚报》是比较可看的报纸，可是这份报纸的销路是不敢出城的，要是出城的话，是要被打的。所以要看，除非到城内。

晚上吃过饭，叫了一个黄包车到夫子庙去看戏。进城的时候，站在两边的两个法西斯走狗——卫兵向我瞟了一下，可是他不敢检查我，因为我的服装相当阔绰，是一个十足的资产阶级的样子，在他们的心中一定没有想到这是一个“匪”。

堂堂首都的城门并不怎样巍峨，马路是很直，同时也很坏，坏得厉害的地方由于下雨，积水很深，简直不能通行。房子偕［还］没有武汉整齐。比较大一点的房子门前的招牌，不是中央党部就是军政部或是某某院。尤其夫了庙·节［截］尽是些可厌的狭巷，卑污龌龊，真是意外的事。我没有算到，堂堂买办阶级最高政府的所在地竟是这个样儿。

禁舞风潮在南京简直是沸腾起来了。这一禁是不能禁到达官显贵的身上的。听说有个别舞女怕热，确实离开了舞场，但她这一行为是自动的，绝不是因为政府的法令而离开的。政府的法令是不能施到她们身上的，因为发号施令的显贵们都是她们的舞伴。他们是属于她们的，他们是不能命令她们，相反的她们倒可以命令他们的。同时他们自己说的话是更可以不遵守，所以沸腾的风潮总是“那么一回事”而已。

绸衣衮衮的“难民”是相当多的。据说这都是“苏北难民”，都是新四军到了，在家里不安跑出来的。这些人都是在国民党元首汪精卫先生的政府中做过官的，都是帮助冈村宁次将军搞过事的，他们都有着很多的金钱，他们都拥着很多的土地。现在“不合法”的政府和无法无天的穷光蛋要找他们算账了，他们不安这“反常”的事情，于是一群一群的都来找汪精卫先生的老友和同仁的蒋介石先生，要求蒋先生念一念汪先生的情分，要求蒋先生施一点阶级友爱，保护他们。蒋先生真是个信、义、仁、爱的人，不仅答应保护他们，而且进一步的把他们组织起来，名称是武装还乡队，帮助他们赶走“非法”政府和镇压无法无天的穷光蛋，把土地夺回来，实施蒋先生所盛赞的耕者无其田的社会制度，把历史的车轮努力地、拼命地往后拉。听说这些“难民”这两天正准备有组织地游行示威，要求政府打倒共产党，消灭共产军，偕［还］准备在示威当中打几家“做共产党尾巴”的报馆和书店。在“应该”被打之列的几家报馆和书店正在各方面做准备。这一场大的风波将在中华民国的首都演出。马叙伦等被打于前，在估计中的几家又将被打于后。打打打风蓬勃，这是首都的特点，这是中华民国的首都之所以为首都（听说这场风波经 XXX 先生终日奔走调停，终于是暂息下来了）。

在国民党统治区所谓“共产党的尾巴”是相当多的。马叙伦、阎宝航等被命名是共产党的尾巴，罗隆基们也曾经被命名为共产党的尾巴。一切进步的报纸、书店、文化人、青年学生以及一切的民主人士和一切主张停止内战与不愿打内战、主张民主和不满独裁、主张独立和不愿意卖国的人们都是共产党的尾巴。凡属是“共产党的尾巴”的都在“应该打”之列。于是打风便在国民党的统治区沸腾起来。直接的、公开的打共产党的是武装的军队，也是公开的，然而非直接的打共产党的所谓尾巴的便是些便衣的特老。法西斯的英雄们说："我自有主张，你们为什么要管闲【事】？美国是应该依靠的。你们为什么一定要自己孤单的搞。我要'剿匪'，你们为什么不随我'剿匪'。你们如果一定不依我的话，你们如果一定不跟我一样的话，那么我就要打，我要打尽一切不跟我一样或不听我的话的人们。"这就是法西斯英雄们的政策，也是他们根据此政策所表现出来的行动的所以然。

……

第二天的早晨，坐上了一艘到扬州的小火轮，下午二时到达了扬州。

扬州的空气是相当紧张的。扬州是国民党江北统治区的终点，是"剿匪"军事部署的最前线。扬州过去三十里便是苏皖解放区的门户——邵伯了。扬州与邵伯之间偕［还］有一段两不管的地方。

进城门要经过三道检查。第一道是检查行旅的，第二道是检查"派司"① 的，第三道是检查行李的。所谓"派司"，就是同日本人的"派司"一样，所不同的就是从前叫良民证，现在叫国民身份证而已。中国老百姓把它叫做"怕死"，就是说你不怕死的话你就不要，你要是怕死的话那就非要不可。因为你有了它，你就是国民，你就有一份在他吃了之后奄奄苟活的权利。你要是没有它的话，哈哈，那就请你进集中营的"招待所"，甚至索性请你一命归天，因为你没有国民身份证就"定见"你是异党。异党是没有生存的权利的。所以只要是怕死的人，手里都拿了一张"怕死"。我是没有"怕死"的，因为"怕死"不是随便可以要到的。我手里就是拿着一张汉口的路单，但是由于我的服装阔绰，不像一个"匪"的样子，于是也就勉强进城了。当我进到城内的时候，我脑里暗想，他们活活地放进了一个

① 派司，怕死，均为PASS（通行证）的音译。

“匪”。在城内不得不住几天，因为这是交界处，去来非常困难。要走运河的水路，但是船只缺乏，因为这是紧张时期，禁止船只通行。住着非常烦躁，危机四伏，随时都有进集中营或上断头台的“良机”。准备弄一张“怕死”，因为这种无谓的死我是怕的，到了要死的时候是没有办法。现在既然可以不死，何必不避免一下。但是“怕死”终于是没有弄到。一清早起来，把饭一吃就往戏院里跑，只有在戏院里坐着便可以避免一定危险。晚上把饭吃了又往戏院里跑，晚上十二时便跑回睡觉。在扬州住了一个星期，天天都是如此。

扬州的所谓“香蕉”（扬州人把嫖［婊］子叫香蕉）是非常多的。不管是日或是夜，不管是东或是西，你总可以发见些花枝招展、粉气漫天、秋波送情的女郎，一股恶气，简直是讨厌得很。唉，社会竟是这样的个社会，真是可叹得很。

好像是七月四日吧，朱冰来了。他这一来是意中，然而也是意外，因为算着他会来的，然而没有算着很快就会来。

朱冰住在城外，我住在城内，每天跑到他那里去说句谜语。

开始走了。三乘人力车在离扬州十里路的堎头奔着，头一个是朱冰，第二个是我，第三个是送我们出险的应甫。①

在堎头坐民船，然而偕［还］要买船票。堎头到邵伯二十里，每人票价是一千七百元，我们三人一共是五千一百元，船家实得二千五百元，卖票处的中饱二千六百元。船家也无可奈何，只得忍气吞声地装我们走。我们问船家是点么板眼，然而他不说，只是叹气，好像是不敢说似的。他妈的，这难道不是人吃人吗？

---

① 应甫，即张应甫，湖北汉川张家大嘴人。此人文化不高，极善于办事，家里是共产党的地下联络站。在我的儿童时代，他是一个英雄似的人物，有些反抗国民党统治的故事在乡间流传。

运河正值涨潮，船走得非常慢。到离埼头几里地的瓦牙铺的时候检查。这是第二次检查（埼头第一次）。一个什么排长，他是个特老，他身兼情报组长，鹰鼻猺眼，身瘦且长。他很“客气”地检查我们。“你们哪里来的?”“扬州。”“到哪里去?”“高邮。”“干什么? 到高邮。”“买点盐。”应甫递烟给他吃。那家伙装得很老练似的，不吸烟。“高邮不是有新四军吗?”“有的。”“你们为什么要去?”“上面说了，我们要去买盐。”“新四军许你们做生意吗?”“他不干涉我们做生意。”“哦。”他停了一下，又望我们看一看。他实在是有点怀疑。因为我们是三个年青人，服装都差不多。“你们为什么偕［还］带着箱子呢?”他显然是怀疑我们了。因为我与朱冰都是提的皮箱。“因为我们怕把几件衣服搞脏了，所以带着小皮箱。”“你们为什么偕［还］带着帐子呢?”“高邮的蚊子太多，所以随时把帐子带着。”“嗯。”他嗯了一声又停了一下。我们知道这个事情不大妙，他很怀疑我们了。这个事情怎么办呢? 我们虽在思索，可是脸上偕［还］是尽力镇静。我相信他在我们脸看不出什么东西来。“现在环境很紧张，两边的船只都不许可走。你们如果要走的话，我这里是可以放你们走的。可是他们那边一定要扣留你们，因为你们太年青。”他显然是不许我们走了。我们本来可以说，我们不怕他扣留，因为我们 XXX，可是苦于不能说。“既是这样，那我们就转去吧。我们何必往虎口里钻。”因为他显然是不能放我们走的。我们要是勉强走的话，那不免要糟糕，所以转去的话只得说出来了，而且我们也就转去了。这一转一则是避免糟糕的结局，再则是徐图良机。

下水是很迅速的，走了近两个钟头的路，没有半点钟就到了埼头。喝了点茶，又转扬州。

《大公报》上披露中原部队突围的消息。

第二天，应甫找扬州城防司令部副官处处长说了几句鬼话，什么我们偕［还］有点存盐要去运啰，什么什么的说了一大堆。承副官处长的盛情，他答应派人送我们了。

第三天是七月七号吧。这是抗战胜利后的第一个“七七”，就在这一天，我们又开始第二次出发了。今天的黄包车是四辆，因为今天又添了一个护送我们的人。这位护送我们的老兄是个雄赳赳的英雄模样，听说他是副官处的一位副官，沿途走都偕［还］有人向他敬礼。我们显然是非常威风的。我们就是这样渡过了难关。送了一万块钱的“香烟费”，让那位副官老爷转去了。在下午二时，我们安然无恙地进了邵伯，进了苏皖解放区。

我们的危险生活从此告一结束。

我们的愉快生活从此就开始了。

在邵伯的墙壁上，我发现了这样的标语：“有账算账，有仇报仇，有冤申冤。”这样的标语我们在中原是没有用过的。这地方已经是进入到放手发动群众的阶段了。

一群一群的妇女，她们抛弃了封建的旧观念，挣掉了封建的束缚，一个个胸挺着气昂昂地，胸前挂着一块小红布“妇女纠察队”，雄赳赳地在街上走着，哼着歌。我不禁连声叫道：“好!”“好!”

在邵伯住了一夜，读马克思起草的《共产党宣言》。

七月八日上午十时，我们开始由邵伯搭到高邮的小火轮。小火轮在运河内很快驶着。我不禁想起了我们在中原的时候，每人背着一二十斤的背包，每天走一百几十里的滋味。现在我们是已经安然地进到了解放区，而我们留在中原的同志们现在正在行军呢。在国民党的报纸里看，可知我们为争取生存而奋斗的突围战争是已经开始了。我们现在是安然地坐在交通工具上面，而我们留下的同志们现在是在作战呢，还是在行军？有饭吃呢，还是在饿肚？那是不得而知的。这时的心境好像是迷信耶稣似的在做祷告，祝突围的同志们早日突出重围。

小火轮是很快的。在上面看了半本什么《XXXX 与文艺》，这本书的名字搞忘了，横竖总是谈文艺的书籍。对于这本书我好像还有点心得。

高邮是已经到了。上岸偕［还］经过了人民侦查队的检查。他们对于检查工作做得是很认真的。群众是不可忽视。看见这些群众站起来了，我心中浮现起了愉快的欢笑。这该是如何伟大的事情啊！

夜晚在高邮逛街的当中，我遭了人民纠察队的捕。我开始发觉到，我的服装是已经不合适了。

在高邮住了一夜，高邮的街道逛了三分之二。在城的周围，随时都可以看到人民武装斗争的伟绩。

城的北门画了一幅很大的毛主席像，画得很好。面对着这伟大的人民领袖，禁不住的油然发生无限的衷心的敬爱。

读《论共产党员的修养》（刘少奇）。

应甫回去了，今天走路的只有我和朱冰同志俩。下午三时搭到淮阴的小火轮，在轮中同一位做群众工作的同志坐在一个舱内。他谈他做群众工作的经验及当地群众翻身的情形，使我知道当地已经借反奸清算的方式，而行耕者有其田之伟大事业了。

翌晨拂晓到达淮安。军区司令部及华中分局均在淮安。我们只得起坡了。

七月九日的凌晨，我们到达了苏皖军区司令部，在张司令的住所休息了。张司令不暇洗脸就接见我们，问了一下沿途的情形，并将中原的情形告诉我们。他一面说一面用手指着地图，哪一部到了哪里，哪一部到了哪里。他带着诚恳而亲切的态度同我们谈话。看他的年纪，不过四十开外的样子。

谈话的结果，我们决定在司令部招待所里住下了。他告诉我们，中原的干部到此很多，他们曾经组织一个中原军区干部队，不过现在这些人大部都往山东到东北去了，现住在此不多。

5月10日抵汉口，6月25日离汉。6月29日抵扬州，7月6日离扬。7月9日抵淮安，7月13日离淮。7月20日抵临沂，7月31日离临沂。8月2日抵莒县，8月4日离莒县。8月6日抵诸城，8月8日抵高密，8月15日抵莱阳，8月22日离莱阳。8月23日抵栾家口，8月24日离栾【家】口。8月26日抵安东，8月27日离安东。9月1日抵平壤，9月5日抵图门。[①]

续　篇[②]

十月十四日　上午十时半离开了延吉，同志握着我的手说着："到了写信回来吧。"

真糟糕，坐上了一个坏汽车，在平路上走得与人步行差不多，上坡时简直上不去，进一步退两步，下坡时则对不起，"双眼齐闭，两耳呼呼风响如天马腾空"。走下坡路是非常快的，走平路就不行，走上坡路更不行。一个马车同我们一路走下坡时，它掉在后面，可是走平路时它便赶上了我们，走上坡时它便赶到我们前面了。延吉到图们到［的］铁路和公路原来在苇子沟是一个结合点，过了苇子沟又分开了。在车上发现苇子沟已经成立了邮电所了。

下午八时算力争到了图们。

留宿于图们公安局。读《论共产党员的修养》中的纪律上和组织上的修养。

十月十五日　晨起，读完了《鼓风炉旁四十年》。

伊林同志出去了，总不见回来，肚子饿，心又急躁，钱在这里，又不放心出去，今天第一餐饭是掉了。

上午十时搭上了到汪清的汽车。本来我是准备就在图们搭火

---

① 最后这段文字是日记作者写在日记后面的，现在移在这里。

② 续篇系作者到东北工作后的一段日记，一并收录于此。

车的。这一来是今天没有火车，二则是伊林同志要到石岘，所以就搭汪清行的车到石岘。这个车是非常快的，三十里路没有走到一点钟。

寄居于石岘东北日报社制纸工厂，厂长刘力子同志领着我们参观他们的工厂。这个工厂是非常庞大的，厂址的面积纵四里横两里，完全铺完了这盆地似的地方。内面机器非常庞大复杂，从拖木起到锯木、砍木、切木、磨木、蒸木浆、干燥，一直弄成白漂的纸，偕［还］有弄石灰、硫磺发电取水的地方，机器都非常大，非常雄伟。我没有算到白漂的纸原来是木头做成的，也没有【算到】这在山沟的石岘竟有这样出人意外的庞大的造纸工厂。伊林同志一面看，一面说："今天真增加我们的见识不少。"实在话，今天是增加见识不少。

今天是走不成了，晚读《东北文学》，内面尽是些挂羊头卖狗肉的作品。

在这纸厂的楼上睡着，偶然记起了，我房内桌子内偕［还］有些材料的底稿，钥匙是交给杨谦一了，她该不会打开让别【人】看吧。

十月十六日　晨起与伊林同志沿石岘散步了一趟，原来石岘偕［还］有个邮电分局。

在散步的当中，伊林同志谈起他的历史来，谈他怎样在上海演剧，后【来】怎样到山西住阎锡山的"民大"，以及怎样参加革命。谈得非常高兴的。

火车总是等不来，没有事，园内日光正强，风景良好，乃同伊林同志摄了一个影［照］片。

偕［还］是只有闲谈，伊谈他从前搞什么工作，曾编了些怎样剧本，以及剧本的内容怎样。最后我请他为我来一个鉴定，共同工作了一二十天，问他对我有些什么感觉，发现了我些什么缺点。他起初不肯说，最后他终于说："我感觉到你是不是有些太过于理想”，是不是很客气的口吻，前无□□对我说：“我们要顾到现实。”要顾到现实，太偏于理想。两句话等于一句话。上级对我的批评当然是不会错的，可是我自己好像总有些接受得不自然。我过去的些准备的计划，我觉得都是在现有的基础上说的，都没有做不到的，这一点回去时偕［还］要问一问。尤为可恼的是他不肯详细同我谈。

晚上，怒吼的汽笛音，火车来了。我们连忙把行旅［李］搬上了车厢，睡了。在朦胧的当中好像觉得车在走。

十月十七日　早上醒来，发觉车偕［还］是在石岘的车站上。坐了一夜火车，原来就是从工厂坐到车站。走了一夜，原来走了半里路。

上午十时，终于是来了个车头，将我们车厢挂上，于是我们就开始走了。

山洞是相当多的，车经常在深长而漆黑的山洞里走着。劈山开道，这些工程是相当伟大的。

车过了汪清后就开始走着平原。平原在东北，我偕［还］是初见，好像比其他地方的平原更为可爱。

同几个朝鲜同志闲谈。他们都是部队中的几个连级干部，八一五后参加的，一般的认识上非常浅。为他们解释了什么是社会主义，为什么要有共产党，蒋介石为什么要反动，什么是教条主义，民主政府为什么要颁布宗教自由的法令等问题。同他们谈话中，我得知了一般新干部的情形，同时使我认识到，一般的浅近的社会科学常识的小册子在今天是非常需要。车在朦胧中走着。

十月十八日　早晨醒来，车在牡丹江的北车站停着，据说是晨时到的。

跑到《牡丹江日报》，找陈濬同志说了半天关于今后的报纸交换及书籍购运。在牡丹江日报社吃了早饭后，跑到牡丹江书店去看了一下，订购了十几种书籍。阅最近《牡丹江日报》，蒋介石已实行占领张垣，数日来传闻消息现在是证实了。蒋介石现在是已经死了心。

上午十二时坐上了到哈尔滨的军车，离开了牡丹江。

十月十九日　在车上，与《东北日报》厂长李凡闲谈关于材料购纸问题。

牡丹江到哈尔滨七百余里，本来一天就可以到的，可是因为停的时间太长，以致昨天开的车，今天偕［还］不到。

《【中国】现代革命运动史》读完。

十月二十日　下午四时，车达哈尔滨。

宿东北日报社，与向叔宝同志商谈发行事件。

读中央发表的对目前时局宣言，“承认恢复一月十三日国共双方军事位置为一切军事商谈的准则，承认实行政府［协］一切决议为一切政治商谈的准则”。这是抵制美蒋以和平行备战之阴谋的【措】施。

各解放区群众团结要求召开解放区人民代表会议。如果蒋介石的御用国大自行召开的话，那么解放区人民代表会议的召开是有可能的，因为蒋介石迫使中国人民不得不作最后决定。

读《东北日报》社论《把分红制普遍化》，一切工人工作者应注意分红制，为团结教育组织工人的先提。

十月二十一日　今天跑了一整天，同伊林同志沿着道里、道外、南岗，跑了一个周。

哈尔滨的形势与风景的优美为关内所未见。松花江的水之滔滔奔流，如林的高入云霄的烟囱乌烟直冒，火车在铁轨上怒吼，电车在车道上奔跑，各式卡车争先恐后，工商繁盛，人烟稠密。在这里没有看见如群的乞丐、如牛马似的人力车夫和供统治者发泄兽欲的妓女。这是解放区城市之所以异于资产阶级统治的城市的地方。

到组织部谈了一下组织关系问题，得知龚依群就在哈尔滨。

找凯丰同志不遇。

真急人，新五号字盒偕［还］是买不着。

书是已经和卢鸣谷同志交涉好了，买了上十种书送给伊林同志。

跑了一天，回住所好像非常疲乏似的。

读今天《东北日报》，林总发表谈话："蒋介石坚持不退出违约强占地区，我们为了求得真正和平，一定要把他打回原来位置。"不只打回原来位置，一定要把他打到死亡。他一定不死，总是要设法摧残中国民主力量的。

欧洲各国共产党力量突增十倍，这可象征到进步力量之增长。

读《毛泽东故事》。

十月二十二日　晨起，到东北局宣传部找凯丰同志，同他谈话约二十分钟。新五【号】字模，他准备派人到大连买去，买回时可以给我们一套。他问我们报纸的情形，每日可以发行多少，吉林的群众工作搞得怎样。他的态度是亲挚而温和的。他身为整个东北地区的宣传部长，然而他穿着一套旧而快乱［烂］的呢军服，脚穿着一双棉纱袜和粗布而样土的鞋子。他不像个官，更不像个大官。他像国民党政府的个马夫，各方面都表现出他的老布尔塞维克的精神。我羡慕，我要学习。这是一种现实的榜样。

本来我是想买些服装的，这念头现在打消了。

到中央大街万国书店买了几十种书籍。

在东北日报社的前面照了两张像，以示纪念，到一趟哈尔滨是不容易的。

现在决定不到佳木斯了，因为没有这必要。

同伊林同志到兆麟电影院看电影。今天映的苏联片子《卓娅》，可惜我不懂苏文。内容是非常动人的，卓娅的【那】种奋不顾身、英勇救国的精神是值得羡佩的，我完全被他吸引进去了，幕闭后走出了电影院的门我才吐了一口大气。十七八岁的女孩子，英勇的走出家庭，置身前线，奋勇杀敌，慷慨牺牲，要死就死，这一精神是值得我们学习的。

读宁漠·韦尔斯的《【续】西行漫记》。①

十月二十三日　午前到中央大街找了个澡塘里去洗了个澡，洗的是盆塘，倍觉舒适。

一面托伊林同志到万国书店去买书，我一面到秋林去买。秋林是一个相当大的百货商场，物品很多，完全是俄国人，他们的生意做得很规矩，管理得井井有条。这是值得学习的地方。

书买得相当多，找不着人帮忙。伊林同志到组织部去了，我只得一个人背，很重，相当吃力，至此我才领悟到劳动者之伟大。

在松花江商场买了一件毛裤、一个皮包、一双毛鞋子，我的钱是干了。

又到兆麟电影院去看了《卓娅》。

读《【续】西行漫记》。

十月二十四日　书已办妥，铅字也办妥，明天大概可以走成。

“答应了人家，然而又不为人家做到”，这是我的个人毛病，今后应当尽量克服。不答应就不答应，答应了就应该为人家做到。

到莫斯科电影院里看《徐行航空》。

这两天的生活又有些散漫。工作是紧张的，散漫的是生活。这一点应当归咎于伊林。

① 《西行漫记》是美国记者埃德加·斯诺所作，韦尔斯是斯诺的夫人，她作的是《续西行漫记》。

读《【续】西行漫记》。

十月二十五日　在黎而未明的天气中，在握手和再见的情形下送走了伊林，他追上了到佳木斯的火车。

“在不脱离革命的前提下，我宁愿牺牲一切搞文艺工作。”这是伊林的讲话。伊林是个文艺工作者，人很好，不可免地偕［还］有些缺点。

一个人东跑西跑中把所有的购买品运到了车站，交给车站了。以后，由于送伊林的行，所以今天起得特别早。伊林送走了，独自一个回到自己的房间来，看了一下书，天算亮了，可是人们都偕［还］没有起床。《东北日报》的一切都走上了正规化，起床、吃饭、开会和睡醮［觉］都有一定的时间，到了时间，一个个都听铃铛的命令逐次执行。现在是晨六时，偕［还］没有到他们起床的时间，铃铛偕［还］没有响，可是个别违令者却离开被卧走进了便所了。

抱着很大的决心要去看看松花江，风一阵阵地刮着，江流随着风游荡着。在松花江畔巡视了一下，回来的时候人们依旧没有起床。

跑到街头巷尾去逛了一趟。

（接前）然而两个马车夫被押了，原因是车站大门的附近不许马车乱撞，以免扰乱秩序。然而我不知道，以至感到马车夫吃亏，弄到我多不好意思。在马车夫的要求下，我去为他讲了半天情。

到兆麟电影院去看《燕青与李师师》，故事是梁山泊的故事，但不好的成分压倒了好的成分，使人们看了不是畅快或正义感，相反地是人们颓废沉湎。这片子是东北制片公司出品，倒敌不着上海片，真糟糕。好好的条件，可是我们没有人领导，竟搞出这样的玩艺。改进的希望不得不寄托在这几位新去领导者的身上。（乘电车到吉林街）

车是明晨六时。六点钟天是不亮的，天不亮我的睡神总是不下班。晨五时就要到车站，若睡下去的【话】，保证明天搭不上车，这样就会延迟行程和耽误事情。伊林走了，整个房子里没有一个起早床的，没有一个喊叫我。这是一个大问题。有些人睡不着，我却睡不醒。

为了使明早可以搭上车，唯一的办法是今晚不睡觉，除此以外别无办法。于是买了半斤葵花子和一包香烟，加上早已买的啤酒，在车上吃的罐头和面包，再就是一本《【续】西行漫记》和《苏联纪行》和一壶开水，就准备用这些东西来混过这一晚上。因为要使睡神不来，主要的要使眼睛不闭和口头不停。有了眼和口的动作，也会引起其他的动作，这样才可以使睡神不临。

办法是逐次进行了。首先就是消灭这包香烟，同时看《【续】西行漫记》。没有火柴点烟，燃了后只有接二连三地抽，不然就会熄，一直抽到二十只香烟，一支也不留时为止。其次便是开罐头、吃面包……

十月二十六日　蓦然醒来，电灯依旧燃着，残余的罐头、面包已摆在桌子上，书报在桌上乱堆着，表在桌上走着，砰砰地响。一看，原来是四点钟，不能再睡了，若再睡下去，必至太阳高持而后已，幸而这一醒。

天气非常冷，窗外一片白色，原来昨夜下雪了，而且现在偕［还］在继续的下着。捆上行李一鼓气地踏着雪地，冒着雪花跑到了车站。

在站里卖票处买了票，我是带有省委给的车价证的，所以买的是半价车。从哈市到延吉需要六百七十元的车费，但我只【花】去了三百三十五。

本来他说的是六点钟开车，但一直等到八点钟，车偕［还］没有来。天已经是大亮了。早知道这样情形，应该是好好地睡一夜觉的，一句话害得我一晚没有睡好。

九点钟的光景，车来了，验票处的门开了，乘客列队鱼贯而出。一出门就跑，别人跑我也跑起来，急忙忙地跑到上了车。原来车上已经坐满，勉强的排去雪。风刮面，寒气砭骨，穿上一身布衣的我，我不觉冷起来，鼻子、耳朵发红发烧，手冻得像馒头，浑身都觉到冻起来。在哈市住了几天，天气总偕［还］好，人们总是说特别冷，我倒感到有点名不副实，现在才知道它的利［厉］害。

列车在雪白的铁轨上走着。我是坐在车内的，外面的人去又来，颇觉烦扰。读《【续】西行漫记》上集完，读郭沫若的《苏联纪行》。

下午二时，车到了一面坡。我的车票要换了，因为到了一面坡，北满的境地便完了。一面坡的东边是东满地区。

一面坡的站长他不肯为我写票。他叫我把货装上车得了，我只得照办。满以为是他不要钱，到了中途仿佛是×××吧，列车车长找我要票了。我说了没有票的原因，他要我补，而且价钱相当贵。我不知道这些钱是否归公家，或许是为他们私人中饱。一个货票被税关拿去的旅客，他们强迫要人家补票，态度非常强硬。这些人都是在伪满时做过事的人，今天虽被解放了，但偕［还］兽性时作。铁路工作是不能令人满意的，不过这是个初期的现象。

冷，冷，个个都在说冷。可见并不是我一个人冷，也不是我一个人怕冷。

十月二十七日　晨五时，车抵达了牡丹江。

想到《牡丹江日报》去，不过又没有人看守货包，只得写了封信给陈濬同志，请他派个人帮一下忙。回信来的时候人也来了。

到《牡丹江日报》吃早饭，同陈濬同志谈了些报纸情形及发行态况。

跑到牡丹江书店去，购了几种东北书店所没有的书。

找个马车，急急忙忙跑到车站。车偕［还］没有走，连忙叫个人将货包装车。车是军车，不是普车。再三给车内同志说，请他们答应我装一下，因为他们内面有空，而书籍放在外面又怕被雨打坏，可是他坚决不答应。这些同志们都本位得很。

跑了半天腿，去了几百元的工资，算是把货包装了车，可是以后又发现那车今天不走，真是急死人。不走，书也要被打湿，于是又决定去几百元钱换上普车，工人们要六百元的工钱，我不得不答应了。

车开走着，走到宁安便停下。护路军不许小贩卖东西，规定要公家卖，这又是一个新闻。据说是为了防止特务，但为了防止特务而要像这样做，这自然不是有革命修养的人所作的事情。

车一直开着，停着，停着，开着，走的时间并不慢，可是停的时间就未免太长。

在鹿道歇了一夜。

十月二十八日　晨，在人群的拥挤中醒来。车仍在鹿道停着。我们的车厢上始终是没有车头。

想【在】小贩上买点零食，可是护路军仍是禁止小贩卖东西，小贩们也不敢抗议，只好忍气吞声地后退着。我开始忍不住了："喂，同志，你们为什么不让人家小贩卖东西呢?""什么?你管吗?"那个朝鲜人战士用着简单的中国话恶狠狠地回答着。"不是，同志，我不是管你，我是问你不让人家卖东西的原因。""什么不是的，跟我去连长的谈话。""好吧!"我于是也跟他去见他们连长了。人们都向我瞄着。走到一个房子里，连长不在家，谈话的仿佛是个排长的样子。我要连长，他没有连长，于是就同那排长沟着。[1] 究竟是个干部，他的态度是很和缓的。首先是那位战士同他用朝鲜话呱了半天，然后他就向我说："什么，同志?""什么吗? 你问他好了。""是的，他已经对我讲了。这个事情有点误会。""我问他为什么不让小贩卖东西。他说我管他。他口里通通骂骂的，要将我带来扣押。"我郑重其事地讲了两句。"不是，同志，他并不是要扣押你，而是请你来讲一讲，他误会了你。"他堆着满脸笑解释着。"那么你们为什么不让人家小贩卖东西呢? 我偕［还］得问一问。"我的话又归了正传。"是这样，同志，因为现在我们第一是要维持秩序，再就是防止特务下毒，所以我们不能让他们卖。"他的中国话不很纯熟，说这几句话他说【得】非常吃力的。我想继续通商下去，可是他的话仍不是使我懂，于是把气给他吃："那么你们连长呢?""连长不在家。""那么怎么办呢?""没有什么，同志，你有事你就请呢。""那么我就对不起。"就是这样就出来了。到车上人们仍向我瞄着，无数双关切的眼睛。

这些新的武装同志都偕［还］保存着伪满时代的不良传统，虽然现在披上了革命战士的外衣，可是脑海根本就没有改造过来。这是我们部队今天装备虽好，然而战斗力赶不上关里老部队的原因。这是一个大问题。欲强兵必先强脑，要建今天的新部队，就必须从新改造脑袋着手，而事实上改造脑袋差不多成为我们整个军队政治工作的绝大部分。

跑到小馆子里去吃了两碗面条，喝了一壶白酒。我根本不能喝白酒，以致喝了一壶弄到昏了一整天。这真是自讨苦吃。

十月二十九日　在朦胧的当中车到了图们。我以为天快亮了，跑去问车站，什么时候有车到延吉。他说明晨六点钟有。我开始发愁了，明天早晨才有车，今天不是要一个人在车站守一天

① 原文如此。

一夜吗？最后我才发觉了，现在偕［还］是下午十二点钟，现在偕［还］是十月二十八日的下午。

连夜找了几个工人，把货包背到到延吉的车上后偕［还］只有一点钟。跑到车厢上去，掉头拧脚地睡了两点钟，醒时已是五点了。

铃开始响了，这是六点钟，车走的时候了。旅客一排排从车站出来，军民分开的，各自上了车。车开了。图们的车站比较有秩序，牡丹江、一面坡都没有这好。

《近代史资料》总143号

主　　编　刘　萍
执行编辑　李学通
编　　辑　关　康
　　　　　张淑贤